주식 투자 비밀의 문

주식투자 비밀의 문

박석진 지음

시나리오 매매 기법으로 연 수익률 100%에 도전하라!

한국경제신문i

프 / 롤 / 로 / 그

시나리오 매매기법으로 연 수익률 100%를 달성할 수 있다!!

당신은 왜 아직도 주식으로 돈을 못 벌까? 누구보다 열심히 공부했고 치열하게 매매했는데 말이다. 주식으로 돈을 버는 사람은 실제로 존재한다. 전설 속에 내려오는 이야기가 아니다.

실제로 동시대에 같은 곳에서 살고 있다. 그 사람은 어떻게 해서 주식으로 돈을 벌수 있게 되었을까? 이런 고민을 해본 적이 있는가?

주식은 투자다. 공부해야 한다. 투자를 할 때 기본적인 지식도 없이 한다는 것은 어리석은 일이다. 시중에 수많은 주식 책들이 있다. 끝까지 공부해보았는가? 최소한 10번 정도는 읽어보았어야 한다. 10번 정도 읽어보는 것은 시작을 위한 워밍업일 뿐이다. 워밍업도 하지 않고 시장에 뛰어드는 일은 없어야 한다. 전쟁터에 나가는데 최소한 총 쏘는 방법은 알아야 한다.

HTS를 자유자재로 사용할 줄 아는가? 원하는 종목을 언제든지 열어볼 수 있어야 한다. 원하는 기업 정보를 바로 볼 수 있어야 한다. 공시를 확인하는 방법, 차트를 수정하는 방법, 보조 지표를 설정하는 방법 등 수많은 기능이 있다. 외국인과 기관의 수급을 볼 수 있는 보조 지표 여는 방법을 알고 있는가? 모르는 상태에서 투자를 하고 있다면 HTS 공부부터 다시 시작해야 한다. 집에 앉아서 HTS를 통해 모든 정보를 볼 수 있는 것은 굉장한 기회다. 개인은 정보가 없어서 주식시장에서 불리하다는 말이 있지만, HTS가 존재하는 한 게임은 공정하다고 생각한다. 차트는 거짓말을 하지 않기 때문이다. 오랜 세월 동안 거래를 하고 있지만 HTS의 기능에 매일 감탄사가 나온다. 누구를 위해 이토록 훌륭한 프로그램을 만들었을까? 항상 감사가 나온다. HTS는 기회이자 선물이다. 마음껏 누려야 한다.

당신만의 원칙과 기준이 있는가? 귀가 닳도록 들었을 것이다. 핵심은 단순하다. 원칙과 기준대로 투자를 하고 있는가? 그 기준대로 투자를 한다면 좀처럼 손실이 나지 않을 것이다. 사람의 욕심은 끝이 없다. 욕심을 가지고 주식 투자를 하면 매일같이 후회만 하게 된다. 수익이 나도 더 많은 수익을 못 내서 후회하고, 손실이 나면 손실 나서 후회한다. 자신만의 원칙과 기준을 가지고 기계적인 매매를 하면 된다. 시나리오 매매를 하면 되는 것이다.

깡통이 두려운가? 깡통을 두려워하지 말라. 인생은 공평하다. 딱 수업료 낸 만큼 깨닫게 된다. 세상에 공짜는 없다. 깡통은 수업료다. 깡통도 하나의 투자다. 투자한 만큼 얻게 된다.

다만 작은 수업료로 크게 얻는 사람이 있고, 비싼 수업료 내고 조금 얻는 사람은 있다. 차이는 있지만 결코 공짜로 깨달음을 얻기는 쉽지 않다. 스킬은 공부를 통해 얻을 수 있지만, 심리를 다스리는 것은 공부를 통해 얻어지기 쉽지 않다. 고수들 중에 한 번도 망하지 않고 그 단계에 이른 사람은 없을 것이다. 스킬은 3달 정도 공부하면 어느 정도 수준이 일정해진다. 하지만 심리는 그렇지 않다. 초보와 고수의 스킬 차이는 크지 않다. 다만 심리를 다스리는 기술이 다르다. 결국 주식은 심리게임이다.

필자는 주식 투자를 통해 세 번의 어려움을 당했다. 겁 없이 시장에 뛰어들어 수억 원이 되는 투자자들의 돈을 잃었다. 생명의 위협까지 느끼며 어려운 시간을 보냈다. 하지만 불현듯 '죽을 때 죽더라도 투자자들의 돈은 돌려주고 죽자'라는 생각이 들었다. '주식시장에 서 잃은 돈, 주식시장에서 찾으리라' 다짐했다. 그때부터 열심히 공부하기 시작했다.

매일같이 천 종목의 차트를 보았다. 그 종목의 4년 전 캔들부터 하나하나 넘기면서 다음 날의 캔들을 예측하는 훈련을 했다. 그러는 사이 의미 없는 캔들과 매수 포인트가 되는 캔들을 구별할 수 있게 되었다. 4년간의 차트를 반복해서 봄으로써 그 종목만의 특성까지도 알 수 있게 되었다. 필자의 기법이 완벽하게 통하는 차트가 있고, 그렇지 않은 차트가 있다는 것을 알게 되었다. 대세에 의해 물 흐르듯이 흘러가는 차트가 좋은 차트다. 잡종주는 기법이 잘 통하지 않은 경우가 많다. 일정한 공식이 없는 것이다. 그런 종목은 매매를 하지 않으면 되는 것이다.

어느 정도 경지에 이르러서는 1초에 한 종목이 분석되었다. 기업정보와 거래량, 외국인과 기관수급 등 투자에 필요한 핵심 요소를 거의 1초 만에 분석할 수 있게 되었다. 다음 날 오를 종목을 하루에 여덟 개 정도를 선정할 수 있었다. 승률은 80%였다. 죽음의 문 앞에서 비밀의 문을 발견한 것이다.

필자는 짧은 시간에 원금을 회복할 수 있게 되었다. 그리고 꾸준한 수익이 발생하게 되었다.

이런 훈련의 과정을 통해서 필자만의 주식 투자 시나리오를 만들었다. 어떤 매매든 시나리오에 근거해서 매매했다. 시장에 흔들리지 않았다. 심리가 흔들리지 않았다. 기계적으로 시나리오에 근거해서 대응하게 되었다. 감정을 배제하고 시장에 대응하게 되었다. 즉흥적인 매매는 하지 않게 되었다. 그렇게 해서 연 수익률 100% 이상을 달성하게 되었다.

이 책은 단순한 주식 이론 서적이 아니다. 죽음의 문턱에서 발견한 비밀의 문을 통과한 노하우를 담아놓았다. 주식 입문자부터 고수에 이르기까지 큰 도움이 될 것이다. 비밀의 문을 통과해보니 주식은 단순했다. 일정한 공식을 가지고 있었다. 일정한 패턴의 반복이었다. 이 책을 통해 당신만의 수익을 낼 수 있는 매매 기법을 발견하게 될 것이다. 모두가 자신에게 맞는 기법을 찾아서 꾸준한 수익이 발생하기를 기대해본다. 경제가 어렵고 평생 일자리가 없는 이 시대에 과학적인 시나리오 매매로 독자 여러분 모두 부자가 되기를 소망한다.

박 석 진

CONTENTS

CONTENTS

CONTENTS

CONTENTS

1 PART

당신은 왜 아직도 **주식으로 돈을 못 벌까?**

01
CHAPTER

주식 투자는 실전이다

주식 투자 인구 500만 시대다. 이제 주식은 우리 삶의 일부가 되었다. 누구나 쉽게 접근할 수 있는 영역이 되었다. 주식은 이제 필수다. 직장의 월급만으로 생활하기는 어려운 시대다. 은행에 저금해서 이자를 얻는 시대는 지났다. 어떤 방법으로든 투자를 해야 하는 시대다. 주식은 해도 그만, 안 해도 그만이 아니다. 경제에 참여하는 사람이라면 일정 부분 투자에 참여하는 것이 바람직하다. 올바른 투자 방법으로 꾸준하게 수익이 발생한다면 주식 투자만큼 훌륭한 투자 방법도 없을 것이다.

일반적으로 투자자는 신중하다. 자신의 돈을 가지고 투자를 하기 때문이다. 잘못 투자하면 투자금을 잃을 수도 있다. 하지만 유난히 주식 투자만큼은 쉽게 생각하고 있다.

주식 투자도 다른 투자와 마찬가지로 신중해야 한다. 사전 준비를 철저히 해야 한다. 자신만의 원칙과 철학을 가지고 투자해야 한다. 주변에서 들려오는 정보만을 믿고 투자하는 일은 없어야 한다. 주변 정보만 듣고 주식에 투자해서 꾸준하게 수익을 낸 사람은 아직까지 본 적이 없다.

실전에 나가기 위해서는 철저한 훈련이 필요하다. 군인이 전쟁에 나가기 전에 많은 훈련을 하는 것과 마찬가지다. HTS를 자유자재로 컨트롤할 수 있어야 한다. 매수·매도 창을 여는 데 많은 시간이 걸린다면 투자에 걸림돌이 될 것이다. 기업 정보를 보고 싶은데 볼 수가 없다면 얼마나 답답하겠는가? 필요한 보조 지표를 보고 싶은데 열어볼 수 없다면? 모두에게 공개된 정보마저도 찾아보지 못한다면 실전에 살아남기 어려울 것이다. HTS에는 엄청난 정보들이 담겨져 있다. 그것만으로도 충분하다. 차고 넘친다. 더 많은 정보를 원하는 것은 욕심이다. 개인이 집에서 HTS를 통해 자료를 볼 수 있다는 것은 획기적인 사건이다. 이것은, 공부하면 누구나 주식 전문가가 될 수 있다는 것이다. 투자 전문가도 될 수 있다는 것이다. 평생 직장이 될 수 있다는 것을 의미한다. 이 엄청난 프로그램이 있는데 왜 훈련하지 않는가? 왜 활용하지 않는가? 주식 투자를 하기 전에 HTS 전문가가 되어야 한다.

실전에 나가기 위해서는 기본적·기술적 분석 지표와 친해져야 한다. 기업을 스스로 분석하고 연구할 필요는 없다. 이미 자료가 있다. 자료를 찾아보는 훈련을 해야 한다. HTS상 기업분석을 통해 기업의 분석 자료를 참고하는 것이다. 기술적 지표와 친해져야 한다. 기업의 상태는 차트가 대변해준다. 속임수 차트도 있지만 그런 것들은 피해가면 된다. 피해가는 것이 어려울까? 쉽다. 주변에 들려오는 투자 정보가 속임수일 가능성이 높다. 주변에 들려오는 정보와 관리종목, 투자 경고 종목, 불성실공시기업 종목만 피해가도 주식에서 큰 실패는 하지 않는다. 주식 투자에 실패한 사람을 보면 이런 종목에 투자를 한 경우가 많다.

주식 투자의 성공요인을 먼저 찾기보다 치명적인 실패요인만 제거해도 절반은 성공이다. 욕심을 버리고 자신만의 이기는 투자법을 찾아야 한다. 이 책을 통해서 자신에게 맞는 투자 방법 한 가지만 찾아도 인생에 큰 도움이 될 것이다. 자신에게 가장 잘 맞는 투자 방법을 찾아서 실전에 강한 투자자가 되기를 바란다.

입문자여, 깡통을 두려워하지 말라

주식 시장은 결코 만만한 곳이 아니다. 아름답고 평화로운 곳이 아니다. 드라마처럼 화려한 곳도 아니다. 늘 긴장감이 넘치는 곳이다. 실제로 수많은 실패자가 나오는 곳이다. 오늘도 어려움에 처한 사람이 존재하는 곳이다. 방심하고 들어갔다가 야생의 먹이감이 될 수 있다.

아무리 많은 훈련을 하고 많은 시간 모의 투자를 했다 해도 실전 투자는 또 다르다. 많은 훈련과 모의 투자를 한 사람도 실전에서 상처를 입는다. 그런 훈련조차 하지 않는 사람이 주식 시장에서 살아남는다는 것은 기적이다. 기본적인 훈련이 안 된 상태에서 실패하는 것은 당연하다. 뭔가 문제가 있어서 실패한 것이 아니다. 당신의 인생이 안 풀려서 그런 것이 아니다. 당신만 운이 안 좋아서 그런 것이 아니다. 기초 훈련이 안 되어 있는 것뿐이다.

동물원 호랑이와 야생 호랑이는 다르다. 동물원에서 훈련받고 야생으로 나가야 한다. 동물원에서 야생으로 나가는 순간, 강한 동물의 먹이감이 될 수도 있다는 사실을 잊지 말아야 한다. 투자 자금을 지켜내고 수익을 내기 위해 치열한 싸움을 해야 한다. 치열하게 분석하고 공부해야 한다. 처음에는 많은 상처가 날 것이다. 그것은 당연한 것이다. 실전에서 싸워보지 않았기 때문이다. 야생에서 하는 공부가 진짜 공부다.

야생에서 큰 상처를 입어야 정신을 차리게 된다. 방심하면 죽을 수도 있다는 것을 체험하게 된다. 아름다운 곳이 아니라는 것을 알게 된다. 진짜 공부를 하게 되는 것이다. 대학 입시 공부보다 더 치열하게 하게 된다. 그 단계에 이르러야 한다. 진짜 공부를 해야 한다. 대부분 이 단계에 이르지 못한다. 발만 담궜다가 '앗 뜨거!' 하고 발을 빼거나 그냥 쉽게 포기해버리는 경우가 대부분이다. 내가 여기서 살아남지 못한다면 나는 물론이고 내 가족까지 위험에 처할 수 있다는 생각으로 공부해야 한다.

당신 주변에 주식 투자로 돈 버는 사람이 없을 수도 있다. 그렇다고 아무도 없는 것은 아니다. 지금 이순간에도 주식 투자로 수익을 내는 개인 투자자가 있다. 운으로 수익이 나는 것이 아니다. 일정한 공식으로 안정적인 수익이 발생하는 것이다. 자신만의 투자 공식을 가지고 수익을 내는 사람들이 있다. 틀림없이 공식이 존재한다. 이러한 공식은 한두 가지가 아니다. 많은 공식들 중에 자신에게 맞는 공식을 찾아서 그 공식대로만 투자하면 되는 것이다. 주식 투자로 수익 내는 사람은 수십 가지의 공식을 대입하지 않는다. 자신에게 맞는 딱 한 가지만으로도 큰 수익을 내는 사람이 많다.

당신이 주식 투자로 큰 상처를 입고 어려움을 당하고 있다면 공부하라는 신호일 것이다. 이 책을 서너 번 정도 정독해보길 권한다. 그 이후에 실전 투자에 참여하기 바란다. 실전 투자 중에도 계속 반복해서 읽어보아야 한다. 필자도 투자 방법을 매일같이 반복해서 공부했다. 반복 학습이 중요하다. 필자의 주식 투자 공식을 매일같이 반복 학습했다. 여러 투자 공식을 이 책에 소개할 것이다. 당신에게 맞는 한 가지를 찾아 매일같이 반복 학습하고 실전 투자에 참여한다면 좋은 결과가 있을 것이라고 확신한다.

03
CHAPTER

꾸준한 수익은 점상 열 개와 바꿀 수 없다

필자는 수억 원의 투자 자금을 잃고 생명까지 잃을 뻔했다. 죽음의 문 앞에서 주식 투자 공부를 다시 했다. 죽음의 문 앞에서 비밀의 문을 발견했다. 한두 번의 시행착오를 통해 짧은 시간에 원금을 회복했다. 짧은 시간에 원금을 회복할 수 있었던 이유 중 하나는 꾸준한 수익이었다. 점상이 나에게 원금회복을 해준 것이 아니었다. 운도 따라 주었지만 운이 전부는 아니었다. 공식대로 투자했던 것이다. 공식이 있고 투자 원칙이 있기 때문에 수익이 똑같지는 않지만 일정하다는 것이다. 수익이 일정하다는 것은 엄청난 경쟁력이다. 천만 원을 가지고 투자해도 수익이 일정하고 1억 원을 가지고 투자해도 수익이 일정하다면 얼마나 신나는 일이겠는가?

일기예보 확률 이론을 들어보았을 것이다. 오늘의 날씨 예측은 확률이 높다. 내일의 날씨는 비교적 정확하다. 하지만 일주일 후 날씨는 예측은 할 수 있지만 정확하지는 않다. 한 달 후 날씨는 더 확률이 떨어질 것이다. 주식 투자도 마찬가지다. 종목의 한 달 후, 1년 후를 예측하기는 어렵지만 다음 날의 흐름은 예측 가능하다. 확률이 높다. 어떤 사람에게는 신기하게 들릴지 모르겠지만 가능하다. 다음 날의 주가 흐름이 예측 가능하다. 놀랍지 않은가? 일주일 후의 주가 흐름은 예측이 어렵다. 큰 흐름은 짐작할 수 있겠지만 일주일 후에 오를지 내릴지는 예측이 어렵다는 것이고, 예측하더라도 확률이 떨어진다는 것이다.

그렇다면 우리는 확률이 높은 곳에만 투자하면 된다. 차트의 흐름상 내일 상승할 종목에 투자할 수 있다면 얼마나 좋겠는가? 다음 날은 또 그다음 날 상승할 종목으로 갈아타는 것이다. 필자는 자신만의 이기는 투자 공식으로 투자해서 꾸준한 수익이 발생했다. 덤으로 연간 상한가(2015년 6월 15일 이전 기준) 다섯 개 정도가 발생했다. 필자의 목표 수익률은 익일 기준으로 3~5%다. 상한가를 포함해 7% 이상의 수익은 필자의 공식을 벗어나는 영역이므로, 데이터에서 제외시켰다. 7% 이상의 수익은 운이라고 생각을 하기 때문에 실력으로 인정하지 않은 것이다. 그렇다고 투자한 종목 중에 -7% 이상의 종목이 있었던 것은 아니다. 차트의 흐름상 그렇게 엉뚱하게 가는 경우는 드물기 때문이다. 그런 종목은 처음부터 제외시키고 시작했기 때문이다.

한 달의 평균 5% 수익도 좋다. 꾸준한 것이 중요하다. 자신만의 원칙과 기준이 있느냐, 자신만의 이기는 투자법이 있느냐가 중요하다. 수많은 공식이 있지만 자신에게 맞는 한 가지를 찾는 것이 중요하다. 꾸준한 수익이 발생한다면 점상 열 개도 안 부럽다. 꾸준한 수익이 발생하기 시작한다면 비중을 늘리면 될 것이다. 천만 원 투자해서 꾸준한 수익이 발생했을때, 두 배로 투자 자금을 늘리면 수익도 두 배가 될 수 있다. 물론, 비중을 순간적으로 크게 늘리면 심리에 변화가 있을 수 있다. 심리가 흔들리지 않는 선에서 비중을 늘려 간다면 주식으로 평생 투자할 수 있을 것이다.

데이터가 자신의 미래를 알려준다

자신만의 공식을 완성한 이후에는 검증 절차를 밟아야 한다. 1년 단위로 데이터를 쌓는 것이다. 최소 6개월 정도는 데이터를 쌓아야 자신의 방법을 평가할 수 있다.

혹자는 그럴 것이다.

"어떻게 6개월씩이나 검증 절차만 거치고 있느냐? 내일 당장 수익이 나도 만족이 안 되는 상황인데…"

필자도 그 심정을 너무나 잘 안다. 시장에 진입할 때의 마음은 그랬다. 내일 당장 수익이 나야만 했다. 그래야만 하는 상황이었다. 한 스승이 6개월간 매매법을 검증하라고 말했을 때 전혀 받아들일 수 없었다. 6개월은 너무나 멀게 느껴졌다. 6개월 후면 주식 투자로 이미 큰돈을 벌고 있을 거라는 상상을 했기 때문이다. 그리고 당장 내일 수익이 발생하지 않으면 생활이 어려웠다. 혹시 지금 이런 심정이라면 주식 투자를 다음으로 미루는 것도 좋은 방법이다.

이제 와서 돌이켜보니 그 스승의 말이 맞았다. 6개월은 시장의 파동 중보에 극히 일부분에 불과했다. 수많은 변수 중 극히 일부분의 시간이다. 극히 일부분만 체험하게 되는 것이다. 그 일부분도 검증할 시간을 못 갖는다면 시장에서 살아남기 힘들다. 멀게 느껴지지만 그 길이 가장 빠른 길이다. 검증 기간 없이 6개월 동안 투자 자금 손실을 보는 것보다 잃지 않고 검증하는 것이 더 유익하다. 검증이 된 이후에 비중 있게 투자해서 수익을 발생시키는 것이 훨씬 빠르다.

데이터를 쌓는 것은 고수들마다 다르다. 사람들마다 다르다. 데이터를 산출하는 것이 어려운 것이 아니다. 거래 일지를 기록하면 된다. 매일 일기를 쓰듯이 하면 된다. 그리고 그것을 주간 단위, 월간 단위, 분기 단위, 연 단위로 분석을 하는 것이다.

필자는 거래 일지에 그날 매수한 종목을 기록했다. 그리고 그날 매도한 종목을 기록했다. 매도한 종목의 수익률을 기록했다. 2% 이상 수익을 기록한 종목을 승, 손절한 종목을 패, 보합권을 무승부로 표시했다. 그날의 매매 수익률과 계좌 수익률을 기록했다. 그 외에도 코스피, 코스닥 지수 등 다양한 정보를 기록했다. 원칙과 기준대로 꾸준하게 반복했다. 매일같이 기계적으로 매매했다. 그것을 일간, 주간, 월간 단위로 승률과 수익률을 계산했다. 데이터 양이 많아질수록 신뢰도는 높아지고 분명해졌다. 매매 방법이 옳은지 정확하게 검증할 수 있게 되었다. 이제는 시장에 크게 상관없이 일정한 수익이 발생할 수 있게 되었다. 시장에 따라 수익률이 요동치지 않게 되었다. 시장에 투자한 것이 아닌 회사에 투자한 것이기 때문에 영향을 덜 받는 것이다. 내일 상승할 종목에 투자를 하기 때문에 가능한 것이다.

자신만의 데이터를 가지고 있어야 한다. 자신만의 투자 방법을 가지고 있어야 하듯이 검증된 데이터를 가지고 있어야 한다. 투자로 수익을 내는 사람은 대부분 거래 일지를 가지고 있다. 먼저 자신에게 맞는 이기는 투자 방법을 찾고 검증의 시간을 가지기를 바란다. 검증의 시간을 어떻게 보내느냐가 주식 투자의 성공과 실패를 가르는 요인이 될 것이다.

자신만의 데이터는 돈을 주고 살 수 있는 것도 아니고 돈으로 환산할 수 있는 것도 아니다. 자신만의 데이터를 확보하는 것이 주식 투자로 수익을 낼 수 있는 발판이 될 것이다.

05
CHAPTER

자신만의 시나리오 매매기법을 만들어라

자신만의 시나리오 매매 기법을 가지고 있는가? 다른 사람에게 설명할 수 있는가? 글로 적을 수 있는가? 시나리오 매매 기법은 명확하고 단순해야 한다. 설명했을 때 상대방이 잘 이해할 수 없다면 자신의 투자법을 다시 정립할 필요가 있다.

매매 방법은 여러 가지가 있다. 눌림목 매수, 5일 이동평균선 돌파 매수, 골든크로스 매수, 상한가 따라잡기 등 수도 없이 많이 있다. 그 방법이 다 맞는 것도 아니고, 다 틀린 것도 아니다. 자신에게 맞느냐 안 맞느냐가 중요하다. 그리고 자신만의 원칙이 있느냐가 중요하다. 기법보다 앞서는 것이 원칙이다. 손절의 원칙과 수익이 발생했을 때 수익 실현의 원칙이 명확하다면, 기법은 그다음 문제다. 기법은 스킬의 차이다. 기법은 배우고자 하면 얼마든지 배울 수 있다. 이 책에서도 여러 가지 기법을 소개할 것이다. 그 기법들을 다

활용할 필요도 없다. 단 한 가지면 충분하다. 가장 자신 있는 기법을 선택하면 된다. 자신의 성향과 가장 잘 맞는 기법이 있다. 그것을 찾는 것이다. 그 기법을 가지고 자신만의 원칙을 세우는 것이다. 몇 %의 수익구간에서 주식의 몇 %를 수익 실현할 것인지, 명확하게 정의가 내려져 있어야 한다. 잔량은 언제 매도할 것인지에 대한 정의가 내려져 있어야 한다. 그 원칙대로 매매를 하면 심리적으로 크게 흔들릴 이유가 없다. 오늘은 당장 손실이 발생했을지라도 월평균으로 계산하면 결국 일정한 수익이 발생할 것이기 때문이다.

필자만의 '시나리오 매매 기법'이 있다. 필자의 감각과 판단으로 투자하는 것이 아닌 매뉴얼에 의해서 기계적 매매를 하자는 마음으로 '시나리오 매매 기법'이라고 만들었다.

'시나리오 매매 기법' 매뉴얼을 잠시 소개해보자면 장마감 1시간 전에 내일 상승할 종목을 검색한다. 시장에 따라 다르지만 하루에 8종목 내외로 검색이 된다. 그중에 가장 강한 종목 4종목을 선정한다. 장마감 30분 전부터는 분 차트를 보면서 분할 매수를 한다. 가장 예민한 시간이다. 비중은 50%다. 나머지 비중 50%를 종가에 매수한다. 하루에 최대 4종목만을 매수한다. 그 이상은 관리하기 어렵다. 강한 종목이 없다면 매수하지 않는다. 종목 검색하는 비법은 책의 뒷장에 소개되어 있다.

다음 날 아침 9시~9시 30분 사이에 매도를 원칙으로 한다. 하루 중 가장 매매가 활발한 시간이다. 수익률 3%가 발생하면 비중 50%를 매도한다. 그 이후 고점 대비 -3%가 되면 전량 매도하는 원칙이다. 손절의 원칙은 전날의 종가 이하로 내려갔을 때 반등 시 50% 매도한다. 나머지는 분봉차트를 보면서 분할 매도하는 것을 원칙으로 한다. 매도 비중은 시장 환경에 따라 조금씩 달라질 수 있다. 10시 이후에는 HTS를 닫는다.

하루에 딱 한 시간만 투자하는 것이다. 오전 30분, 오후 30분이다. 나머지 시간은 다른 것을 한다. 그것이 정신 건강에 좋다. 하루 종일 주식 차트 앞에서 스트레스받으면서 있을 이유가 없다. 종가에 매수하고 다음 날 오전에 매도하고 가벼운 마음으로 다른 일을 하는 것이다. 자신만의 시나리오 매매 기법이 있다면 시장에 흔들리지 않는다. 얄팍한 정보에 휘둘리지 않는다. 일희일비하지 않는다. 방송이나 신문을 보지 않아도 시장의 흐름을 파악할 수 있게 된다. 어떤 업종과 테마가 강세인지 알 수가 있다. 시장의 트렌드를 파악할 수 있게 된다. 어디에서 주워들은 정보로 투자하지 않게 된다. 언제나 가장 신선한 재료와 업종에서 투자를 할 수 있게 된다.

06 CHAPTER

주식 투자에 대박은 없다

주식 투자를 생각하는 독자 중에는 전업 투자를 생각하는 분도 있을 것이다. 안정적인 수익이 발생할 수만 있다면 전업 투자만큼 매력적인 직업이 없을 것이다. 이 책을 잘 공부해 모두가 안정적인 수익이 발생할 수 있다면, 더할 나위 없이 보람이 있을 것이다. 벼랑 끝에서 인생의 큰 변화가 온다. 인생의 반전이 있을 때도 있다. 크게 성장하는 경우도 있다. 하지만 주식 투자는 벼랑 끝에서 하는 것이 아니다. 더 빠른 속도로 벼랑 끝에서 떨어질 수 있기 때문이다. 주식 투자는 심리 싸움이다. 심리가 안정적이지 않은 상태에서 투자의 성공은 장담하기 어렵다. 주식 투자는 로또가 아니다. 벼랑 끝에서 주식을 통해 인생 한 방, 인생역전을 기대해서는 안된다. 주식 시장은 위기 앞에 놓인 개인 투자자들의 심리를 잘 이용하는 곳이다. 주식 시장의 제물이 되어서는 안 된다.

대부분의 사람들이 주식 투자의 고수들이 엄청난 수익을 거둘 것이라고 생각한다. 하지만 그것은 착각일 수도 있다. 최상위 0.1%의 고수를 제외하고 보편적인 고수들은 월평균 수익이 대기업 연봉 수준이거나 그 이하인 경우가 대부분이다. 일반 직장인보다 조금 나은 수준의 수익이라고 생각하면 된다. 어디까지나 안정적인 수익이 발생하는 고수들의 이야기다. 이것만으로도 얼마나 매력적인가? 은퇴 이후에 하루에 한두 시간 투자해서 생활비를 벌고 나머지 시간에는 산책하고 여유시간을 갖을 수 있다면 얼마나 좋겠는가? 이것이 주식 투자의 이상적인 목표가 되어야 한다. 젊은 직장인들과 직업을 가지고 있는 사람들은 주식 투자를 투잡으로 생각하는 것이 바람직하다. 하루 1시간 투자로 부수입을 얻겠다는 마음이 바람직하다. 주식 투자를 통해서 가족의 생계를 책임져야겠다는 마음은 위험하다. 이미 심리게임에는 지고 들어가는 것이기 때문이다. 일반적으로 가정의 지출은 일정하다. 주식 투자의 수익은 매달 월급처럼 들어오는 것이 아니기 때문이다.

연 100%의 수익이 나는 사람이 있다고 가정해보자. 누군가는 이렇게 생각할 것이다. '연 100% 수익이 발생한다면 1억 원으로 1년에 1억 원의 수익이 발생하지 않겠는가?'라고. 틀린 말은 아니지만 모두 옳은 말도 아니다. 차트마다 관리하는 세력이 있다. 차트의 주인이라고도 한다. 친위 세력의 자금이 아닌 불순분자의 자금이 일정 규모 이상으로 들어오면 차트의 방향이 달라진다. 차트의 불순분자는 차트와 이해관계가 없는 개인 투자자를 말한다. 차트의 주인은 당연히 불순분자를 털어내기 위해 여러 가지 방법을 동원하게 된다. 심리적으로 약자의 입장인 개인 투자자는 손실을 입을 수밖에 없다. 개인 투자자가 일정 규모 이상으로 차트에 개입한다면 어떠한 매매 기법도 통하지 않게 된다는 것을 명심해야 한다. 차트의 주인인 세력의 신경에 거슬리지 않는 선에서 잠시 무임승차한 후에 적당한 수익이 발생하면 조용히 내려오는 것이 서로에게 좋다.

거래대금은 어느 정도가 적당할까? 장기 투자자가 아닌 이상 거래를 매일 하거나 적어도 2~3일에 한 번은 하게 된다. 필자는 종목당 2천만 원 이내가 적당하다고 판단한다. 그 이상은 세력의 표적이 될 수 있기 때문이다. 하루에 최대 4종목을 거래한다. 종목당 천 만원을 거래한다고 가정하면 총 4천만 원의 자금으로 투자하게 된다. 다음 날 더 강한 종목으로 갈아타게 된다. 결론은 매일 4천만 원의 거래대금이 발생한다. 한 달이면 8억 원의 거래대금이 발생하고 1년이면 100억 원에 가까운 회전자금이 발생한다. 수수료만 수천만 원이 발생한다.

각자가 목표를 세워야 한다. 투자 원금을 정해야 한다. 투자 원금에서 수익이 발생하면 수익금을 다른 계좌로 옮겨야 한다. 눈덩이 굴러가듯 원금이 커지면서 복리 수익이 발생해 대박에 이를 것이라는 것은 허상이다. 복리에 복리를 더하다가 한순간에 반토막 나는 경우가 허다하다. 불리기는 어렵지만 반토막 나기는 쉽다. 반토막 나는 것은 쉽고 빠르지만, 원금을 회복하기는 어렵다. 원금의 반토막에서 원금 회복을 하기 위해서는 100%의 수익이 필요하기 때문이다.

주식 투자에 대박은 없다. 자금 관리는 기본이다. 생활 관리도 기본이다. 벼랑 끝에서의 주식 투자는 더 큰 위기를 자초한다. 안정적인 수익이 발생하는 것을 목표로 삼아야 한다. 투잡으로 생각하고 괜찮은 부수익으로 생각을 해야 한다. 은퇴 이후에는 안정적인 생활 자금의 공급처로 생각하는 것이 적당하다. 주식 투자의 매력은 은퇴가 없다는 것이다. 이것은 평생직업이 될 수 있다는 말이다. 자전거를 처음 배우기는 어렵지만, 한번 배우고 나면 평생 탈 수 있듯이 주식 투자도 마찬가지다. 자전거를 처음 배운다는 생각으로 긴 안목을 가지고 주식 투자를 공부해서 평생의 직업을 가져보기를 바란다.

m • e • m • o

2 PART

HTS는 비밀을 알고 있다

Chapter 1 계좌 개설하는 방법
Chapter 2 HTS 설치하는 방법
Chapter 3 HTS 화면 구성 방법
Chapter 4 매수와 매도 주문하는 방법
Chapter 5 차트 보는 방법

01
CHAPTER

계좌 개설하는 방법

주식 투자를 시작하기 위해서는 가장 먼저 계좌를 개설해야 한다. 증권 계좌는 증권사 지점과 은행에서 만들 수 있다. 증권사 지점은 많지 않아서 은행에서 개설하는 것이 편리하다.

은행에서 계좌를 개설할 생각이라면 은행마다 개설 가능한 증권사가 다르기 때문에 방문 전에 확인하는 것이 좋다.

증권사 선택을 해야 한다. 선택의 기준은 전산 프로그램의 안정성이 중요하다. 프로그램이 불안정해 원하는 종목을 원하는 시간에 매매할 수 없다면 문제가 될 수 있다. 그리고 증권사마다 수수료 차이가 있느니, 잘 비교해보고 선택하는 것이 좋다.

증권사 홈페이지 방문

증권 앱 또는 홈페이를 방문하면 계좌 개설 방법이 상세하게 안내되어 있다. 요즘은 은행을 방문하지 않고 앱이나 홈페이지에서 비대면으로 계좌를 개설할 수 있다.

계좌 개설 사례 1

다음은 키움증권 계좌 개설의 사례다. 키움증권 홈페이지에 들어가서 '계좌 개설 안내'를 참고하면 된다.

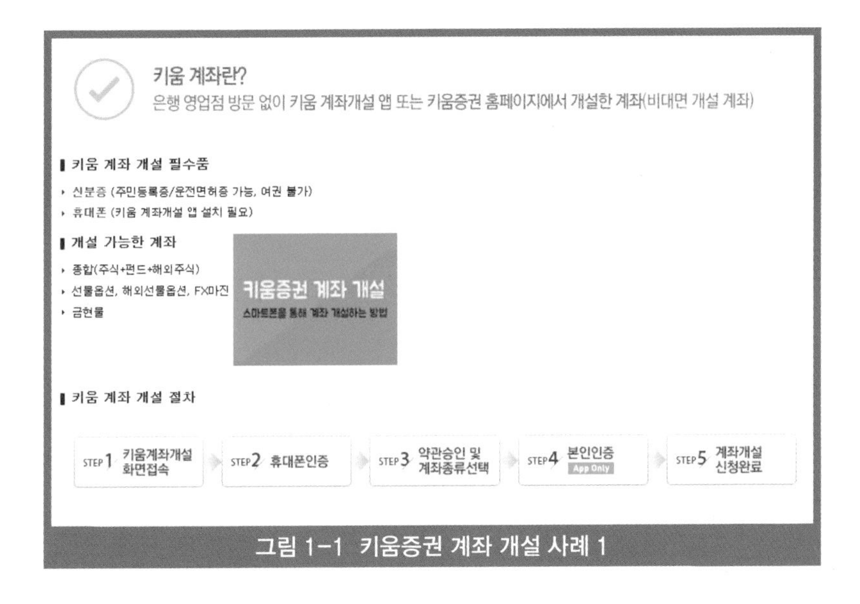

그림 1-1 키움증권 계좌 개설 사례 1

그림 1-2 키움증권 계좌 개설 사례 2

계좌 개설 사례 2

다음은 미래에셋대우 다이렉트 계좌 개설의 사례다. 미래에셋대우 다이렉트 홈페이지에 들어가서 '계좌 개설 안내'를 참고하면 된다. 상세하게 안내되어 있다. 마찬가지로 은행에 방문하지 않고도 비대면 계좌를 개설할 수 있다.

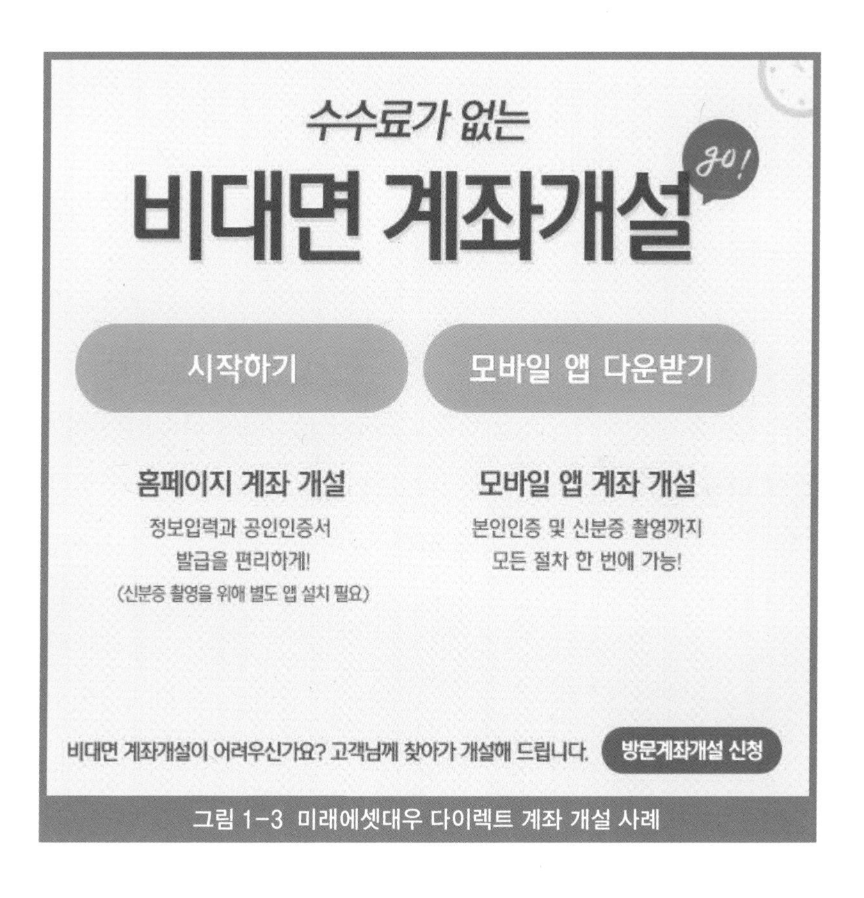

그림 1-3 미래에셋대우 다이렉트 계좌 개설 사례

02
CHAPTER

HTS 설치하는 방법

HTS 설치하기 전에 ID 등록부터 해야 한다.

주식 투자를 하기 위해서는 HTS 프로그램이 필요하다. 증권사 홈페이지를 방문해서 HTS를 다운로드받아 설치해야 한다. 설치하기 전에 해야 할 일이 있다. 홈페이지를 방문해 ID 등록을 해야 한다. 그리고 공인인증서를 등록해야 한다. 마지막으로 사용계좌 등록을 하면 된다.

- 1단계 => ID 등록
- 2단계 => 공인인증서 등록
- 3단계 => 사용계좌 등록

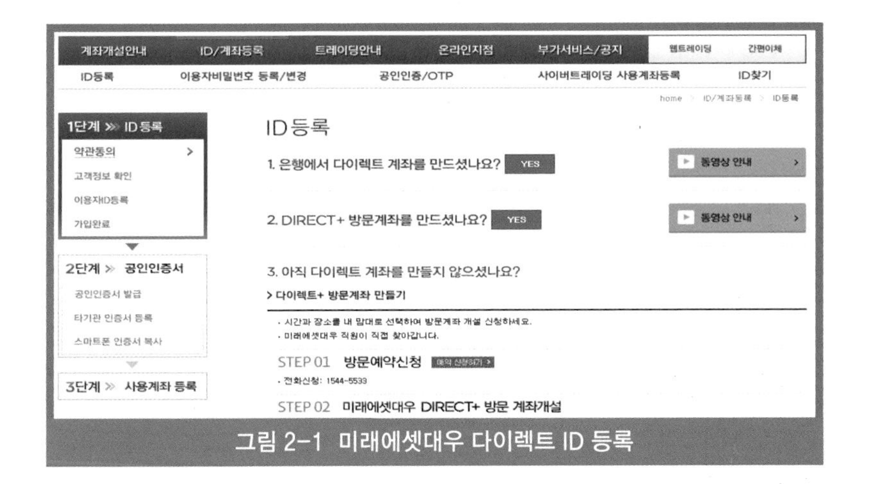

그림 2-1 미래에셋대우 다이렉트 ID 등록

HTS 설치

드디어 HTS 프로그램을 설치하면 된다. 증권사 홈페이지에 들어가서 HTS를 다운로드하면 된다.

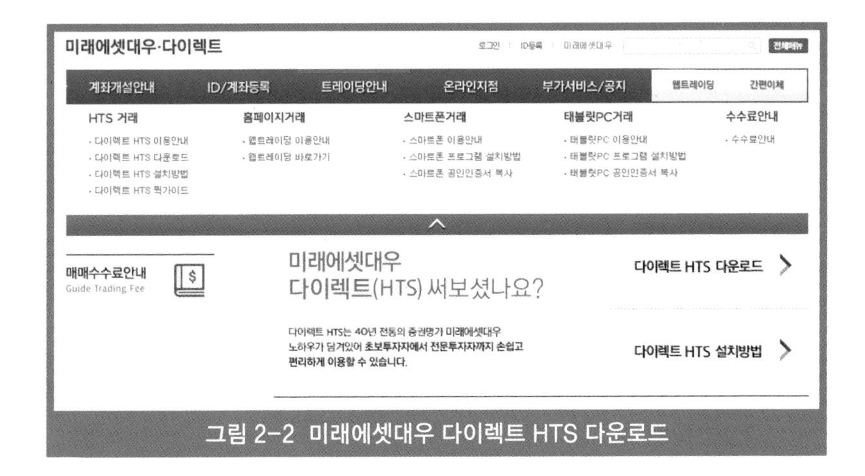

그림 2-2 미래에셋대우 다이렉트 HTS 다운로드

HTS 로그인하는 방법

HTS 설치가 마무리되면 바탕화면에 바로가기 아이콘이 생성된다. 바로가기를 더블클릭하면 아이디와 비밀번호, 그리고 공인인증서 비밀번호를 차례로 입력한 후 로그인 버튼을 누르면 된다.

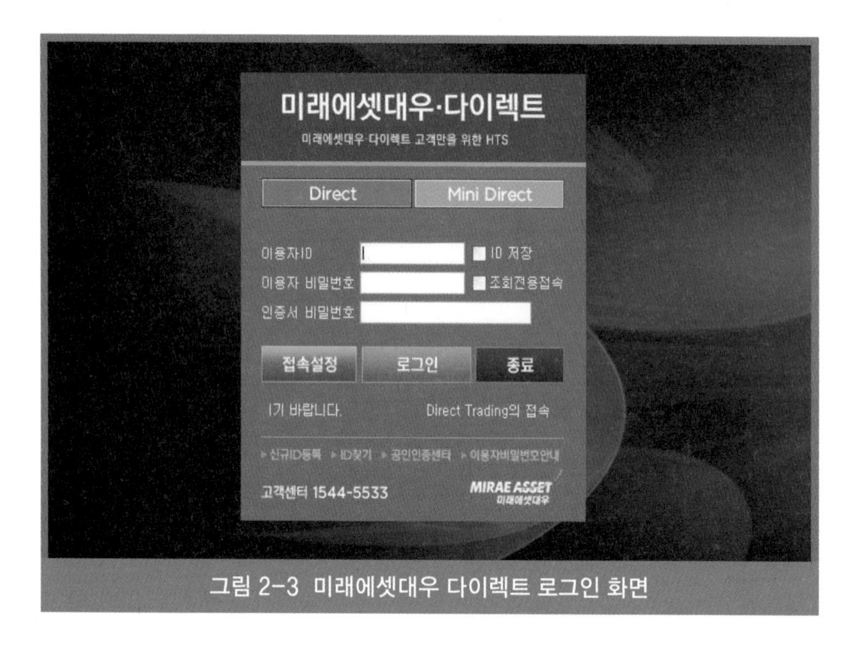

그림 2-3 미래에셋대우 다이렉트 로그인 화면

03
CHAPTER

HTS 화면 구성 방법

HTS를 처음 로그인하면 막막할 수 있다. 화면 위쪽에 여러 가지 메뉴들이 있다. 한 번씩 클릭해보는 것만으로도 큰 공부가 된다. 시간이 날 때마다 열어보기를 바란다. 빠른 시간에 HTS와 친해질 수 있는 방법 중 하나다. HTS를 자유롭게 사용할 줄 아는 것이 투자에 도움이 된다. 투자에 도움이 되는 더 많은 정보를 얻을 수 있기 때문이다.

기본적인 화면 구성

HTS 화면 구성은 자신에게 맞는 것을 찾아가면 된다. 투자 정보를 얻는 데 있어서 자신에게 더 필요한 것으로 구성하면 된다. 짧은 시간에 자신에게 맞는 것을 찾기는 어렵다. 시간이 흘러야 자신에게 가장 적합한 화면 구성을 할 수 있을 것이다.

가장 기본적인 화면 구성 방법이 있다. 현재가 창과 주문 창이 필요하다. 차트와 관심종목 창을 열어두는 것이 좋다.

그림 3-1 기본화면 구성

현재가 창

현재가 창은 증권사마다 차이가 있다. 현재가 창을 통해 주식의 현재가와 투자에 필요한 기본적인 정보를 얻을 수 있다. HTS 메뉴에서 현재가 창을 클릭하면 열어볼 수 있다.

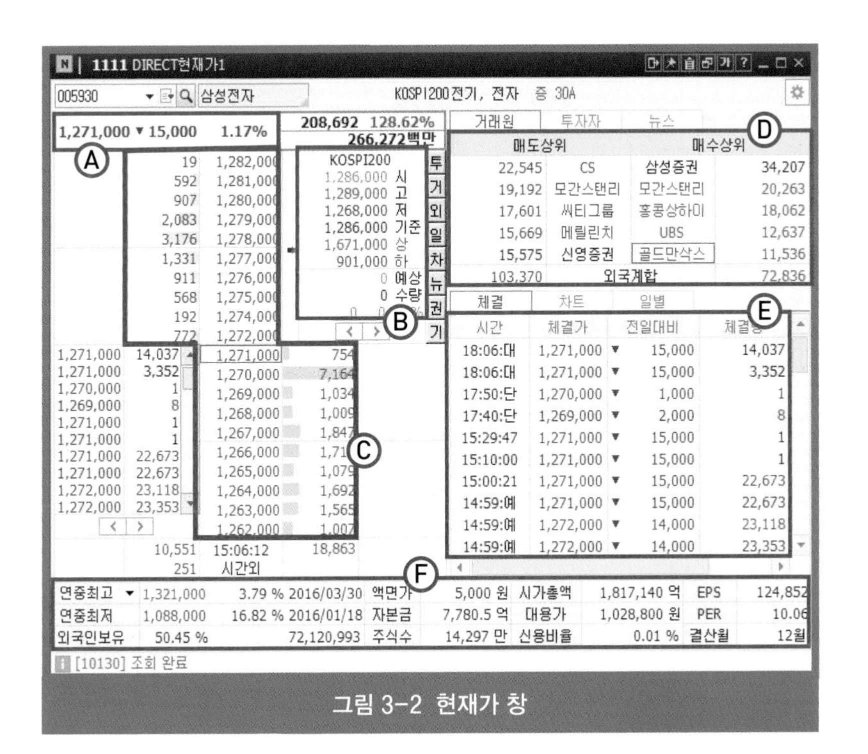

그림 3-2 현재가 창

현재가 창을 통해서 얻을 수 있는 정보

A. 주식의 현재가를 알 수 있다.
B. 시가·저가·고가·기준가를 알 수 있다.
C. 호가창을 볼 수 있다.
D. 증권사별 매수·매도 현황을 볼 수 있다.
E. 체결 현황을 볼 수 있다.
F. 기업의 기본 정보를 볼 수 있다.

관심종목 창

관심종목을 등록해보자. 자신의 투자 성향에 맞는 종목을 선별해서 등록하면 된다. HTS 메뉴에서 관심종목을 클릭하면 열어볼 수 있다.

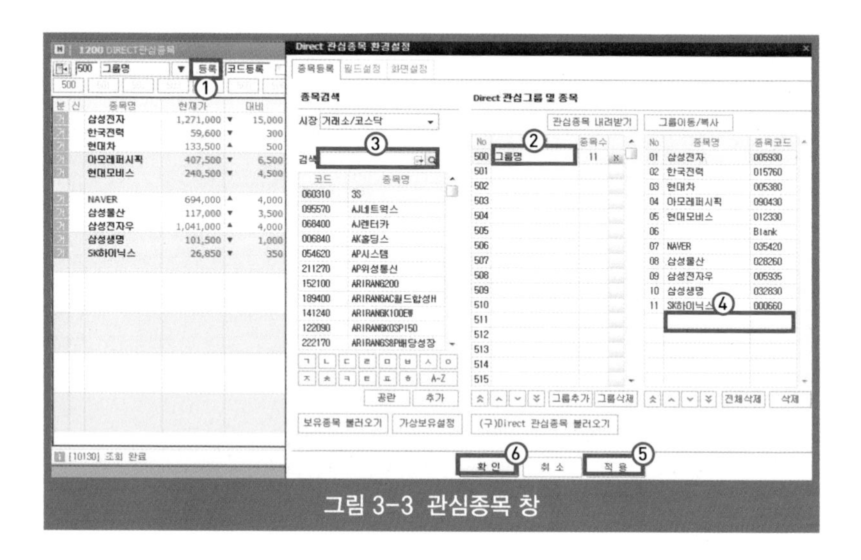

그림 3-3 관심종목 창

관심종목 등록하는 방법

1. 관심종목 창을 열고 등록 버튼을 누른다.
2. 그룹명을 더블클릭해 설정한다.
3. 관심종목을 검색하고 엔터를 친다.
4. 검색한 종목이 등록된다.
5. 적용 버튼을 누른다.
6. 확인 버튼을 누른다.

04
CHAPTER

매수와 매도 주문하는 방법

주식 투자할 때 매수와 매도하는 방법에 익숙해져야 한다. 원하는 타이밍에 자유자재로 매매할 수 있어야 한다. 초보 투자자 중에는 매수와 매도 실수를 많이 하는 경우가 있는데, 이는 자칫 큰 손실로 이어질 수 있다. 직접 투자하기 전에 반드시 매수와 매도방법을 충분히 연습해야 한다.

매수 주문하는 방법

매수란, 주식을 산다는 의미다. 주식을 매수하기 위해서는 매수 주문 창을 열어야 한다. HTS 메뉴에서 〈주식 주문〉을 클릭하면 된다.

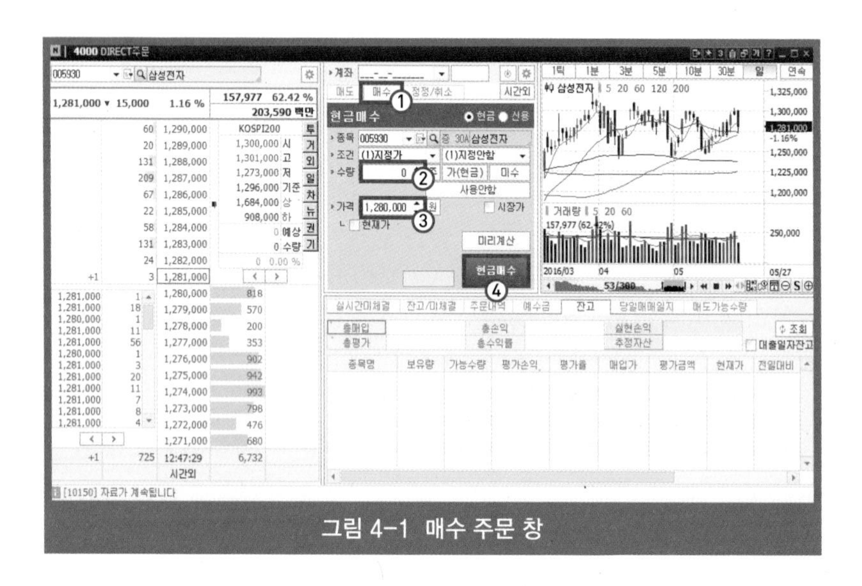

그림 4-1 매수 주문 창

매수 주문하는 방법

1. 〈매수〉 버튼을 클릭한다.
2. 수량을 지정한다.
3. 가격을 지정한다.
4. 〈현금 매수〉 버튼을 클릭한다.

주문 조건의 종류

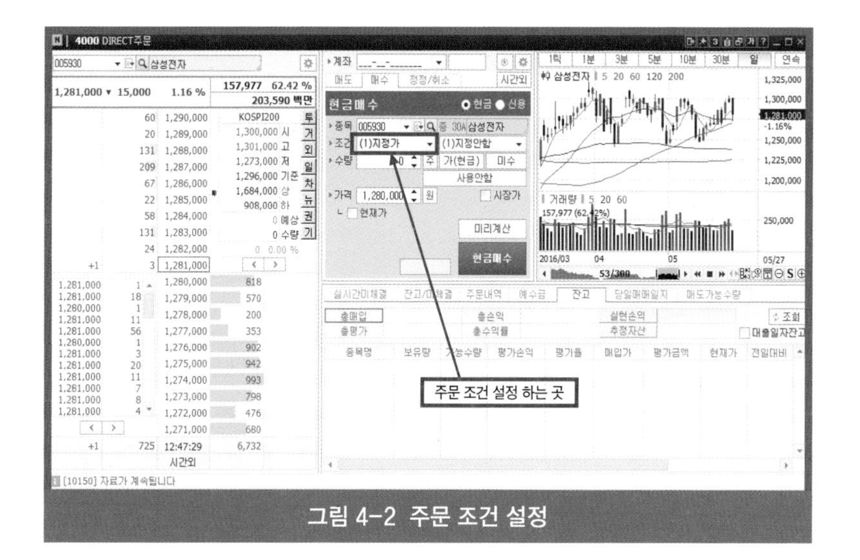

그림 4-2 주문 조건 설정

주문 조건의 종류

- **지정가 주문** : 투자자가 원하는 가격에 주문하는 방법이다. 보통 주문이라고도 한다. 보편적으로 가장 많이 사용하는 주문 방법이다.
- **시장가 주문** : 즉시 체결을 원할 때 주문하는 방법이다. 시장에 거래되고 있는 가격으로 즉시 매매할 때 사용한다. 가격 등락폭이 큰 종목을 매매할 때는 주의할 필요가 있다.
- **조건부지정가 주문** : 장중에 지정가 주문으로 체결되지 않았을 때, 종가의 시장가로 체결되도록 하는 주문 방법이다.

매도 주문하는 방법

매도란, 보유하고 있는 종목을 판다는 의미다. 주식을 매도하기 위해서는 매도 주문 창을 열어야 한다. HTS 메뉴에서 〈주식 주문〉을 클릭하면 된다.

그림 4-3 매도 주문 창

매수 주문하는 방법

1. 〈매수〉 버튼을 클릭한다.
2. 수량을 지정한다.
3. 가격을 지정한다.
4. 〈현금 매수〉 버튼을 클릭한다.

정정/취소하는 방법

주식을 정정하거나 취소하기 위해서는 정정/취소 주문 창을 열어야 한다. HTS 메뉴에서 〈주식 주문〉을 클릭하면 된다.

그림 4-4 정정/취소 주문 창

정정/취소 주문하는 방법

1. 〈정정/취소〉 버튼을 클릭한다.
2. 수량을 지정한다.
3. 가격을 지정한다.
4. 정정을 원할 때 〈정정 주문〉 버튼을 클릭한다.
5. 취소를 원할 때 〈취소 주문〉 버튼을 클릭한다.

05
CHAPTER

차트 보는 방법

주식 투자할 때 차트를 보는 방법에 익숙해져야 한다. 주식 투자에서 가장 기본이면서, 가장 중요한 것이다. 원하는 종목을 원하는 타이밍에 자유자재로 열어볼 수 있어야 한다. 직접 투자하기 전에 차트와 충분히 친해져야 한다.

기술적 분석을 위한 차트 보는 방법

차트는 주가의 흐름을 보여준다. 기술적 분석을 하기 위해서 가장 많이 보게 될 창이다. 차트를 보기 위해서는 메뉴에서 〈분석차트〉를 클릭하면 된다.

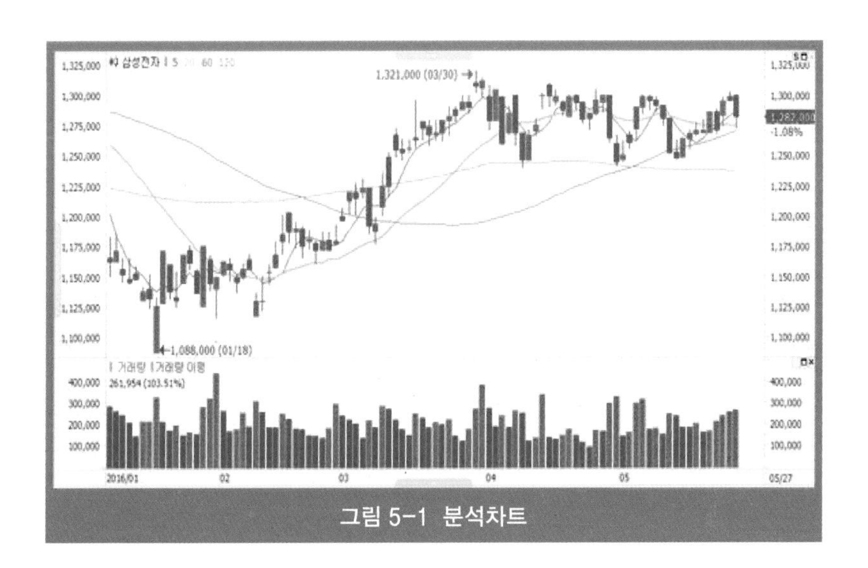

그림 5-1 분석차트

그림 설명

- 차트를 통해 주가의 흐름과 거래량, 보조 지표를 볼 수 있다.

전자공시 보는 방법

전자공시는 기업의 기본적 분석을 위해 확인해야 한다.

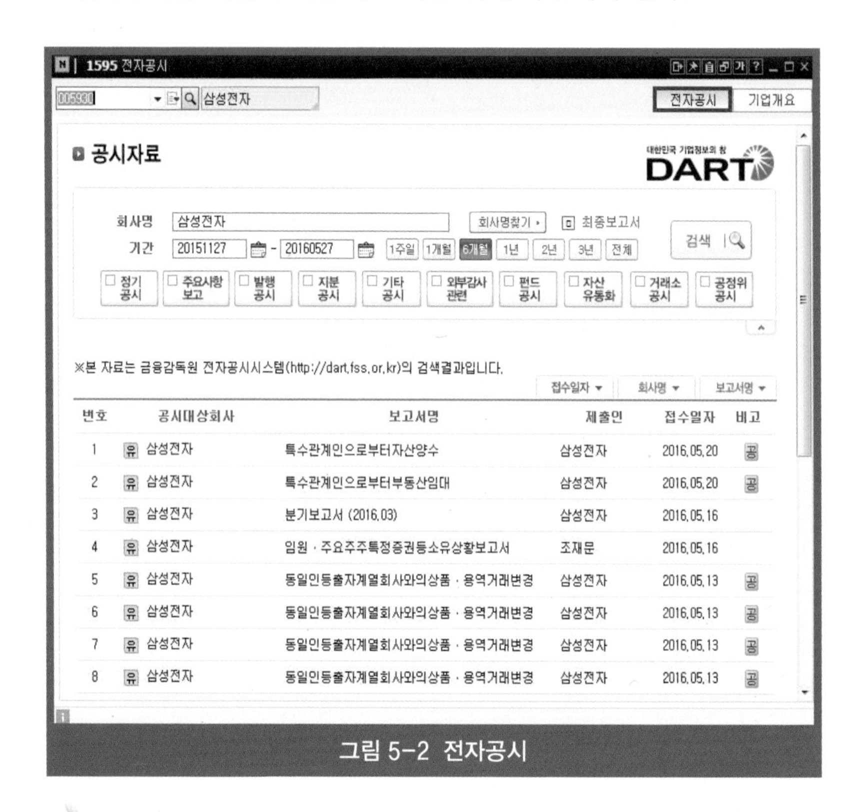

그림 5-2 전자공시

그림 설명

- 공시를 확인하기 위해서는 <전자공시>를 클릭한다.

기업개요 보는 방법

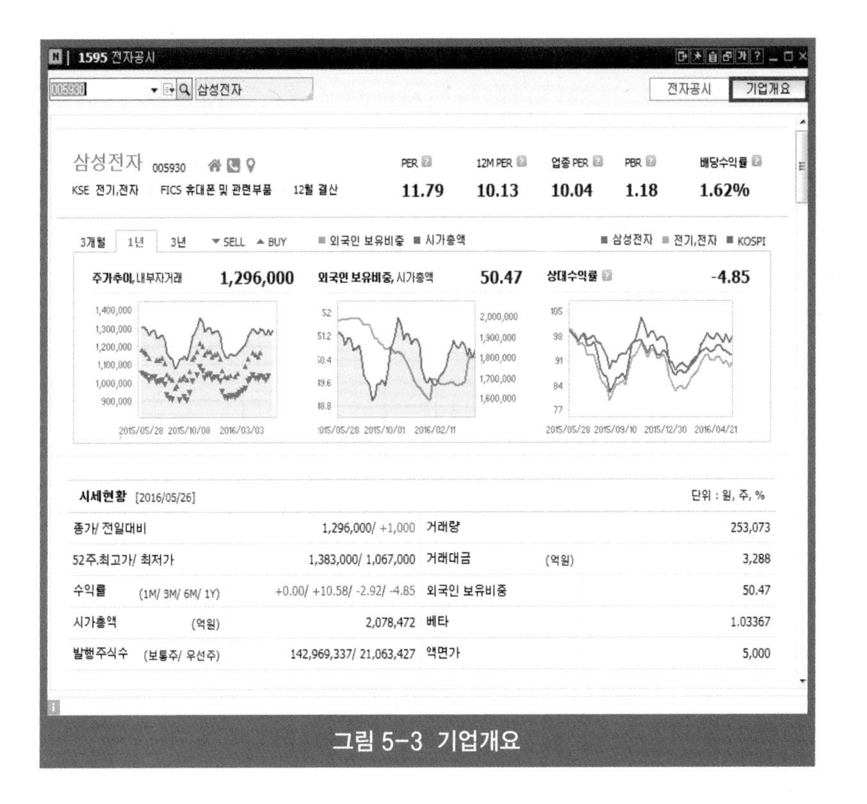

그림 5-3 기업개요

그림 설명

- 기업의 개요를 보기 위해서는 〈기업개요〉를 클릭한다.

THIS NOTE IS LEGAL
ALL DEBTS, PUBLIC AND

3 PART

차트는 비밀을 알고 있다

A 74543652 C

WASHINGTON, D.C.

01
CHAPTER

캔들의 비밀

■ 캔들의 중요성

차트를 이해하기 위해서는 반드시 캔들을 잘 알고 있어야 한다. 캔들은 시가 · 종가 · 고가 · 저가로 구성되어 있다. 상승한 날은 빨간색, 하락한 날은 파란색으로 표시된다. 기간에 따라서 구분하기도 한다. 분봉은 분단위의 등락을 나타내고 일봉은 하루, 주봉은 일주일, 월봉은 한 달 기간의 등락을 나타낸다. 캔들을 완벽하게 이해해야 차트를 잘 분석할 수 있게 된다.

양봉

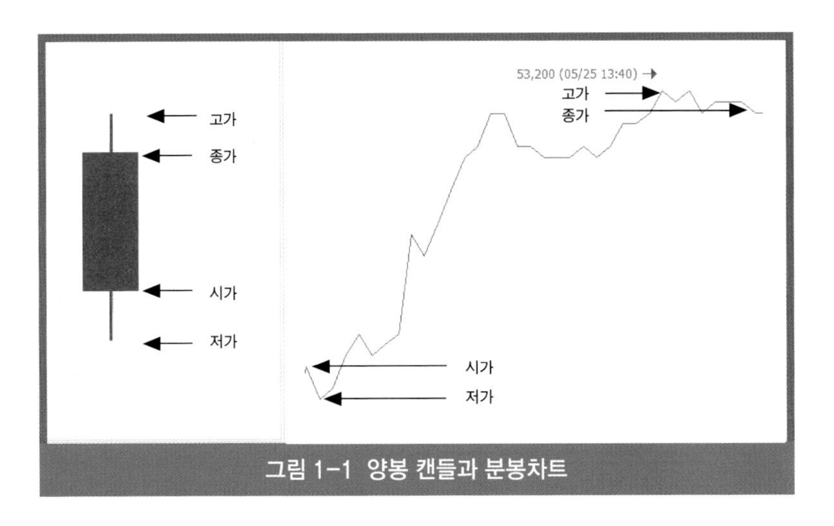

그림 1-1 양봉 캔들과 분봉차트

그림 설명

- 양봉은 빨간색으로 표시된다.
- 빨간색 밑변은 시가다.
- 빨간색 윗변은 종가다.
- 빨간색 밑꼬리는 저가다.
- 빨간색 윗꼬리는 고가다.

음봉

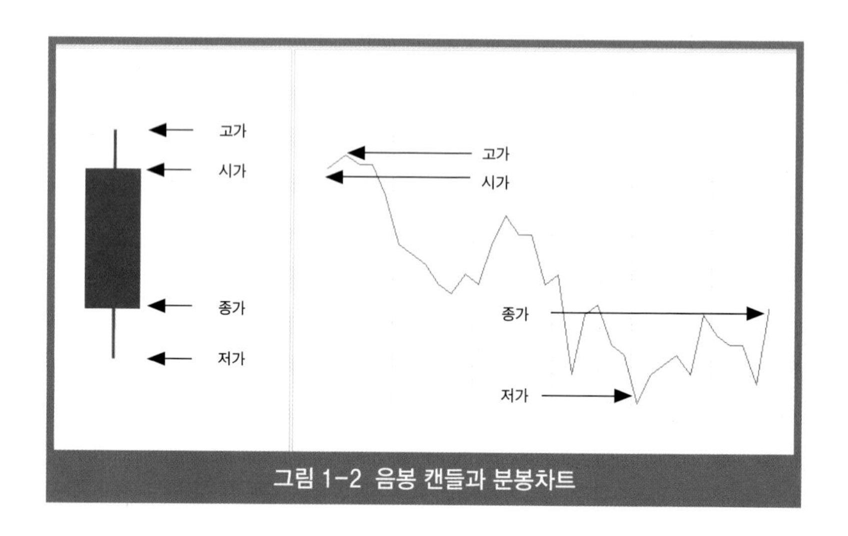

그림 1-2 음봉 캔들과 분봉차트

그림 설명

- 음봉은 파란색으로 표시된다.
- 파란색 윗변은 시가다.
- 파란색 밑변은 종가다.
- 파란색 윗꼬리는 고가다.
- 파란색 밑꼬리는 저가다.

캔들차트의 종류

캔들차트는 분봉차트와 일봉차트, 주봉차트, 월봉차트가 있다.

분봉차트

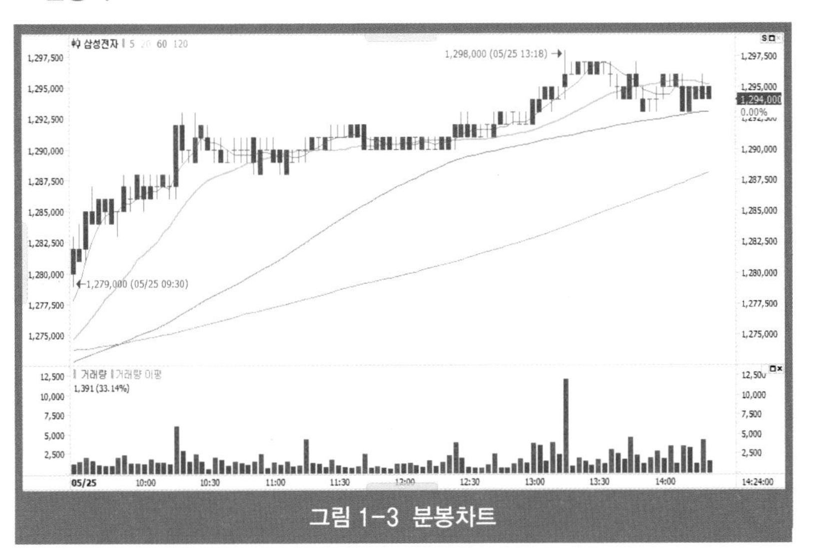

그림 1-3 분봉차트

> **그림 설명**
>
> • 분봉차트는 분 단위의 움직임을 나타낸다.

일봉차트

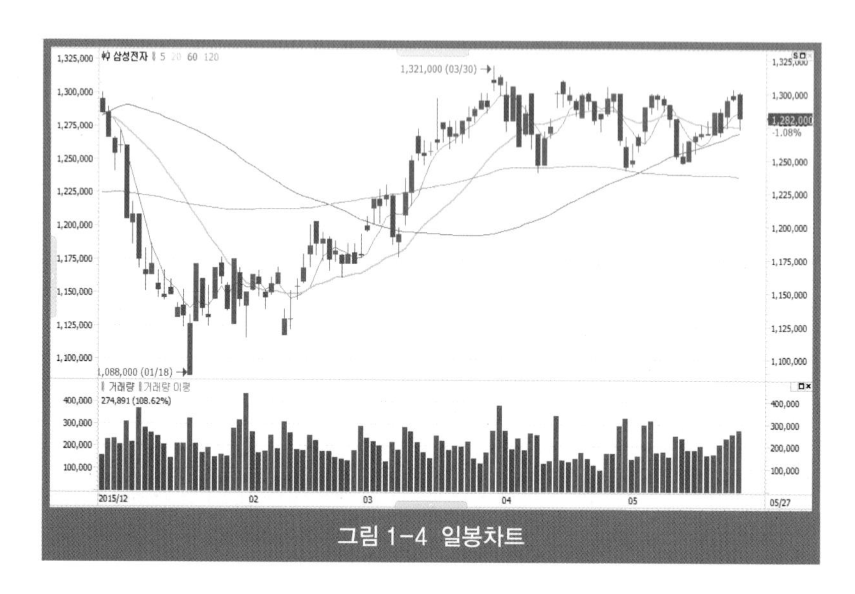

그림 1-4 일봉차트

그림 설명

- 일봉차트는 하루의 움직임을 나타낸다.

주봉차트

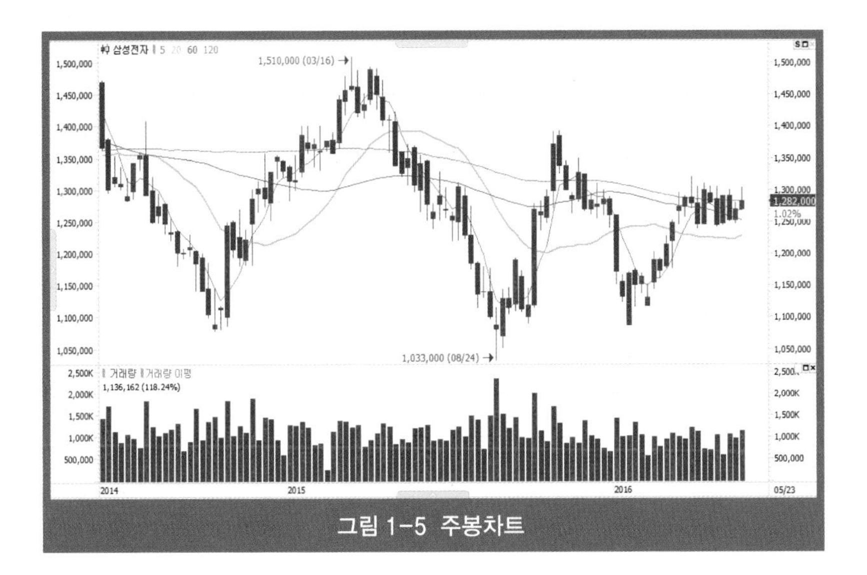

그림 1-5 주봉차트

그림 설명

- 주봉차트는 한 주의 움직임을 나타낸다.

월봉차트

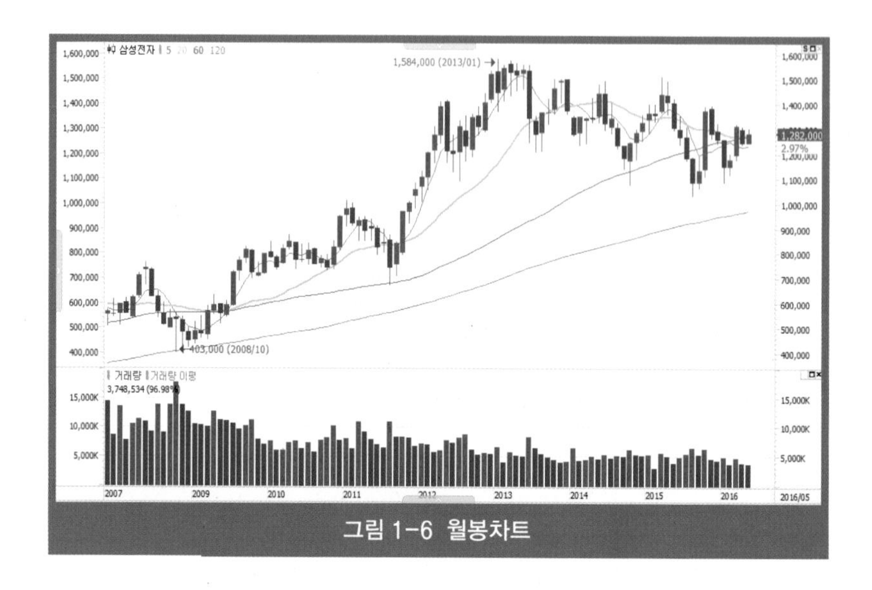

그림 1-6 월봉차트

그림 설명

• 월봉차트는 한 달의 움직임을 나타낸다.

■ 캔들의 종류

캔들은 크게 양봉과 음봉으로 나누어진다. 양봉의 종류에는 장대 양봉, 윗꼬리 달린 양봉, 아랫꼬리 달린 양봉, 위와 아랫꼬리 달린 양봉이 있다. 음봉의 종류에는 장대 음봉, 윗꼬리 달린 음봉, 아랫꼬리 달린 음봉, 위와 아랫꼬리 달린 음봉이 있다. 그 외에도 시작과 끝이 같은 동시선이 있고, 십자형 캔들도 있다.

장대 양봉

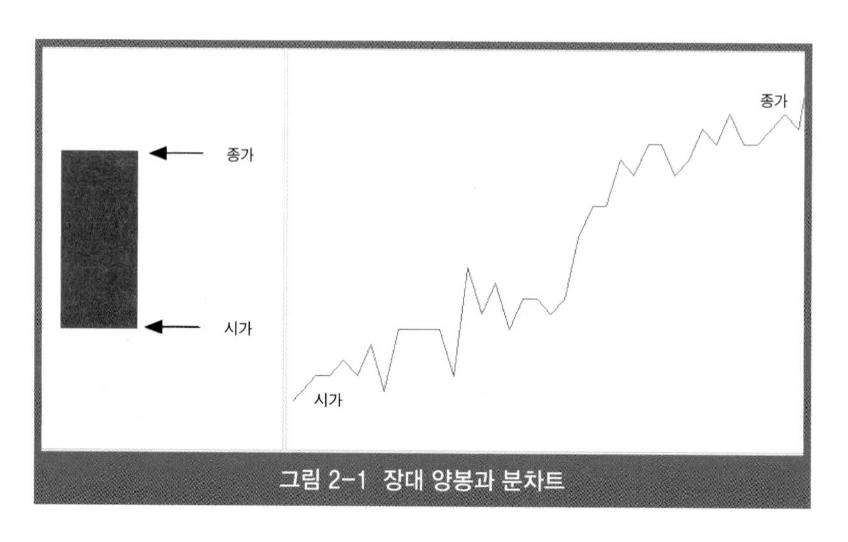

그림 2-1 장대 양봉과 분차트

그림 설명

- 시가가 저가, 종가가 고가일 때 발생한다. 매수세가 강하다는 것을 의미한다.

매매 POINT

매수 세력이 강하다는 의미다. 매수 관점에서 주가를 봐야 한다. 바닥권에서 장대 양봉이 발생했을 때는 관심 있게 볼 필요가 있다.

장대 음봉

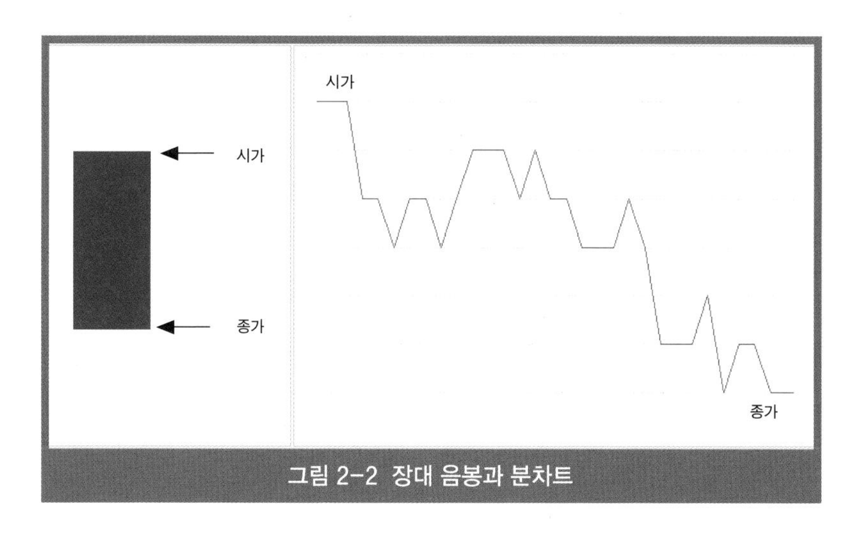

그림 2-2 장대 음봉과 분차트

그림 설명

- 시가가 고가, 종가가 저가일 때 발생한다. 매도세가 강하다는 것을 의미한다.

매매 POINT

매도 세력이 강하다는 의미다. 매도 관점에서 주가를 봐야 한다. 천정권에서 장대 음봉이 발생했을 때는 관심 있게 볼 필요가 있다.

윗꼬리 달린 양봉

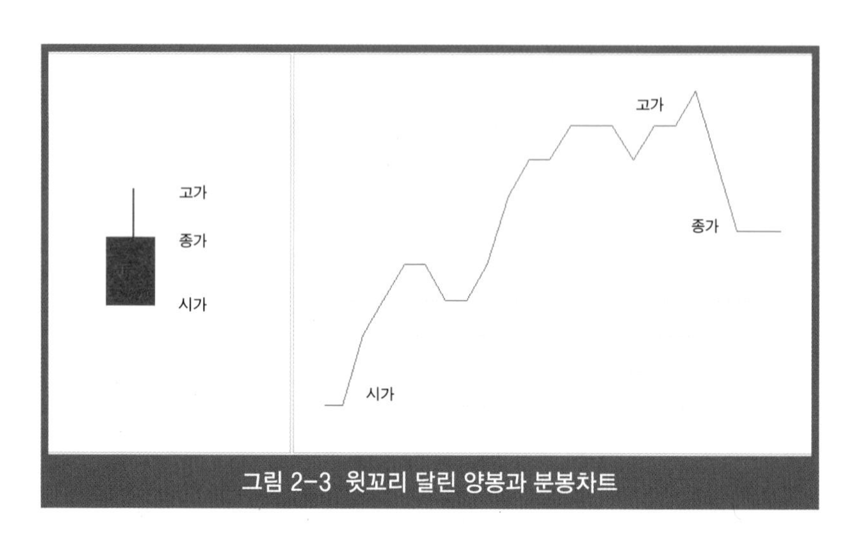

그림 2-3 윗꼬리 달린 양봉과 분봉차트

그림 설명

- 시가가 저가, 종가가 고가보다는 낮게 형성되었을 때 발생한다. 매수세는 강했지만 고가 대비 종가가 낮게 형성되었음을 의미한다.

매매 POINT

하락 추세 중에 나타난 윗꼬리 달린 양봉은 반전의 의미가 있다. 천정권에서 나타난 윗꼬리 달린 양봉은 단기 조정을 암시한다.

윗꼬리 달린 음봉

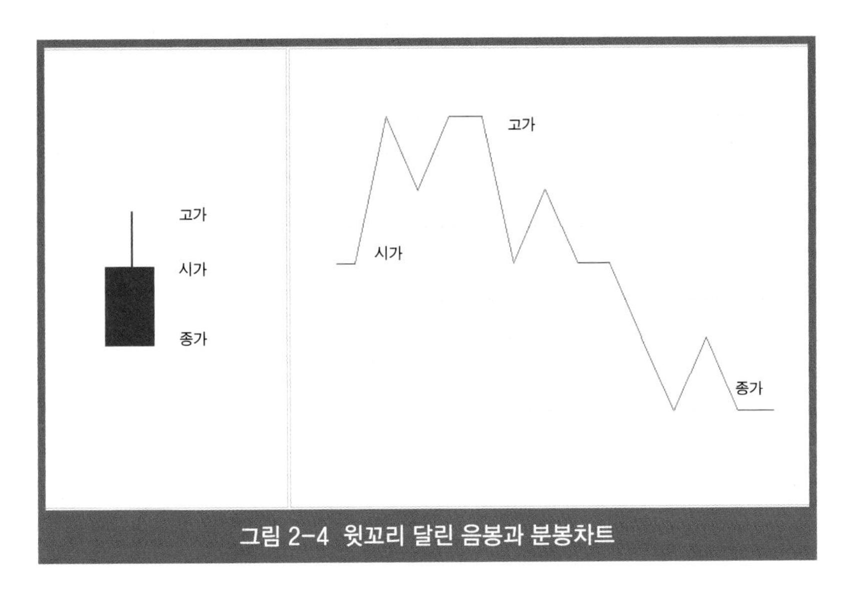

그림 2-4 윗꼬리 달린 음봉과 분봉차트

그림 설명

- 시가를 돌파해 상승을 시도했지만 종가가 시가보다 낮게 형성되었을 때 발생한다. 매도세가 매수세를 압도했음을 의미한다.

매매 POINT

천정권에서 윗꼬리 달린 음봉이 발생했을 때는 반락의 의미가 있다. 바닥권에서 윗꼬리 달린 음봉이 발생했을 때는 상승전환의 실패를 의미한다.

아랫꼬리 달린 양봉

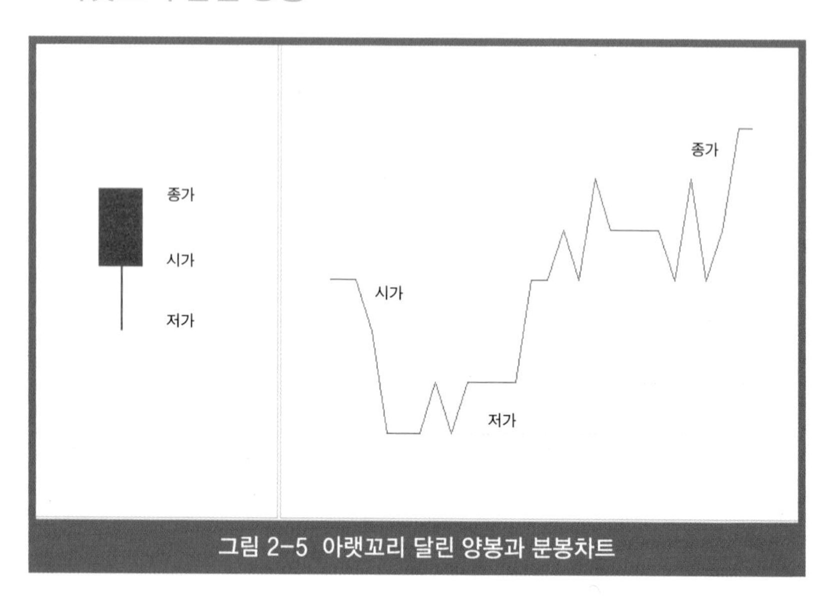

그림 2-5 아랫꼬리 달린 양봉과 분봉차트

그림 설명

- 시가를 이탈해 하락했지만 종가가 시가보다 높게 형성되었을 때 발생한다. 매수세가 매도세를 압도했음을 의미한다.

매매 POINT 바닥권에서 아랫꼬리 달린 양봉이 발생했다면 상승전환의 의미로 볼 수 있다.

아랫꼬리 달린 음봉

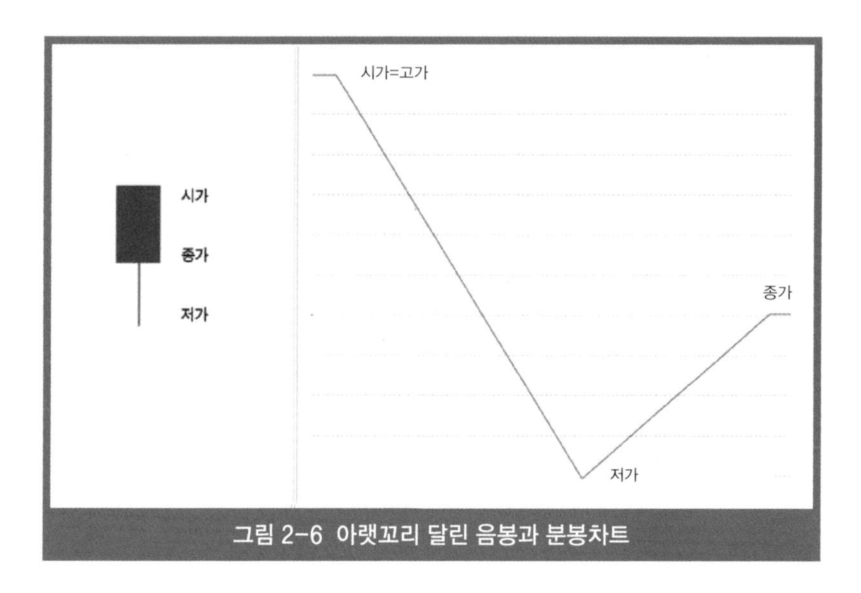

그림 2-6 아랫꼬리 달린 음봉과 분봉차트

그림 설명

- 시가가 고가, 종가가 저가보다는 높게 형성되었을 때 발생한다. 매도세는 강했지만 저가 대비 종가가 높게 형성되었음을 의미한다.

매매 POINT

하락 추세 중에 나타난 아랫꼬리 달린 음봉은 반전의 의미가 있다. 천정권에서 나타난 아랫꼬리 달린 음봉은 단기 조정을 암시한다.

위와 아랫꼬리 달린 양봉

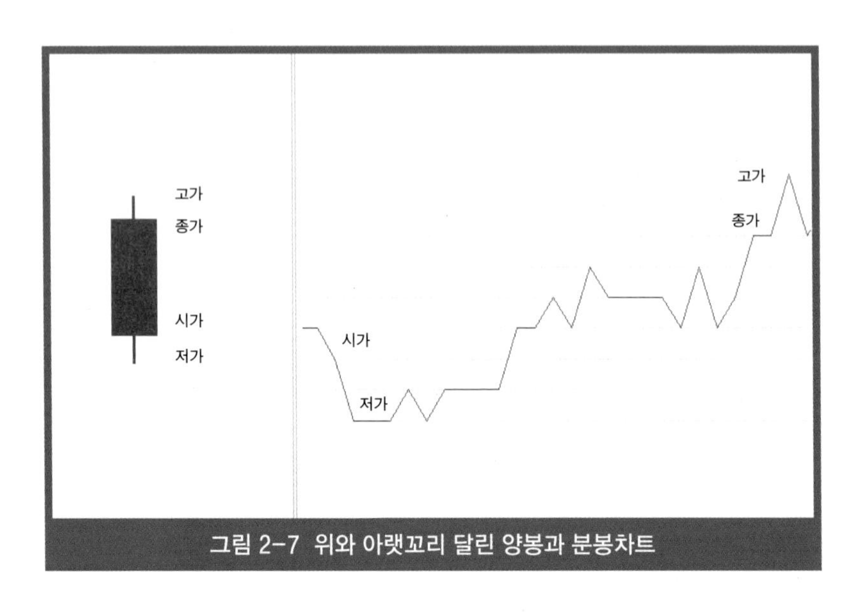

그림 2-7 위와 아랫꼬리 달린 양봉과 분봉차트

그림 설명

- 매수세가 강했지만 종가가 고가보다는 낮게 형성되었을 때 발생한다.

매매 POINT

바닥권에서 위와 아랫꼬리 달린 양봉이 발생했다면 상승전환의 의미로 볼 수 있다.

위와 아랫꼬리 달린 음봉

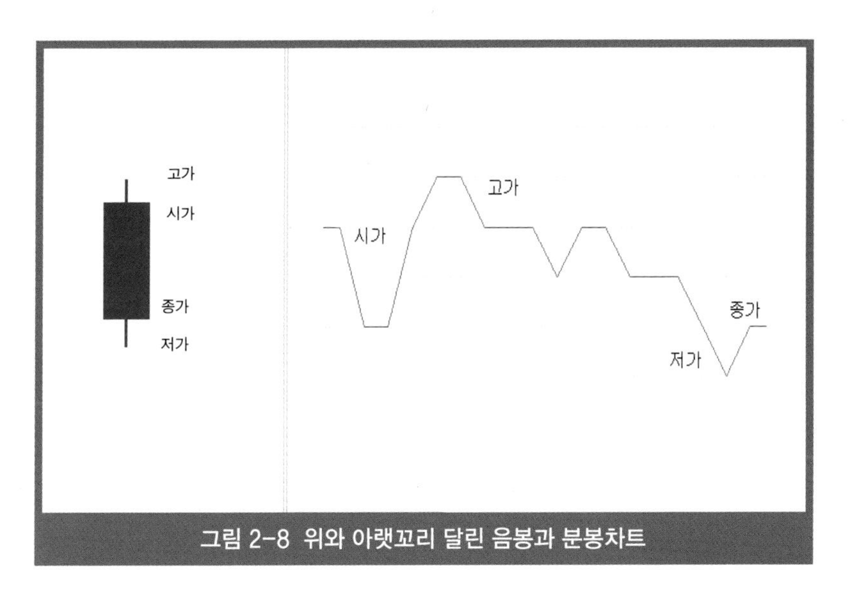

그림 2-8 위와 아랫꼬리 달린 음봉과 분봉차트

그림 설명

매도세가 강했지만 종가가 저가보다는 높게 형성되었을 때 발생한다.

매매 POINT

천정권에서 위와 아랫꼬리 달린 음봉이 발생했다면 하락전환의 의미로 볼 수 있다.

동시선

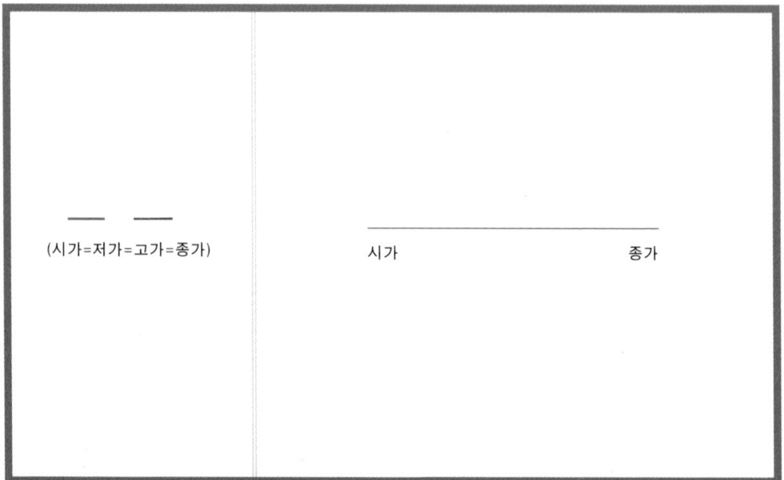

(시가=저가=고가=종가)

시가 종가

그림 2-9 동시선과 분봉차트

그림 설명

- 하루 동안 주가 변동이 발생하지 않았다는 것을 의미한다. 시가와 저가,고가, 종가가 모두 일치한다. 급등락하는 종목에서 나타난다.

매매 POINT 거래량에 따라 움직이는 방향으로 매매할 수 있겠지만, 관망하는 것이 바람직하다.

십자(도지)형

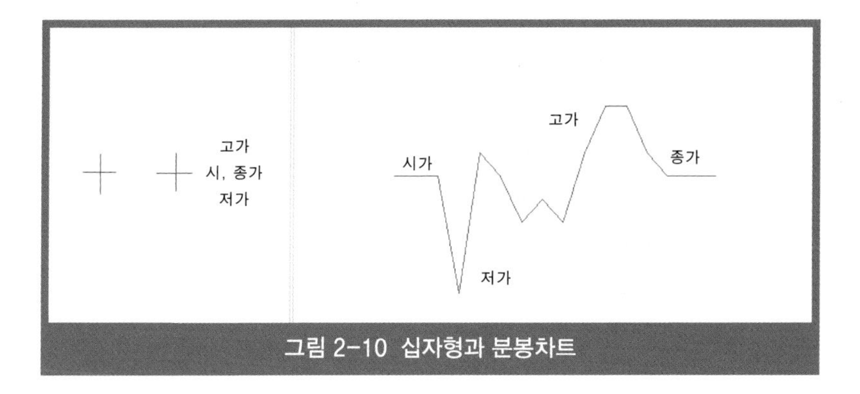

그림 2-10 십자형과 분봉차트

그림 설명

- 고가와 저가가 일치하지는 않지만, 시가와 종가가 일치할 때 발생한다. 매수세와 매도세가 균형을 이루었다는 의미다.

매매 POINT

십자형 캔들은 보통 추세 전환의 의미를 가지고 있다.
바닥권에서 십자형 캔들이 발생했을 때는 상승의 관점으로 바라보고, 천정권에서 십자형 캔들이 발생했을 때는 하락의 관점으로 바라보는 것이 좋다.

■ 상승 패턴 캔들

연속된 캔들을 분석하면 주가의 흐름을 예측할 수 있다. 차트를 통해 주가의 흐름을 느껴야 한다. 상승이 예측되는 캔들을 알아보자. 상승 패턴에는 바닥권에서 상승장악 장대 양봉, 상승반격 장대 양봉, 상승잉태 양봉, 윗꼬리 달린 양봉 등이 있다.

바닥권에서 상승장악 장대 양봉

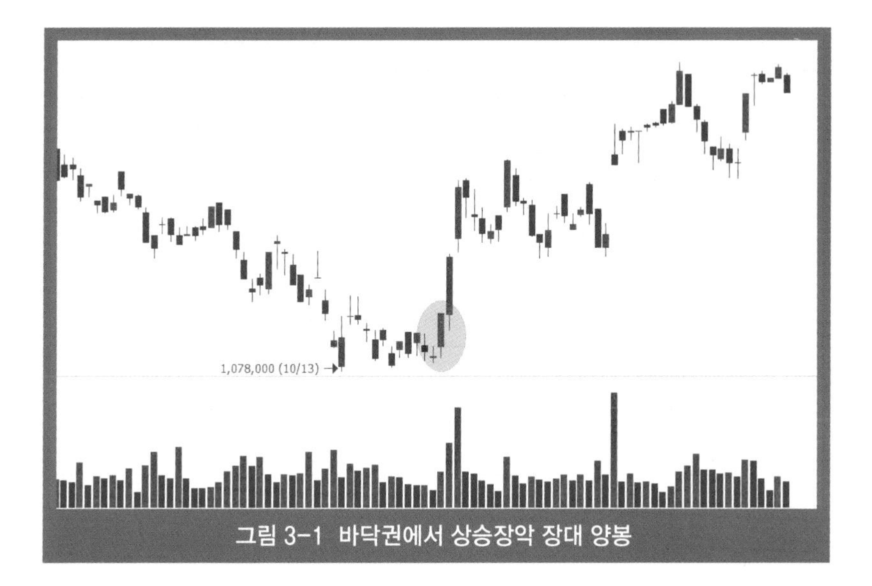

그림 3-1 바닥권에서 상승장악 장대 양봉

그림 설명

- 하락하던 주가가 바닥권에서 전날의 캔들을 장악하는 장대 양봉이 발생했다. 상승전환을 의미한다. 하락 추세의 마지막에 발생한다.

매매 POINT 매수 신호다. 다음 날의 흐름을 보고 분할 매수하는 것이 좋다.

바닥권에서 상승반격 장대 양봉

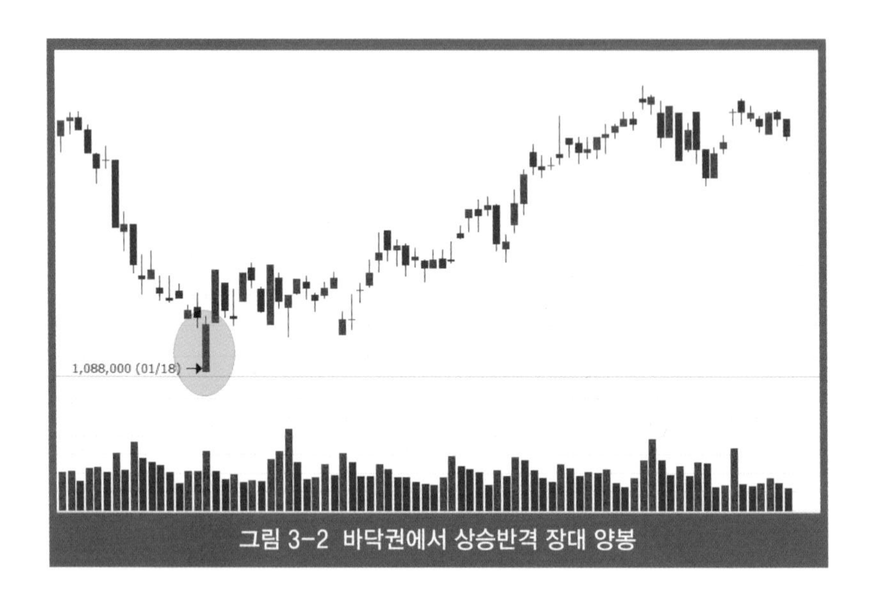

그림 3-2 바닥권에서 상승반격 장대 양봉

그림 설명

- 하락하던 주가가 바닥권에서 장대 양봉이 발생했다. 전날의 종가와 금일의 종가가 비슷한 반전 패턴이다. 하락 추세에서 반전을 의미한다.

매매 POINT 캔들 분석만으로 판단하기에는 무리가 있다. 거래량이 전날보다 많을 경우는 상승반전일 가능성이 높아진다.

바닥권에서 상승잉태 양봉

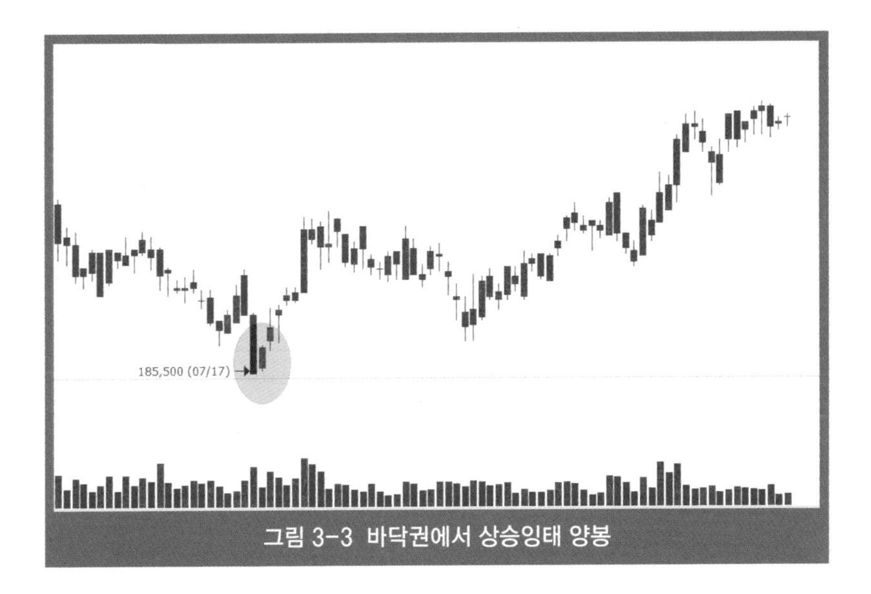

그림 3-3 바닥권에서 상승잉태 양봉

그림 설명

- 전일의 장대 음봉 안에 금일 발생한 짧은 양봉을 안고 있는 모습이다. 하락 추세의 반전을 의미한다.

매매 POINT

바닥권에서 상승잉태가 발생했다면 하락 추세의 반전을 의미하기 때문에 긍정적으로 보아야 한다.

바닥권에서 윗꼬리 달린 양봉

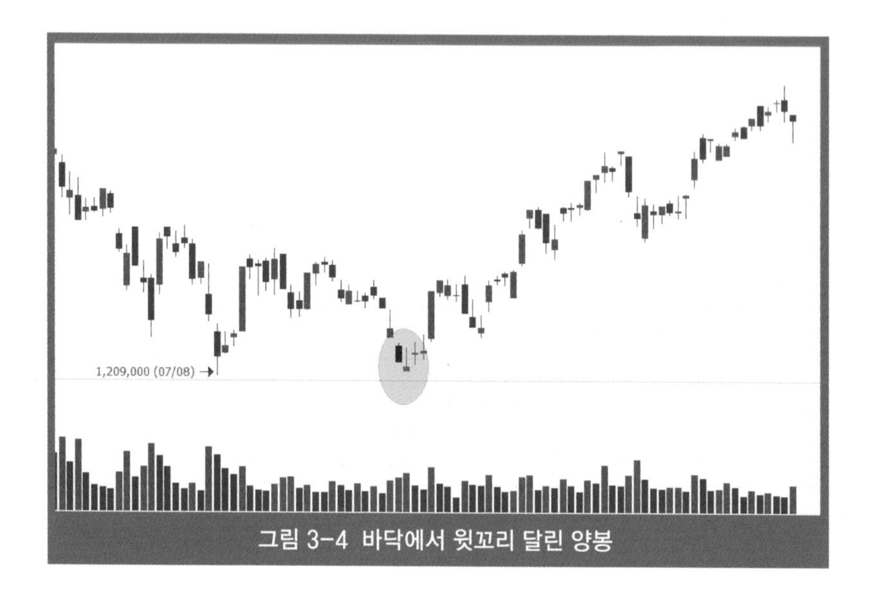

그림 3-4 바닥에서 윗꼬리 달린 양봉

그림 설명

- 음봉 다음 날 갭 하락해 윗꼬리 달린 양봉이 발생했다. 추세 전환을 의미하는 대표적인 예다. 윗꼬리 달린 양봉 다음 날 또 양봉이 발생한다면, 추세 전환의 더 확실한 증거가 될 수 있다.

매매 POINT

바닥권에서 윗꼬리 달린 양봉이 발생한다면 항상 관심 있게 보아야 한다. 강력한 추세 전환을 의미하기 때문이다. 매수의 관점으로 보아야 한다.

바닥권에서 적삼병 출현

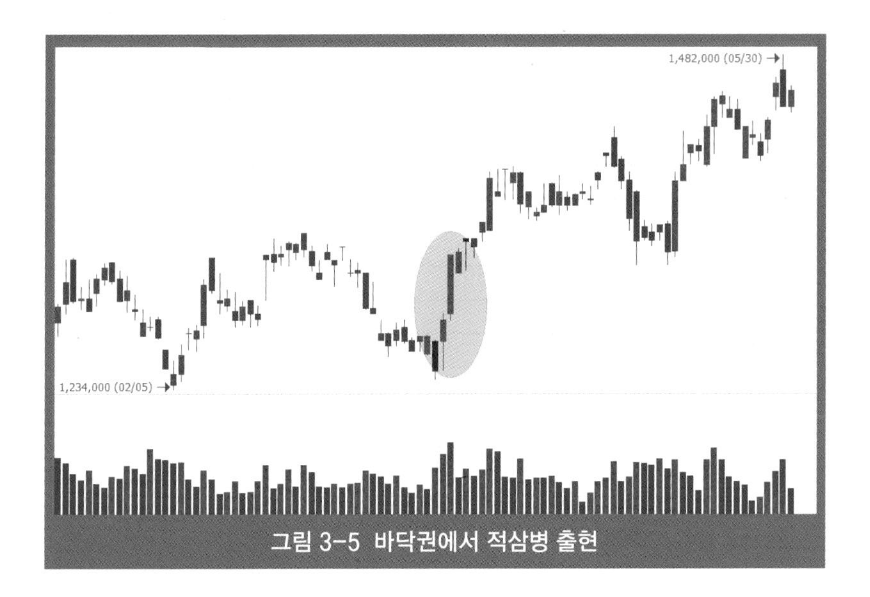

그림 3-5 바닥권에서 적삼병 출현

그림 설명

- 적삼병이란, 주가가 연속적으로 상승한 세 개의 양봉을 말한다. 하락 추세 후에 강한 상승을 예고한다. 매수세가 강하다는 의미다.

매매 POINT 3일 연속 상승한 후 하루 정도 음봉이 발생한다. 이 음봉이 매수하기에 좋은 타이밍이다.

■ 하락 패턴 캔들

천정권에서 하락장악 장대 음봉

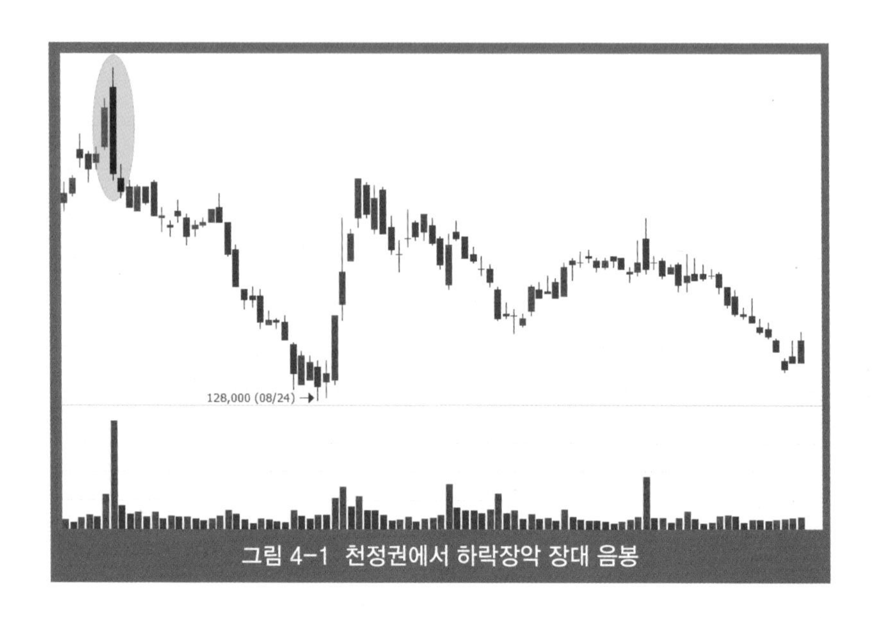

그림 4-1 천정권에서 하락장악 장대 음봉

그림 설명

- 상승하던 주가가 천정권에서 전날의 캔들을 장악하는 장대 음봉이 발생했다. 하락전환을 의미한다. 상승 추세의 마지막에 발생한다.

매매 POINT

매도신호다. 반등할 때 매도하는 것이 바람직하다.

천정권에서 하락반격 장대 음봉

그림 4-2 천정권에서 하락반격 장대 음봉

그림 설명

- 상승하던 주가가 천정권에서 장대 음봉이 발생했다. 전날의 종가와 금일의 종가가 비슷한 반전 패턴이다. 상승 추세에서 반전을 의미한다.

매매 POINT

천정권에서 장대 음봉이 발생했다면 매도의 관점으로 보아야 한다. 반등 시에 매도하는 것이 바람직하다.

천정권에서 하락잉태 음봉

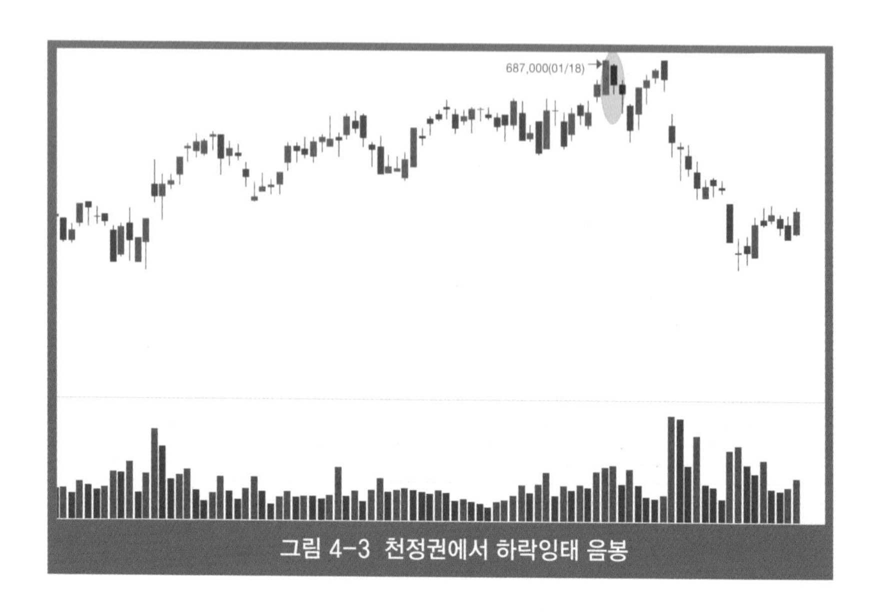

그림 4-3 천정권에서 하락잉태 음봉

그림 설명

• 전일의 장대 양봉 안에 금일 발생한 짧은 음봉을 안고 있는 모습이다. 상승 추세의 반전을 의미한다.

매매 POINT

천정권에서 하락잉태 음봉이 발생했다면, 상승 추세의 반전을 의미하기 때문에 매도의 관점으로 보아야 한다.

천정권에서 아랫꼬리 달린 음봉

그림 4-4 천정권에서 아랫꼬리 달린 음봉

그림 설명

- 양봉 다음 날 갭 상승해 아랫꼬리 달린 음봉이 발생했다. 추세 전환을 의미하는 대표적인 예다. 아랫꼬리 달린 음봉 다음 날 또 음봉이 발생한다면 추세 전환의 더 확실한 증거가 될 수 있다.

매매 POINT 천정권에서 하락잉태 음봉이 발생했다면 상승 추세의 반전을 의미하기 때문에 매도의 관점으로 보아야 한다.

천정권에서 흑삼병 출현

그림 4-5 천정권에서 흑삼병 출현

그림 설명

- 흑삼병이란 주가가 연속적으로 하락한 세 개의 음봉을 말한다. 상승추세 후에 강한 하락을 예고한다. 매도세가 강하다는 의미다.

매매 POINT

3일 연속 하락한 후 하루 정도 양봉이 발생한다. 이 양봉이 매도하기에 좋은 타이밍이다.

02
CHAPTER

이동평균선의 비밀

■ 이동평균선의 중요성

이동평균선이란?

이동평균선이란, 매일 종가의 평균을 내어 선으로 연결한 것을 말한다. 기술적 지표 중에서 가장 많이 사용하는 것이다.

이동평균선의 중요성

① 이동평균선은 지난 주가로부터 현재의 위치를 확일할 수 있게 해준다. 현재의 주가 위치가 매수하기에 적당한 타이밍인지를 확인하는 가장 기본적인 지표 중 하나다. 특정 세력이 왜곡할 수 있는

데이터가 아니기 때문에 신뢰도가 높은 지표다.

② 이동평균선은 주가의 추세를 확인할 수 있게 해준다. 이동평균선을 보고 주식을 계속 보유해야 할지, 매도해야 할지를 판단하는 기준이 될 수 있다.

이동평균선이 상승하고 있으면, 주가는 상승 추세라고 판단하면 된다.

이동평균선이 하락하고 있으면 주가는 하락 추세라고 판단하면 된다.

③ 이동평균선은 지지선과 저항선을 알려준다.

주가의 밑에 이동평균선이 있다면 지지선이 될 수 있다.

주가의 위에 이동평균선이 있다면 저항선이 될 수 있다.

④ 이동평균선은 매수 · 매도 시점을 판단하는 기준이 된다.

하락하던 주가가 5일 이동평균선을 강하게 돌파한다면, 매수 포인트가 된다.

상승하던 주가가 5일 이동평균선을 강하게 이탈한다면, 매도 포인트가 된다.

■ 이동평균선의 종류

이동평균선의 종류에는 5일 이동평균선, 20일 이동평균선, 60일 이동평균선, 120일 이동평균선, 180일 이동평균선이 있다. HTS 화면을 열면 기본적으로 설정이 되어 있다. 자신에게 맞게 설정을 변경할 수도 있다.

단기 매매를 한다면 5일 이동평균선, 20일 이동평균선, 60일 이동평균선만 참고하는 것도 효과적일 것이다.

이동평균선의 종류

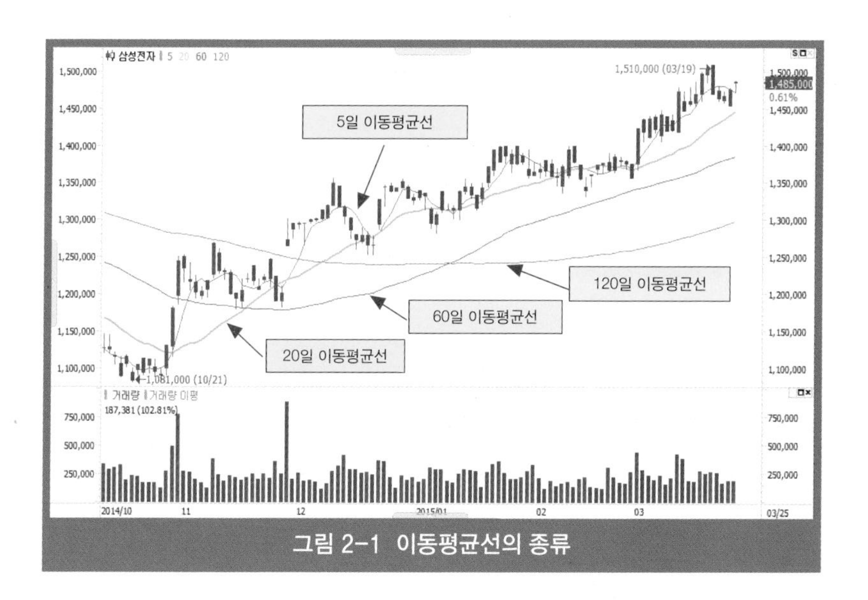

그림 2-1 이동평균선의 종류

5일 이동평균선

5일 동안의 종가를 모두 합해 5로 나눈 값이다. 단기 추세선이다. 단기 매매 전략을 세우는 데 사용된다.

그림 2-2 5일 이동평균선

20일 이동평균선

20일 동안의 종가를 모두 합해 20으로 나눈 값이다. 중단기 추세선이다.

중단기 매매 전략을 세우는 데 사용된다.

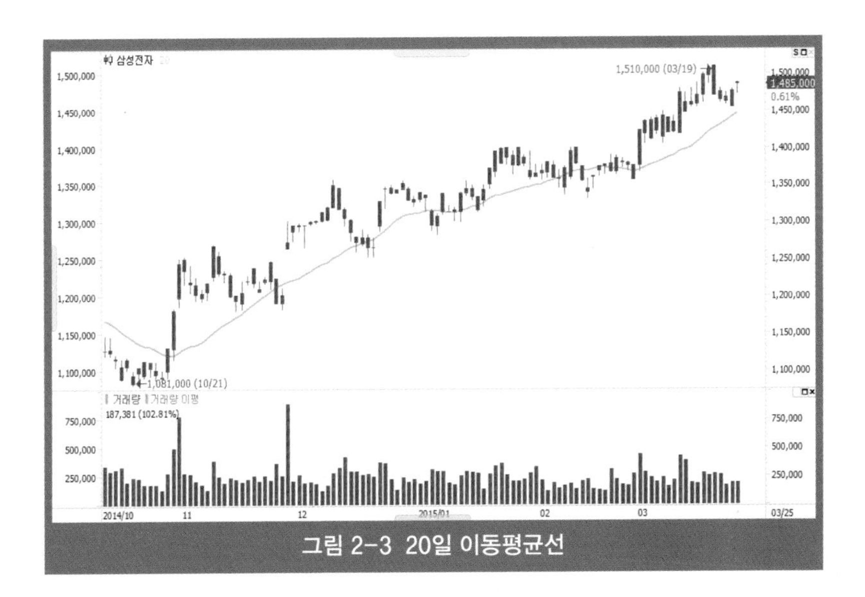

그림 2-3 20일 이동평균선

60일 이동평균선

60일 동안의 종가를 모두 합해 60으로 나눈 값이다. 중단기 추세선이다.

기업의 3개월 실적발표 사이클과 연관관계가 있어 수급선이라고도 부른다.

중단기 매매 전략을 세우는 데 사용된다.

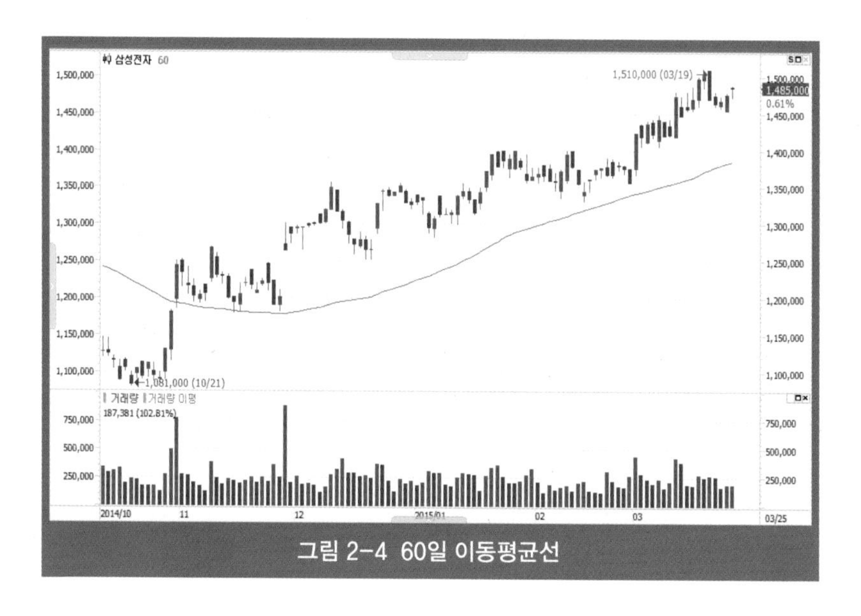

그림 2-4 60일 이동평균선

120일 이동평균선

120일 동안의 종가를 모두 합해 120으로 나눈 값이다. 중장기 추세선이다.

기업의 6개월 실적발표 사이클과 연관관계가 있어 경기선이라고도 부른다.

중장기 매매 전략을 세우는 데 사용된다.

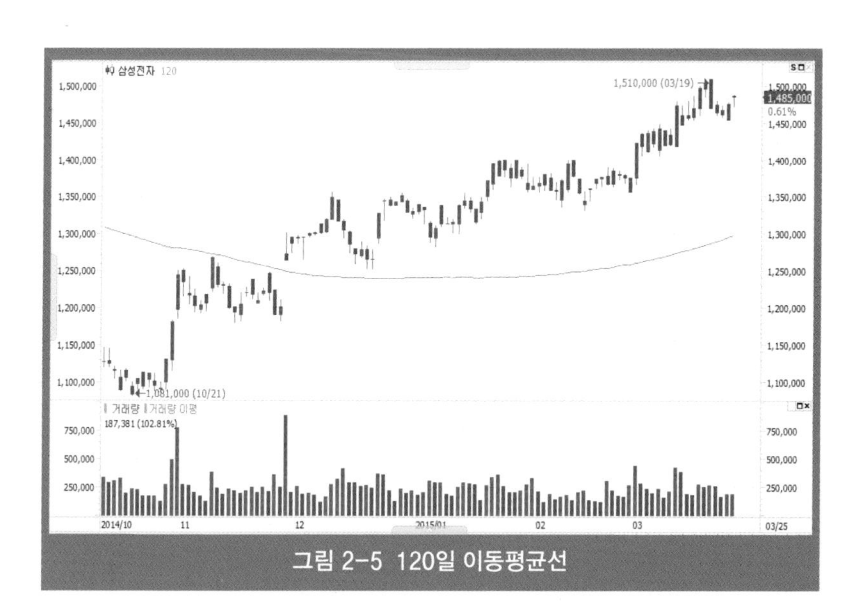

그림 2-5 120일 이동평균선

■ 이동평균선을 설정하는 방법

분석차트를 열면 이동평균선을 설정할 수 있다.

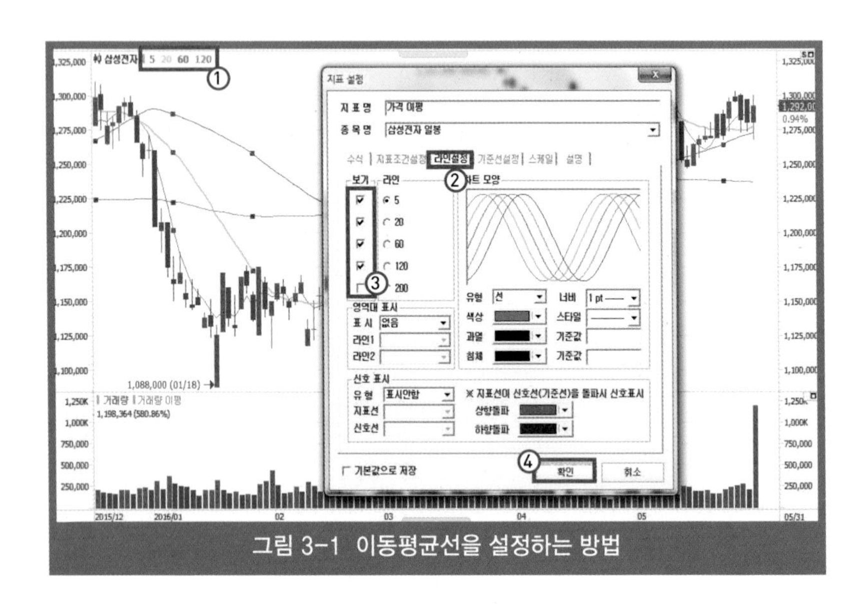

그림 3-1 이동평균선을 설정하는 방법

> **이동평균선을 설정하는 방법**
>
> 1. 분석차트 왼쪽 윗부분을 보면 이동평균선 숫자가 있다. 숫자를 더블클릭한다.
> 2. 숫자를 더블클릭하면 지표 설정창이 열린다. 그중에 라인 설정을 클릭한다.
> 3. 자신이 필요한 이동평균선을 클릭한다.
> 4. '확인' 을 클릭한다.

■ 이동평균선을 이용한 실전 활용 방법

이동평균선은 주가의 평균가격을 선으로 그린 것을 말한다. 투자할 때 가장 기본적으로 활용하는 그래프다. 이동평균선은 있는 그대로의 데이터를 보여주기 때문에 신뢰도가 높다. 이동평균선은 주가의 방향을 그려주기 때문에 추가적으로 어떤 흐름을 나타낼지 예측할 수 있는 도구가 된다.

m • e • m • o

주가의 흐름 확인

이동평균선이 위쪽을 향하고 있다면 상승 추세다.

이동평균선이 아래쪽을 향하고 있다면 하락 추세다.

5일 이동평균선이 위쪽을 향하고 있다면 단기 상승 추세, 아래쪽을 향하고 있다면 단기 하락 추세다.

60일 이동평균선이 위쪽을 향하고 있다면 중기 상승 추세, 아래쪽을 향하고 있다면 중기 하락 추세로 해석하면 된다. 다른 이동평균선도 마찬가지로 해석하면 된다.

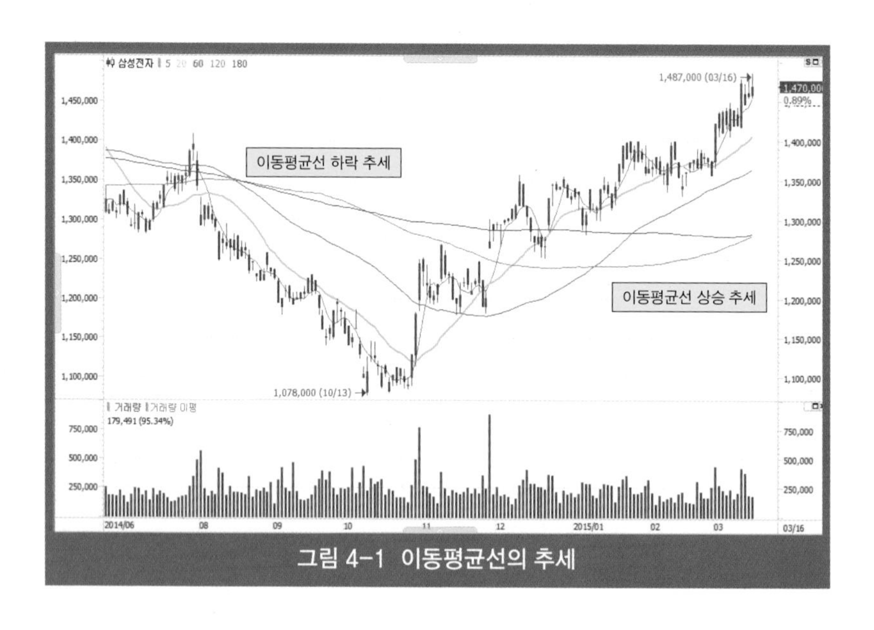

그림 4-1 이동평균선의 추세

지지선과 저항선 확인

이동평균선의 위치에 따라 지지와 저항을 확인할 수 있다.

주가가 이동평균선 위에 있다면, 하락하지 않게 지지해주는 역할을 한다.

주가가 이동평균선 밑에 있다면, 상승하지 않게 저항하는 역할을 한다.

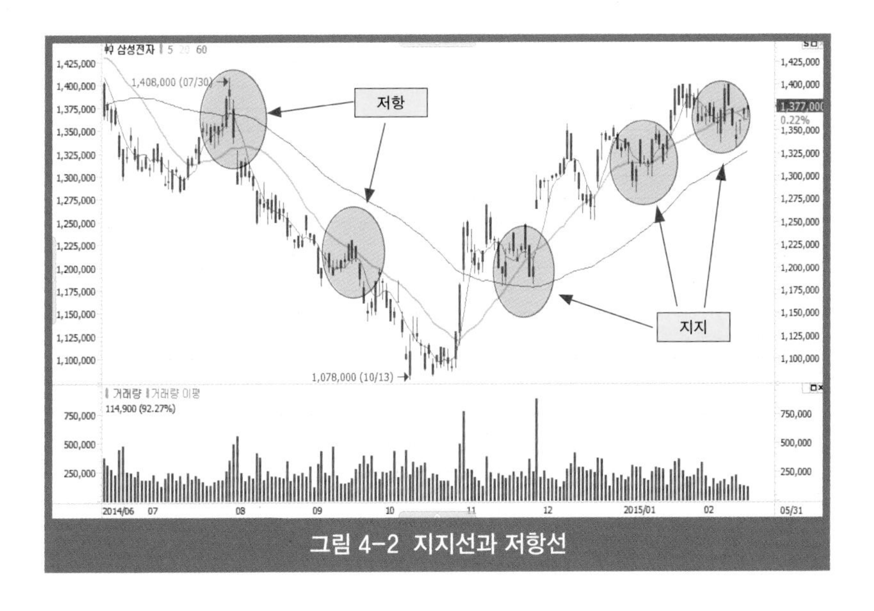

그림 4-2 지지선과 저항선

이동평균선의 배열 확인

정배열

상승 추세에서 나타난다. 5일 이동평균선이 가장 위에 자리하고, 순서대로 20일 이동평균선, 60일 이동평균선, 120일 이동평균선이 자리한다. 꾸준히 상승할 수 있다는 의미다. 정배열에서 이동평균선은 강력한 지지선이다. 5일 이동평균선을 지지하면서 상승하지만, 이탈 시에는 20일 이동평균선이 지지선 역할을 한다.

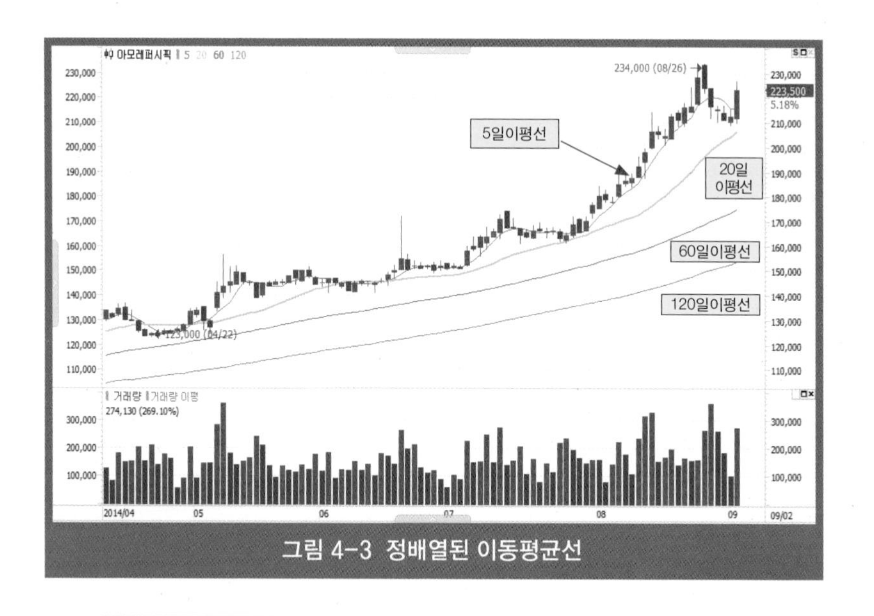

그림 4-3 정배열된 이동평균선

매매 POINT

20일 이동평균선까지 조정 시에 매수 관점으로 보는 것이 좋다. 안정적으로 상승을 이어갈 수 있기 때문에 데드크로스가 발생하기 전까지 장기적으로 보유하면 수익을 극대화시킬 수 있다.

역배열

하락 추세에서 나타난다. 5일 이동평균선이 가장 밑에 자리하고, 순서대로 20일 이동평균선, 60일 이동평균선, 120일 이동평균선이 자리한다. 꾸준히 하락할 수 있다는 의미다. 역배열에서 이동평균선은 강력한 저항선이다. 5일 이동평균선에 저항받으면서 하락하지만, 상향 돌파 시에는 20일 이동평균선이 저항선 역할을 한다.

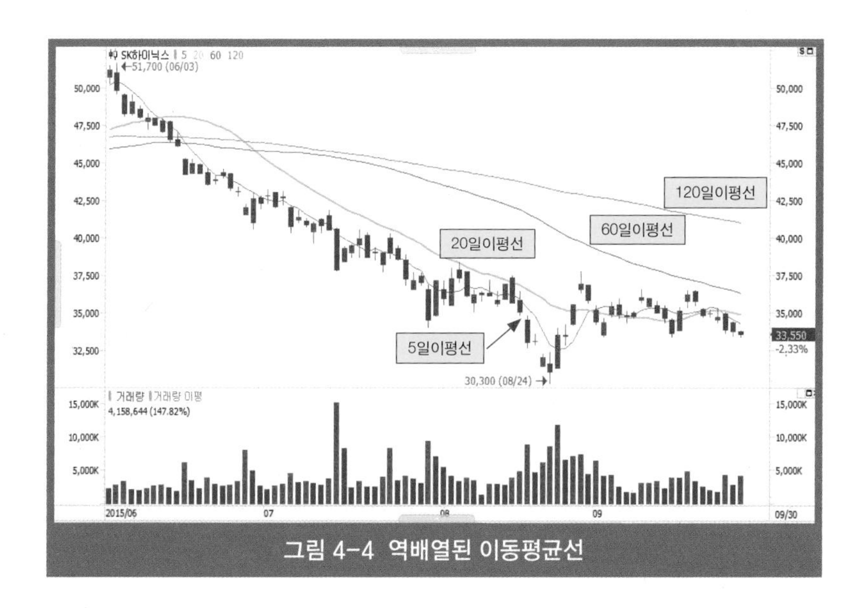

그림 4-4 역배열된 이동평균선

매매 POINT 신규 매수에 적합한 타이밍은 아니다. 종목을 보유하고 있을 때는 반등 시에 매도 관점으로 보는 것이 좋다.

골든크로스와 데드크로스 확인

단기 골든크로스

골든크로스는 황금십자가라는 뜻이다. 이는 매수에 가장 적합한 때라는 의미다. 단기 골든크로스는 5일 이동평균선이 20일 이동평균선을 상향돌파하는 것을 말한다. 매수 포인트 중 하나다.

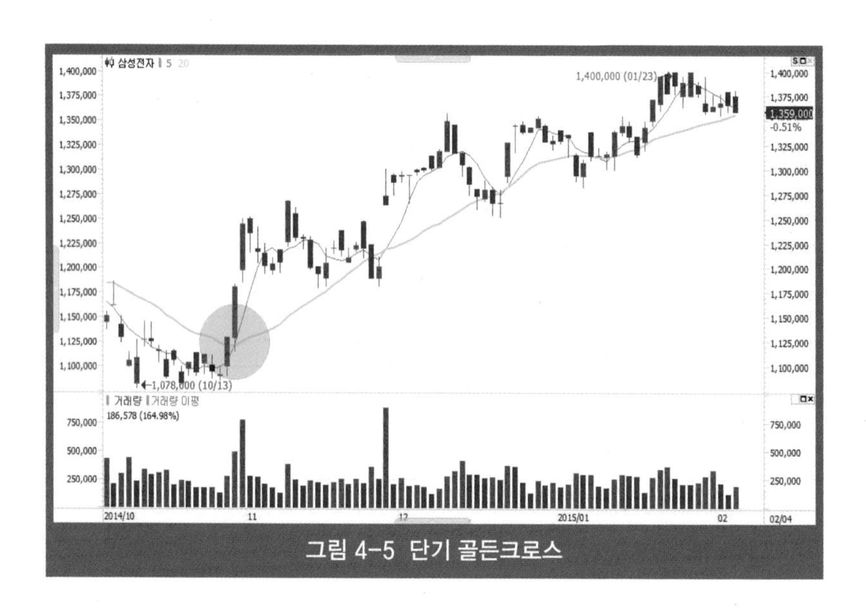

그림 4-5 단기 골든크로스

매매 POINT

바닥권에서 5일 이동평균선이 20일 이동평균선을 상향돌파하는 단기 골든크로스가 발생했다면, 매수 관점으로 보는 것이 좋다. 골든크로스 이후 조정 시에 분할 매수하는 것이 조금 더 안정적인 매매 방법이다.

중기 골든크로스

중기 골든크로스는 20일 이동평균선이 60일 이동평균선을 상향돌파하는 것을 말한다. 매수 포인트 중 하나다.

바닥권에서 골든크로스가 발생한다면 더 좋은 매수 포인트가 될 수 있으며 수익을 극대화할 수 있다.

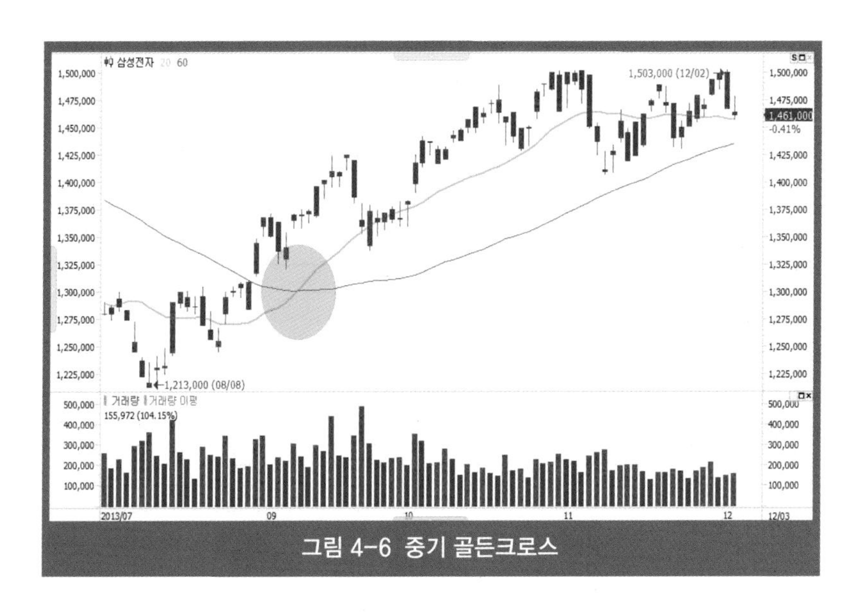

그림 4-6 중기 골든크로스

매매 POINT

바닥권에서 20일 이동평균선이 60일 이동평균선을 상향돌파하는 중기 골든크로스가 발생했다면 매수 관점으로 보는 것이 좋다. 골든크로스 이후 조정 시에 분할 매수하는 것이 조금 더 안정적인 매매 방법이다.

단기 데드크로스

데드크로스는 죽음의 십자가라는 뜻이다. 매도에 가장 적합한 때라는 의미다. 단기 데드크로스는 5일 이동평균선이 20일 이동평균선을 하향이탈하는 것을 말한다. 매도 포인트 중 하나다. 천정권에서 데드크로스가 발생한다면 강력한 매도 포인트가 될 수 있다.

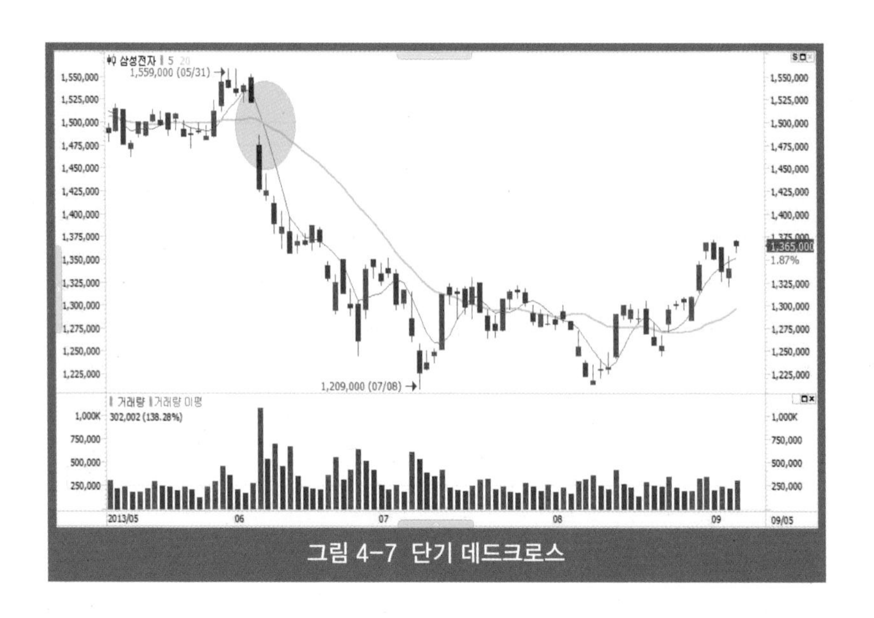

그림 4-7 단기 데드크로스

매매 POINT

천정권에서 5일 이동평균선이 20일 이동평균선을 하향이탈하는 단기 데드크로스가 발생했다면 매도 관점으로 보는 것이 좋다. 데드크로스 발생 이후 반등 시에 매도하는 것이 조금 더 안정적인 매매 방법이다.

중기 데드크로스

중기 데드크로스는 20일 이동평균선이 60일 이동평균선을 하향이탈하는 것을 말한다. 매도 포인트 중 하나다.

천정권에서 데드크로스가 발생한다면 강력한 매도 포인트가 될 수 있다.

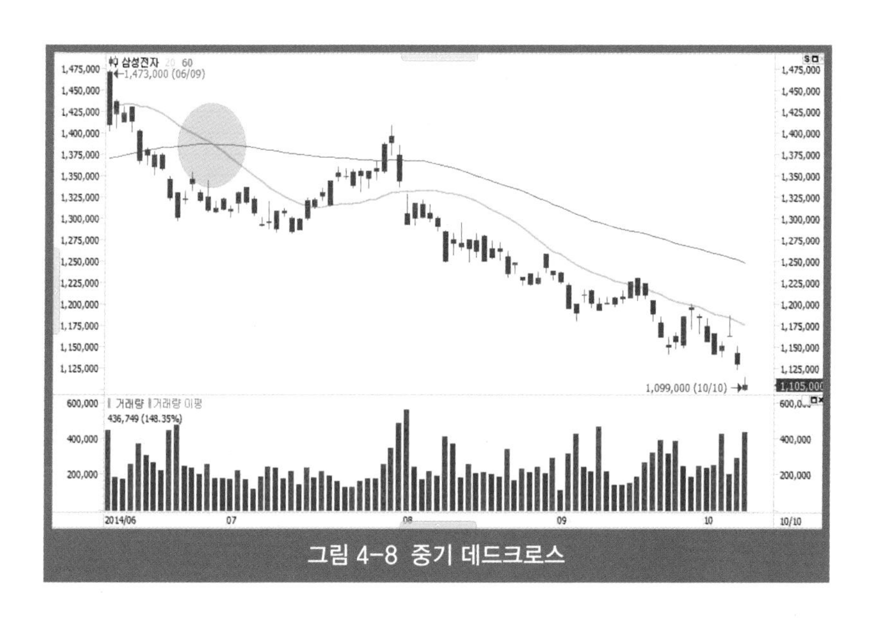

그림 4-8 중기 데드크로스

매매 POINT

천정권에서 20일 이동평균선이 60일 이동평균선을 하향이탈하는 중기 데드크로스가 발생했다면, 매도 관점으로 보는 것이 좋다. 데드크로스 발생 이후 반등 시에 매도하는 것이 조금 더 안정적인 매매 방법이다.

■ 이동평균선을 이용한 실전 매매 방법

이동평균선 중 실전 매매에 가장 많이 활용하는 것은 20일 이동평균선이다. 각 종목의 상황을 파악하는 데 가장 도움이 되기 때문이다. 20일 이동평균선만을 가지고도 기준과 원칙에 의해 실전 매매를 할 수 있다.

5일 이동평균선 매매 방법

5일 이동평균선 매매 방법은 단기 투자자가 선호하는 방법 중 하나다. 기법이 단순하고 명확하기 때문이다. 이동평균선이 정배열 상태일 때 수익률은 더 극대화될 수 있다. 바닥권에서 거래량을 동반해 강하게 5일 이동평균선을 상승 돌파하는 양봉이 발생한다면 매수 관점으로 보아야 한다.

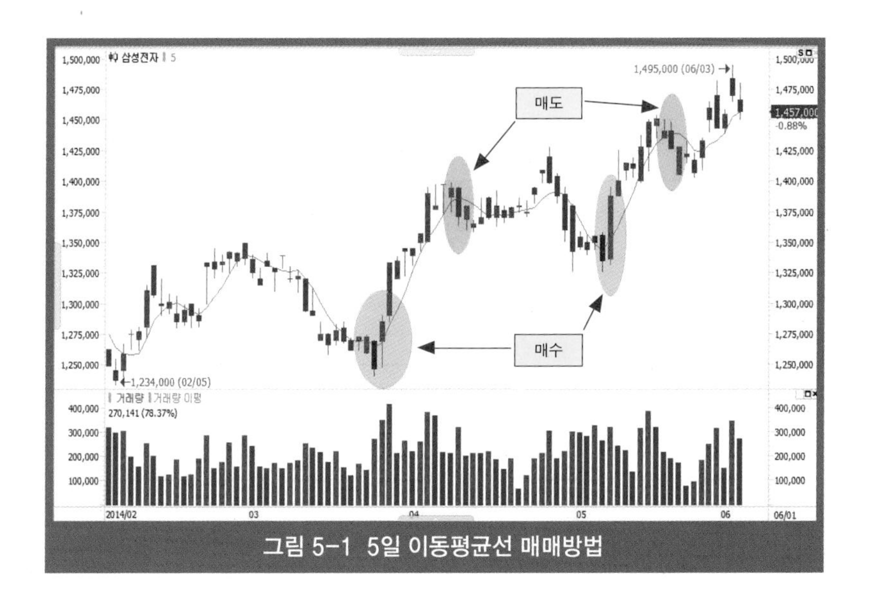

그림 5-1 5일 이동평균선 매매방법

매매 POINT

5일 이동평균선을 강하게 상승돌파할 때 매수한다.
5일 이동평균선을 강하게 하향이탈할 때 매도한다.

20일 이동평균선 매매방법

5일 이동평균선 매매 방법과 원리는 같다. 다만 호흡을 조금 더 길게 가져가야 한다. 중기 매매에 적합하다. 이동평균선이 정배열 상태일 때 수익률은 더 극대화될 수 있다. 바닥권에서 거래량을 동반해 강하게 20일 이동평균선을 상승돌파하는 양봉이 발생한다면 매수 관점으로 보아야 한다. 60일 이동평균선도 같은 원리로 적용할 수 있다.

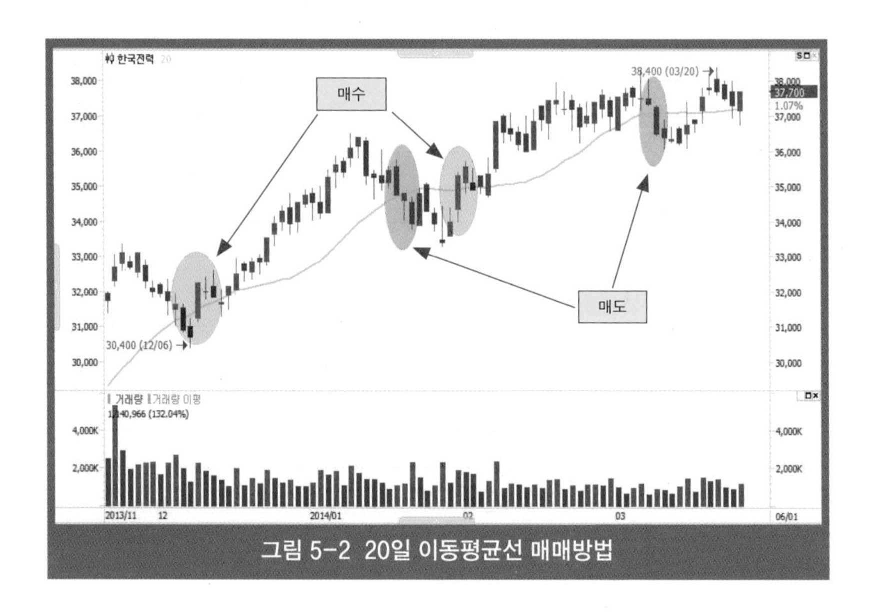

그림 5-2 20일 이동평균선 매매방법

매매 POINT

20일 이동평균선을 강하게 상승돌파할 때 매수한다.
20일 이동평균선을 강하게 하향이탈할 때 매도한다.

단기 골든크로스 매매 방법

5일 이동평균선이 20일 이동평균선을 상향돌파할 때 매수하는 방법이다. 골든크로스 후 조정 시에 분할 매수하는 것이 좋다. 5일 이동평균선이 20일 이동평균선을 하향이탈할 때 매도한다. 골든크로스 발생 시에 거래량이 동반된다면 신뢰도는 더 높아진다.

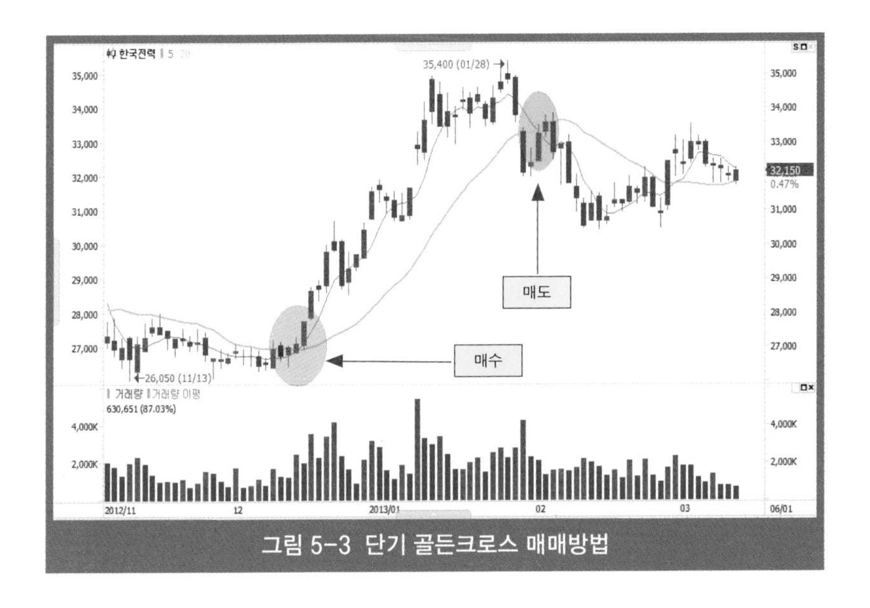

그림 5-3 단기 골든크로스 매매방법

매매 POINT

5일 이동평균선이 20일 이동평균선을 상향돌파할 때 매수한다. 5일 이동평균선이 20일 이동평균선을 하향이탈할 때 매도한다.

중기 골든크로스 매매 방법

20일 이동평균선이 60일 이동평균선을 상향돌파할 때 매수하는 방법이다. 골든크로스 후 조정 시에 분할 매수하는 것이 좋다. 20일 이동평균선이 60일 이동평균선을 하향이탈할 때 매도한다. 골든크로스 발생 시에 거래량이 동반된다면 신뢰도는 더 높아진다.

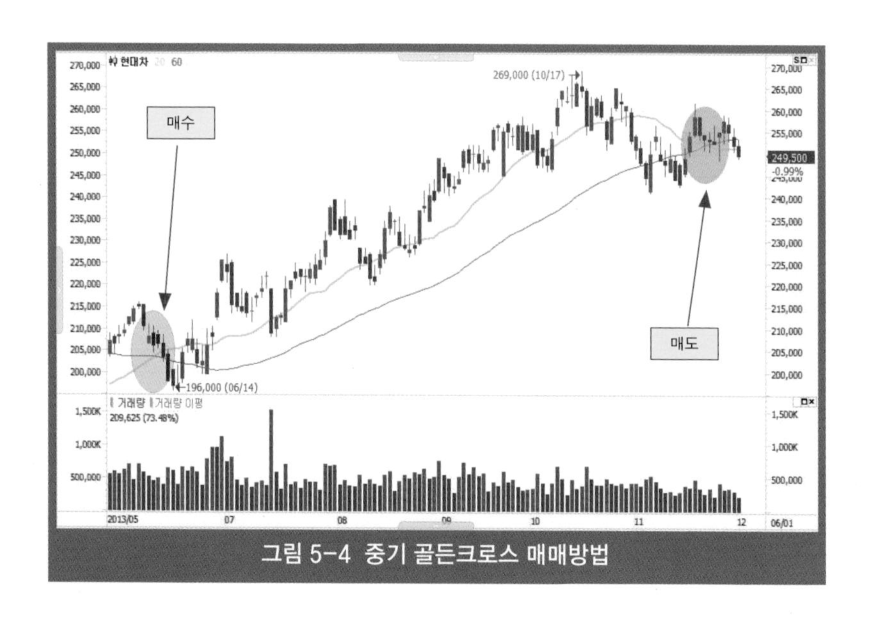

그림 5-4 중기 골든크로스 매매방법

매매 POINT

20일 이동평균선이 60일 이동평균선을 상향돌파할때 매수한다. 20일 이동평균선이 60일 이동평균선을 하향이탈할 때 매도한다.

03 CHAPTER

거래량의 비밀

■ 거래량의 중요성

거래량이란, 투자자가 시장에서 사고판 주식의 수를 말한다. 거래량을 통해 주식의 방향을 예측할 수도 있다. 거래량은 주가보다 선행한다. 주가의 그림자라고도 한다. 일반적으로 거래량이 증가하면 주가는 상승하고, 거래량이 감소하면 주가는 하락한다.

거래량은 주식 매매의 결과로 나온 데이터이기 때문에 조작이 불가능하다. 그만큼 신뢰할 수 있는 지표다.

거래량을 통해 세력의 뜻을 해석할 수 있다. 세력이 어느 시점에서 매집을 했는지 알 수 있다. 또 어느 시점에서 빠져 나갔는지도 알 수

있다. 직접 투자를 하기 위해서는 차트의 캔들과 함께 거래량도 분석해야 한다. 거래량과 함께 분석해야 더 신뢰할 수 있다.

거래량은 위치에 따라 다르게 해석된다. 바닥권에서의 거래량 증가는 조만간 주가가 오른다는 것을 의미한다. 하지만 천정권에서의 거래량 증가는 조만간 주가가 하락한다는 것을 의미한다.

■ 거래량의 분석 방법

거래량만을 보고서도 어느 정도 주가를 예측할 수가 있다. 세력의 의지도 읽을 수 있다. 이동평균선과 마찬가지로 데이터가 정확하기 때문에 신뢰도가 높다. 투자자들이 시장에서 사고판 주식을 거래량이라고 하는데, 구체적으로 어떻게 분석하는지 알아보자.

거래량이 증가하면 주가는 상승한다.

거래량은 주가의 선행 지표다. 바닥권에서 거래량이 증가한다면 조만간 주가가 상승한다는 의미다. 관심종목에 등록을 하고 지켜보아야 한다. 그동안의 하락을 멈추고 추세를 전환하겠다는 의미다.

그림 2-1 거래량 증가와 주가 상승

거래량이 감소하면 주가는 하락한다.

거래량은 주가의 선행 지표다. 바닥권에서 거래량이 감소한다면 조만간 주가가 하락한다는 의미다. 관심종목에 등록을 하고 지켜보아야 한다. 그동안의 상승을 멈추고 추세를 전환하겠다는 의미다.

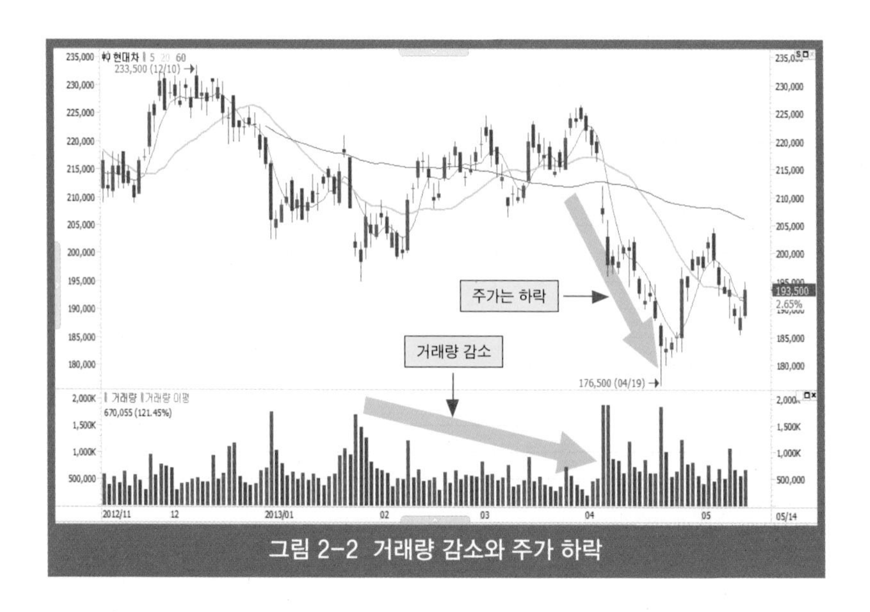

그림 2-2 거래량 감소와 주가 하락

거래량이 전고점 돌파하면 주가도 전고점 돌파한다.

거래량이 전고점의 거래량을 돌파한다면 주가도 전고점을 돌파한다. 거래량을 동반해 주가가 전고점을 돌파한다면 추가 상승할 수 있다. 반면 거래량이 동반하지 않은 상태에서 주가가 전고점을 돌파한다면, 추가적으로 상승하기는 어렵다.

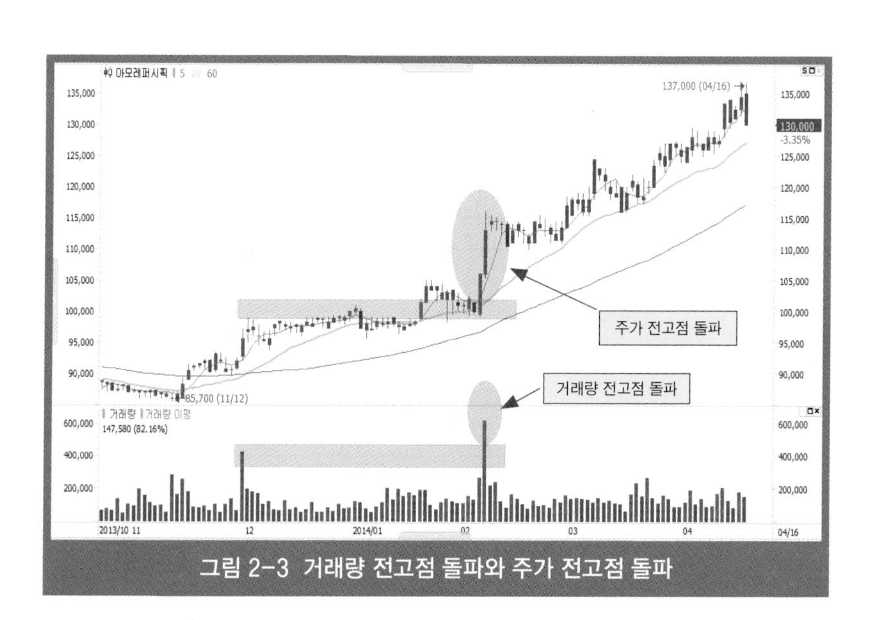

그림 2-3 거래량 전고점 돌파와 주가 전고점 돌파

천정권에서 거래량이 폭증하면 주가는 하락한다.

천정권에서 거래량이 폭증한다면 특정 세력이 보유 주식을 팔고 나가는 경우가 많다. 주가가 하락할 가능성이 많아진다는 의미다. 지지선을 이탈한다면 매도하는 것이 바람직하다.

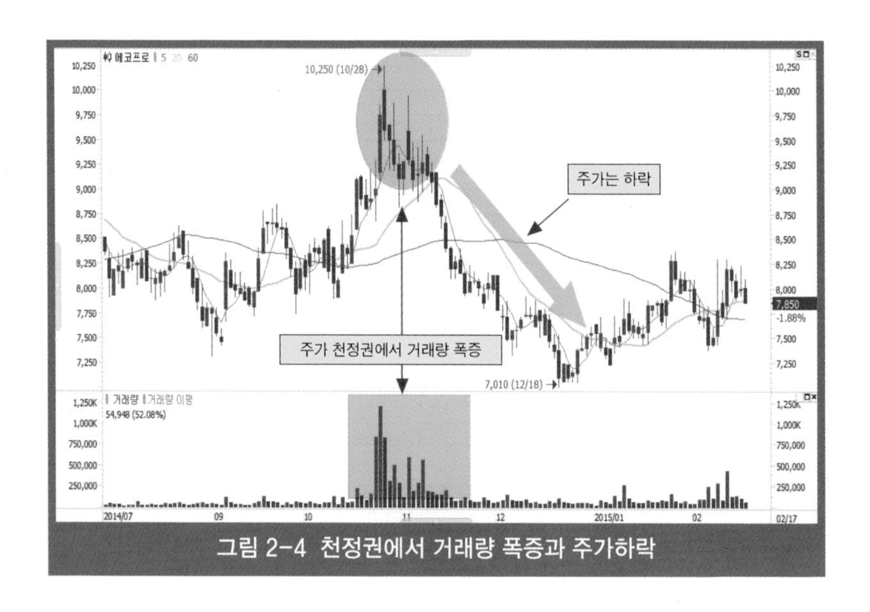

그림 2-4 천정권에서 거래량 폭증과 주가하락

거래량이 급증하면 주가가 급등할 수 있다.

거래량이 급증하는 종목이 있다면 관심 있게 지켜보아야 한다. 언제든지 급등주가 될 수 있기 때문이다. 기준에 맞는 매수 타이밍이라면 매수하는 것이 좋다. 거래량이 급증한 종목이 있다면 관심종목에 등록해야 한다.

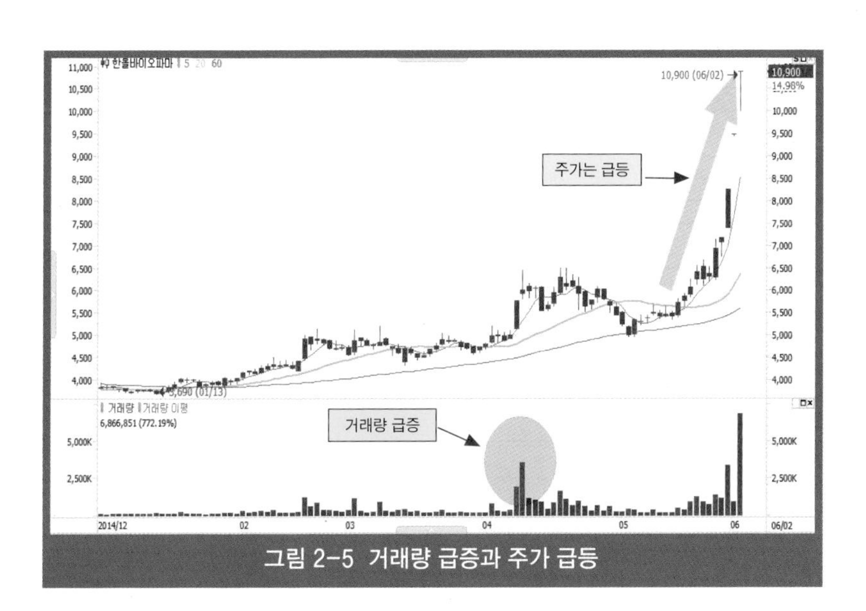

그림 2-5 거래량 급증과 주가 급등

거래량이 감소하면서 주가가 횡보한다면 가격 조정이다.

거래량이 감소하면서 주가가 횡보한다면 긍정적으로 보아야 한다. 가격 조정을 하고 있는 것이다. 20일 이동평균선 가까이 접근한다면 매수할 준비를 해야 한다. 가격 조정 이후에 다시 상승할 가능성이 높다.

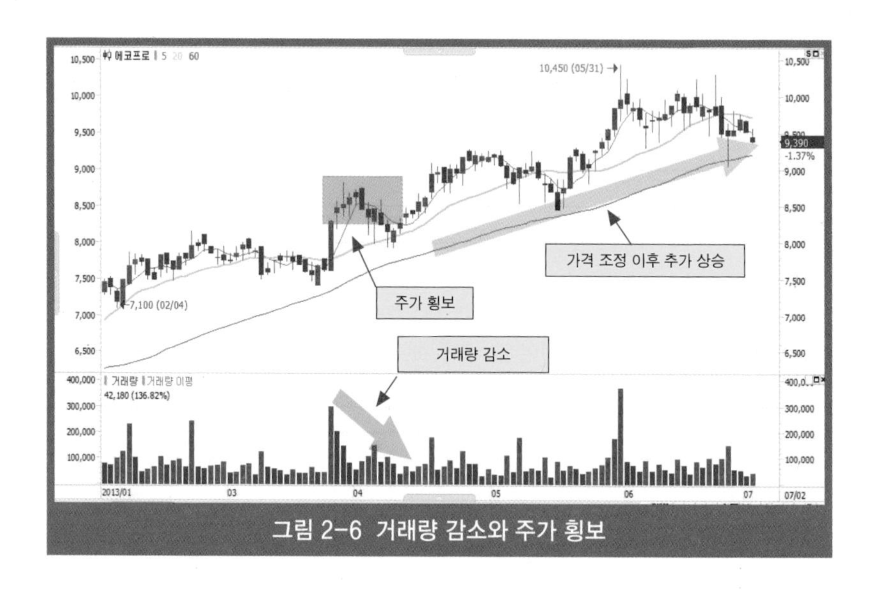

그림 2-6 거래량 감소와 주가 횡보

■ 거래량을 이용한 실전 매매 방법

거래량의 분석 방법을 알아보았다. 거래량은 왜곡이 없는 지표이기 때문에 분석을 잘 하면 큰 도움이 된다. 나아가 세력의 뜻까지도 알 수 있게 된다. 매수할 때와 매도할 때를 판단할 수 있게 된다. 이동평균선과 함께 거래량도 반드시 같이 분석을 한 이후에 실전 매매에 들어가야 한다. 거래량을 이용한 실전 매매 방법에 대해 알아보자.

m • e • m • o

바닥권에서 거래량 증가는 매수 기회다.

바닥권에서 거래량이 증가했다는 것은 조만간에 매수 기회를 주겠다는 의미다. 추세 전환의 신호다. 종목을 발견한다면 관심종목에 등록을 하고 지켜보아야 한다. 시간이 흘러 골든크로스가 발생한다면 절호의 매수 기회가 된다.

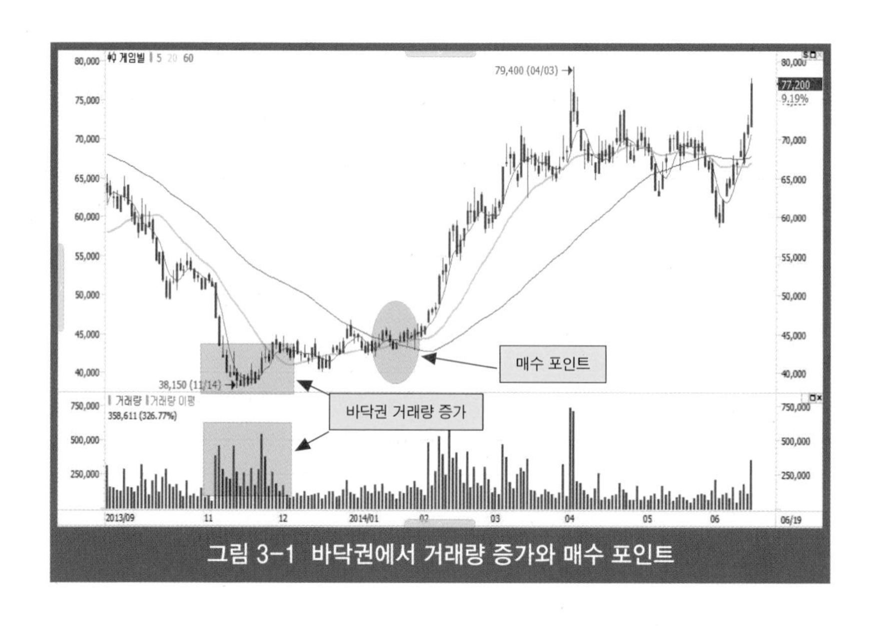

그림 3-1 바닥권에서 거래량 증가와 매수 포인트

매매 POINT

바닥권에서 거래량이 증가하고 있다면 관심종목에 등록한다. 골든크로스가 발생하면 매수 준비를 하는 것이 좋다. 골든크로스 이후 20일 이동평균선 가까이 접근하면 매수하는 전략으로 한다. 바닥권에서 거래량이 증가한다는 것은 추세를 전환할 수 있다는 의미다.

거래량이 감소하면서 주가가 지지선을 이탈한다면 매도 신호다.

거래량이 감소하면서 주가가 지지선을 이탈한다면 매도해야 한다. 추가 하락 가능성도 있기 때문이다. 기준에 맞는 매도 타이밍에는 매도하는 것이 바람직하다. 눌림목 매수 방법과 비슷하지만, 지지선을 이탈했을 때는 반등 시 매도하는 것을 원칙으로 해야 한다.

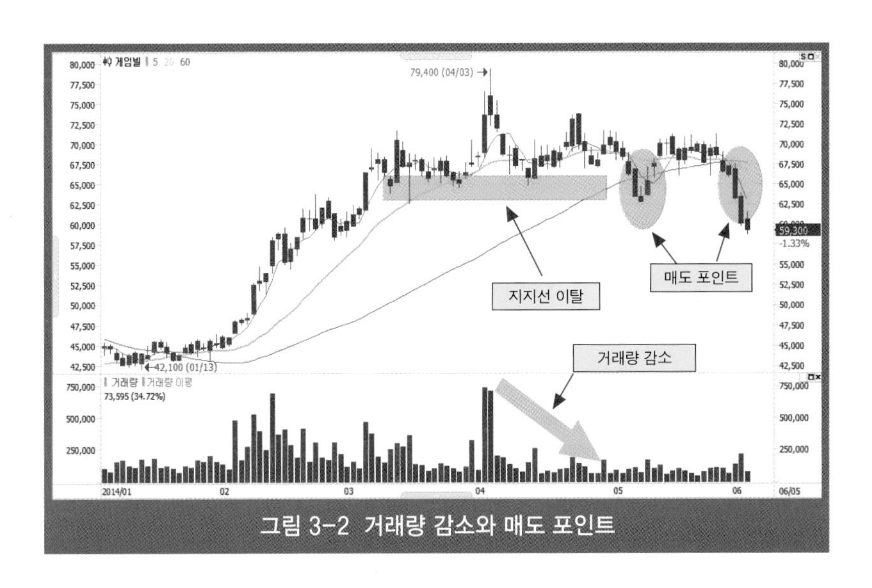

그림 3-2 거래량 감소와 매도 포인트

매매 POINT

거래량이 감소하면서 주가가 지지선을 이탈하는 것은 좋은 흐름이 아니다. 주가가 추가적으로 하락할 수 있기 때문에 신규 매수는 자제하는 것이 좋다. 보유하고 있는 종목이라면 지지선을 이탈할 때 물량을 축소하거나 반등 시 매도하는 것이 좋다.

거래량이 전고점을 돌파하고 주가도 전고점을 돌파한다면 매수 기회다.

거래량이 전고점의 거래량을 돌파한다면, 주가도 전고점을 돌파한다. 거래량을 동반해 주가가 전고점을 돌파한다면, 추가 상승할 수 있다. 거래량과 주가가 전고점을 돌파하면 관심종목에 등록해야 한다.

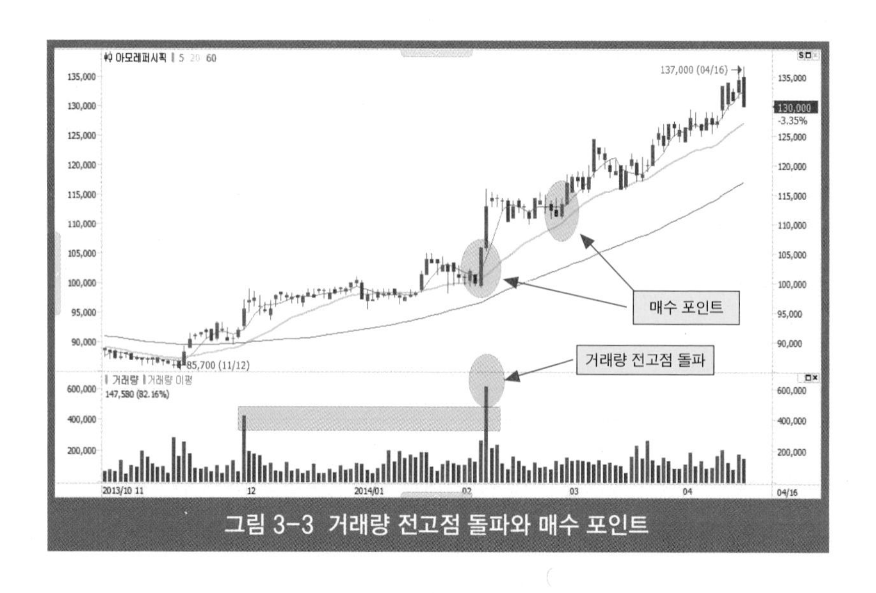

그림 3-3 거래량 전고점 돌파와 매수 포인트

매매 POINT

거래량이 전고점을 돌파하면서 주가가 전고점을 돌파했다면 추가 상승할 수 있다. 매수 관점으로 보아야 한다. 하지만 거래량이 전고점을 돌파하지 못했다면 관망해야 한다. 추가 상승하지 않을 수 있기 때문이다. 주가가 전고점을 돌파한 이후 20일 이동평균선 가까이 접근하면 매수하는 전략으로 한다.

천정권에서 거래량이 폭증한다면 매도 신호다.

천정권에서 거래량이 폭증한다면 특정 세력이 보유 주식을 팔고 나가는 경우가 많다. 주가가 하락할 가능성이 많아진다는 의미다. 지지선을 이탈한다면 매도하는 것이 바람직하다.

그림 3-4 천정권에서 거래량 폭증과 매도 포인트

매매 POINT

천정권에서 거래량이 폭증한다면 매도 신호다. 세력이 주식을 팔고 나가는 경우가 많아서 급락의 위험도 있기 때문에 조심해야 한다. 급등한 종목은 5일 이동평균선을 이탈하면 매도하는 것이 좋다. 20일 이동평균선과 이격 차이가 크기 때문에 20일 이동평균선을 매도 포인트로 잡으면 자칫 큰 손실로 이어질 수 있다.

거래량이 급증하면 매수 기회다.

거래량이 급증한다는 것은 특정 세력이 물량 확보를 마치고 출발을 하겠다는 신호다. 관심종목에 등록을 해야 한다. 기준에 맞는 매수 타이밍이라면 매수하는 것이 좋다.

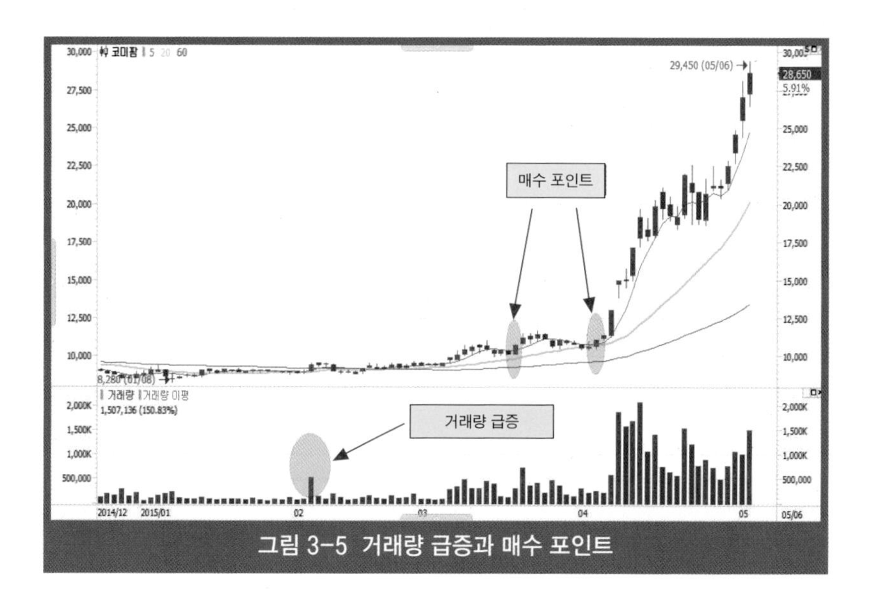

그림 3-5 거래량 급증과 매수 포인트

매매 POINT

거래량이 급증했다는 것은 세력이 물량 확보를 마치고 출발하겠다는 의미다. 거래량이 큰폭으로 증가했다면 관심종목에 등록한다. 20일선 가까이에 접근하면 매수하는 전략으로 한다. 또는 전고점을 돌파할 때마다 매수하는 전략으로 한다.

거래량이 감소하면서 주가가 횡보한다면 매수 기회다.

거래량이 감소하면서 주가가 횡보한다면 매수의 기회가 될 수 있다. 가격 조정을 하고 있는 것이다. 20일 이동평균선 가까이 접근한다면 매수할 준비를 해야 한다. 가격 조정 이후에 다시 상승할 가능성이 높다.

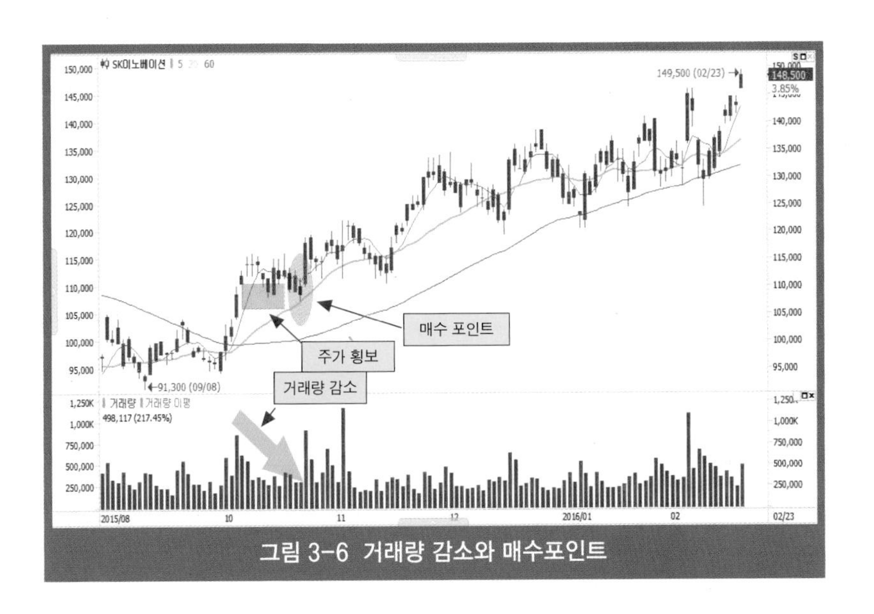

그림 3-6 거래량 감소와 매수포인트

매매 POINT

전형적인 눌림목 매수 포인트다. 거래량이 감소하면서 주가가 횡보한다면, 20일 이동평균선 부근에서 매수를 검토해볼 필요가 있다.

04
CHAPTER

추세선의 비밀

■ 추세선의 중요성

추세선이란, 주가 흐름의 방향을 보여주는 선이다. 추세선은 주가의 지지와 저항을 알려준다. 주가는 같은 방향으로 가려는 특징이 있다. 추세선을 통해 주가의 흐름을 예측할 수 있다.

추세선은 차트상에 나와 있지 않다. 투자자가 직접 그려서 판단해야 한다. 차트를 열어 추세선을 긋는 훈련을 해야 한다. 반복해서 차트를 통해 훈련하다 보면 주가의 흐름을 읽는 데 큰 도움이 된다.

추세선은 길이가 길수록 분석하는 데 도움이 된다. 그만큼 지지와 저항의 힘이 강하다는 것을 의미한다. 추세선의 길이가 짧다면 지지와 저항의 힘도 크지 않을 수 있다.

추세선은 그동안의 만들어진 패턴을 기준으로 매매 전략을 세우는 도구가 된다. 거래를 근거로 매매하는 것이다. 매수할 때와 매도할 때의 기준이 된다.

추세선을 통한 매매 방법은 지지대에서 매수를 하고 저항대에서 매도를 하는 것이 기본 원칙이다. 상승 추세에서 추세선을 이탈할 때는 매도를 하고, 하락 추세에서 추세선을 돌파할 때 매수를 한다.

■ 추세선의 종류

추세선은 길이가 길어질수록 신뢰도가 높아진다. 추세선의 길이가 너무 짧은 경우에는 그만큼 신뢰도가 낮아진다. 추세선을 짧게 끊어서 잔파도를 타는 것은 좋은 매매 방법이 아니다. 추세선의 종류별로 특정 기간 동안 비교적 뚜렷하고 신뢰할 만한 구간에서 매매하는 것이 좋다. 추세선의 종류에는 상승 추세선과 하락 추세선, 횡보 추세선이 있다.

상승 추세선

상승 추세선의 특징은 주가가 우상향으로 움직이면서 파동을 그린다. 주가가 추세선을 이탈하지 않는 한 상승 추세가 이어진다고 보아야 한다. 상승 추세의 힘이 강하다면 지지선에서 지지를 받고 다시 상승할 수 있다. 상승 추세선의 아랫부분은 지지대, 윗부분은 저항대다.

상승 추세선은 파동이 최소 두 번 이상일 때 신뢰도가 높다.

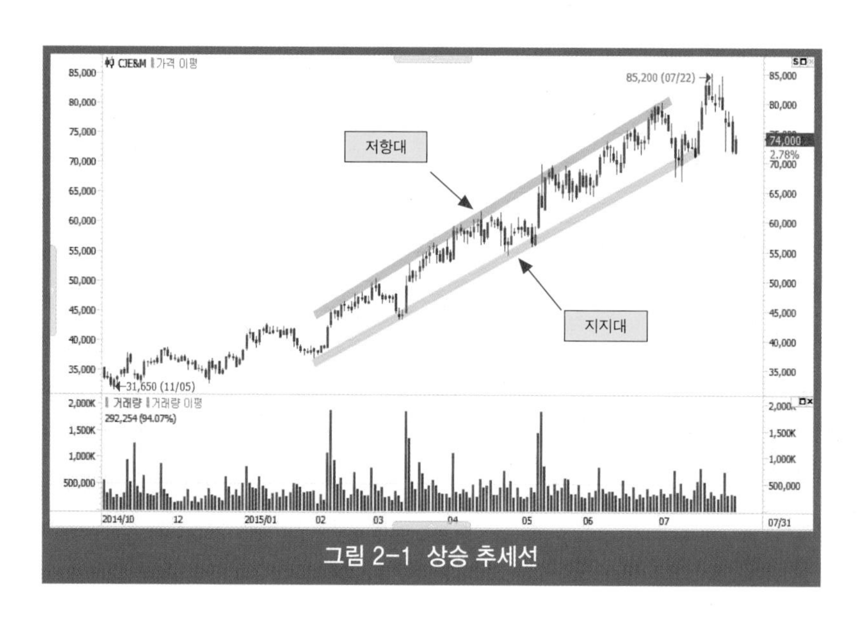

그림 2-1 상승 추세선

매매 POINT 상승 추세일 때는 매수 관점으로 차트를 보아야 한다. 상승 추세선을 하향이탈하지 않는 이상 보유하는 것이 좋다.

하락 추세선

하락 추세선의 특징은 주가가 우하향으로 움직이면서 파동을 그린다. 주가가 추세선을 상향돌파하지 않는 한 하락 추세가 이어진다고 보아야 한다. 하락 추세의 힘이 강하다면 저항선에서 저항을 받고 다시 하락할 수 있다. 하락 추세선의 아랫부분은 지지대, 윗부분은 저항대다. 하락 추세선은 파동이 최소 두 번 이상일 때 신뢰도가 높다.

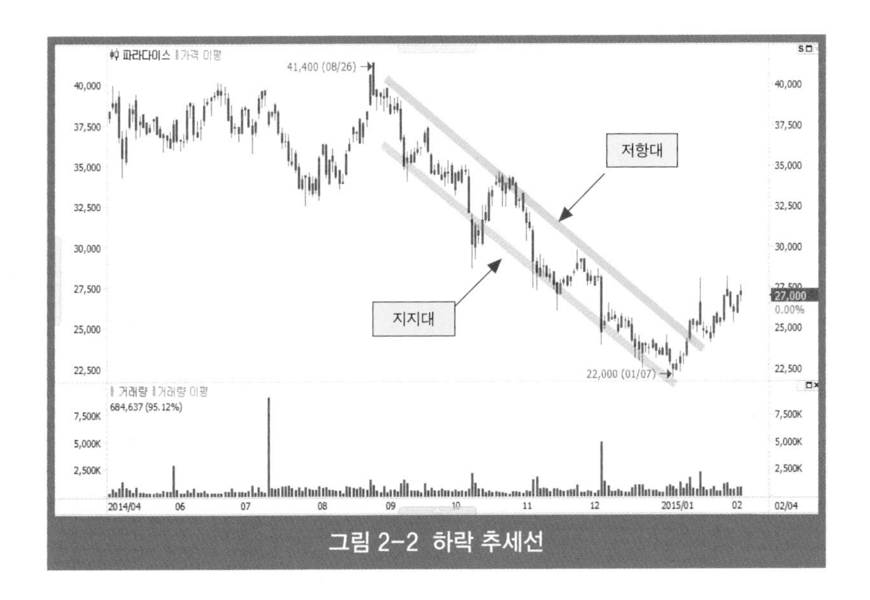

그림 2-2 하락 추세선

매매 POINT 하락 추세일 때는 매도 관점으로 차트를 보아야 한다. 하락 추세선을 상향돌파하지 않는 이상 신규 매수를 하지 않는 것이 좋다.

횡보 추세선

횡보 추세선은 큰 상승이나 하락을 하지 않고 일정한 가격대에서 옆으로 흘러간다. 다른 말로 박스권이라고도 한다. 박스권에 있는 종목은 큰 상승이나 하락이 없기 때문에 큰 수익이나 손실이 없을 수 있다.

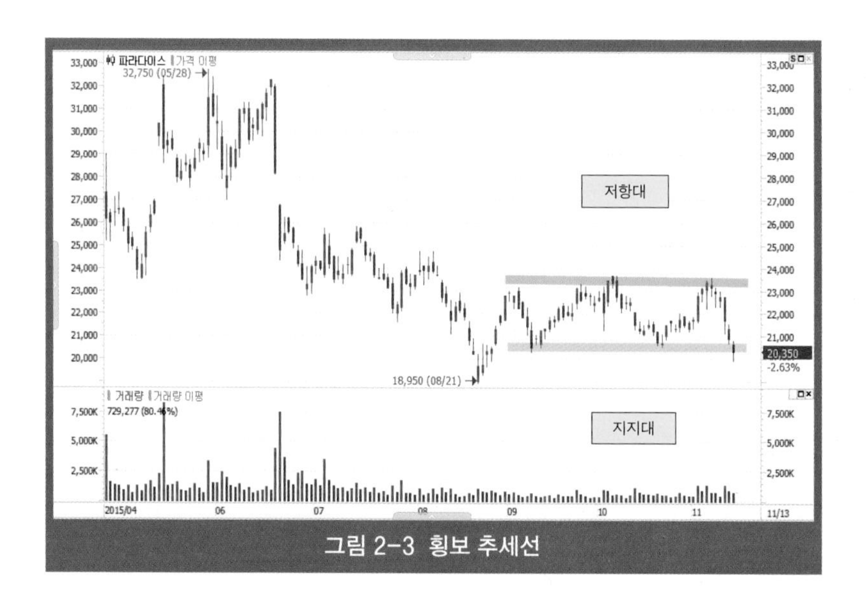

그림 2-3 횡보 추세선

지지선과 저항선

추세선을 통해 지지선과 저항선을 확인할 수 있다. 매매할 때 핵심적으로 사용하는 기법이다. 지지선과 저항선은 상승 추세선, 하락 추세선, 횡보 추세선과 또 다른 추세선이다. 모든 추세선을 복합적으로 활용한다면 그만큼 신뢰도는 높아진다.

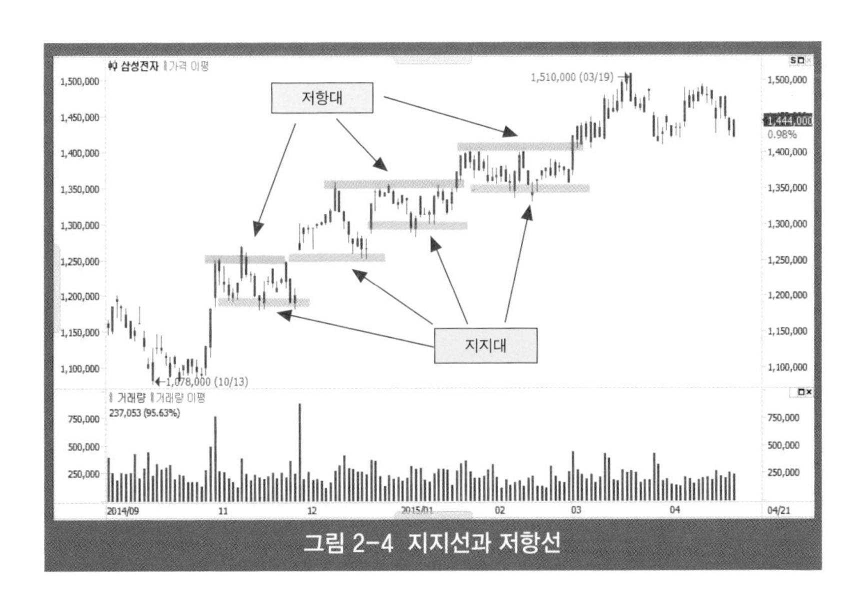

그림 2-4 지지선과 저항선

■ 추세선을 이용한 실전 매매 방법

주가가 추세선을 이탈하지 않는 이상 추세가 이어진다고 보는 것이 좋다. 추세가 꾸준한지, 방향성을 판단한 이후에 실전 매매를 해야 한다. 기울기가 큰 추세선은 그만큼 주가의 등락폭이 크다는 것을 의미한다. 개인이 대응하기에는 많은 어려움이 있다. 개인은 심리적으로 불리할 수밖에 없다. 기울기가 급한 차트는 조심하는 것이 좋다. 추세선을 이용해 실전 매매하는 방법을 알아보자.

상승 추세선을 이용한 매매 방법

상승 추세선상에서 매매를 하는 것이 수익률을 극대화할 수 있다. 상승 추세에서는 매수 관점으로 차트를 보아야 한다. 상승 추세선의 지지대에서 매수를 하고, 상승 추세선의 저항대에서 매도를 하는 것이 기본 전략이다. 상승 추세선이 길수록 신뢰도는 높다. 추가 상승의 가능성이 높다.

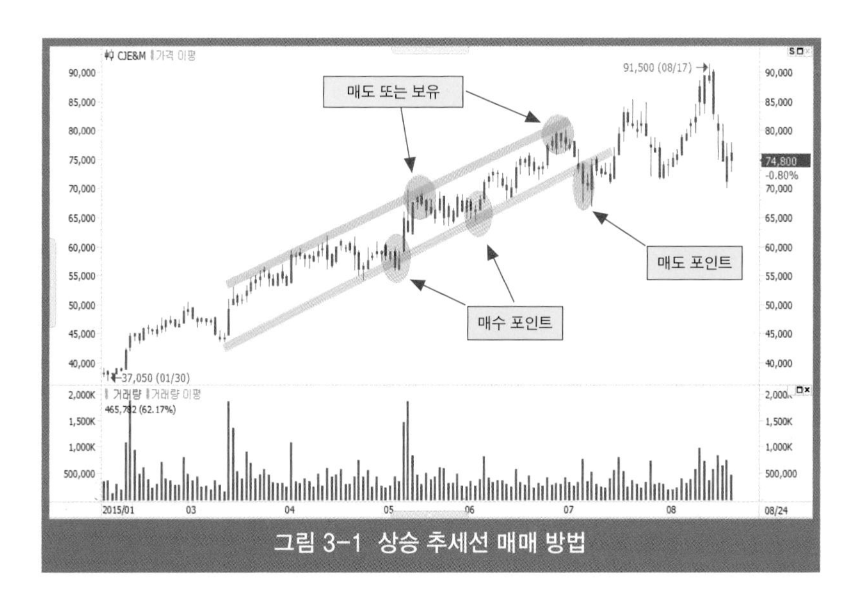

그림 3-1 상승 추세선 매매 방법

매매 POINT

상승 추세선의 지지대에 닿으면 매수 포인트가 된다. 상승 추세선의 저항대에 닿으면 물량을 축소하거나 보유한다. 상승 추세선의 지지대를 거래량을 동반해 이탈한다면 매도 포인트가 된다.

하락 추세선을 이용한 매매 방법

하락 추세선상에서 매매를 하는 것은 위험이 따른다. 하락 추세에서는 신규 매수를 하지 않는 것이 좋다. 매매 방법은 하락 추세선의 지지대에서 매수를 하고, 하락 추세선의 저항대에서 매도를 하는 것이 기본 전략이지만 상승 추세선에서 매매하는 것이 더 큰 수익을 낼 수 있다.

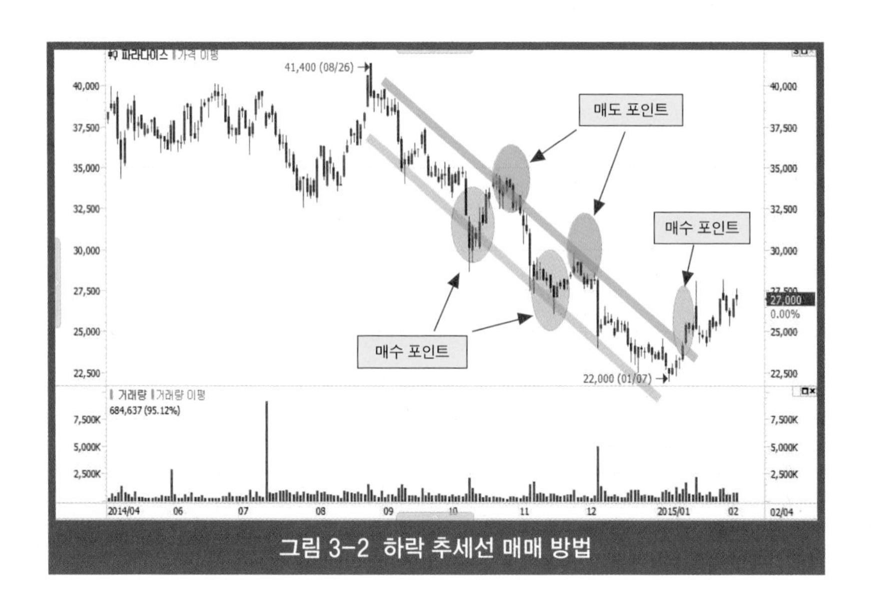

그림 3-2 하락 추세선 매매 방법

매매 POINT

하락 추세선의 지지대에 닿으면 매수 포인트가 된다. 하락 추세선의 저항대에 닿으면 매도 포인트가 된다. 하락 추세선의 저항대를 거래량을 동반해 상향돌파한다면 매수 포인트가 된다.

횡보 추세선을 이용한 매매 방법

횡보 추세선은 박스권이라고도 한다. 박스권 매매는 지지대에 닿으면 매수를 하고, 저항대에 닿으면 매도를 하는 것이 기본 원칙이다. 박스권을 거래량을 동반해 강하게 상향돌파한다면 강력한 매수 포인트가 된다. 박스권을 하향이탈한다면 매도 포인트가 된다.

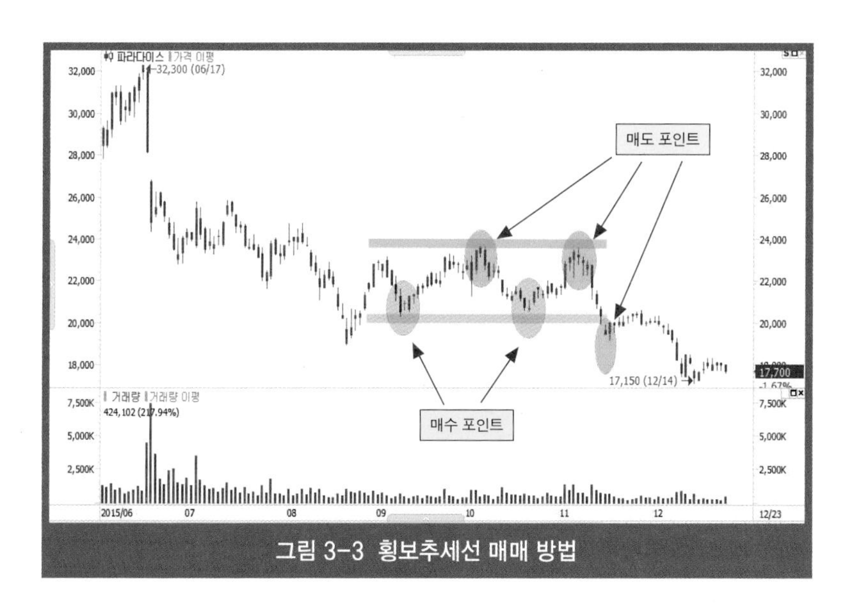

그림 3-3 횡보추세선 매매 방법

매매 POINT

횡보 추세선의 지지대에 닿으면 매수 포인트가 된다.
횡보 추세선의 저항대에 닿으면 매도 포인트가 된다.

지지선과 저항선을 이용한 매매 방법

추세선을 이용한 매매 방법 중에 가장 쉽고 간단한 매매 방법이다. 신뢰도도 높다. 저항선을 거래량을 동반해 강하게 상향돌파한다면 강력한 매수 포인트가 된다.

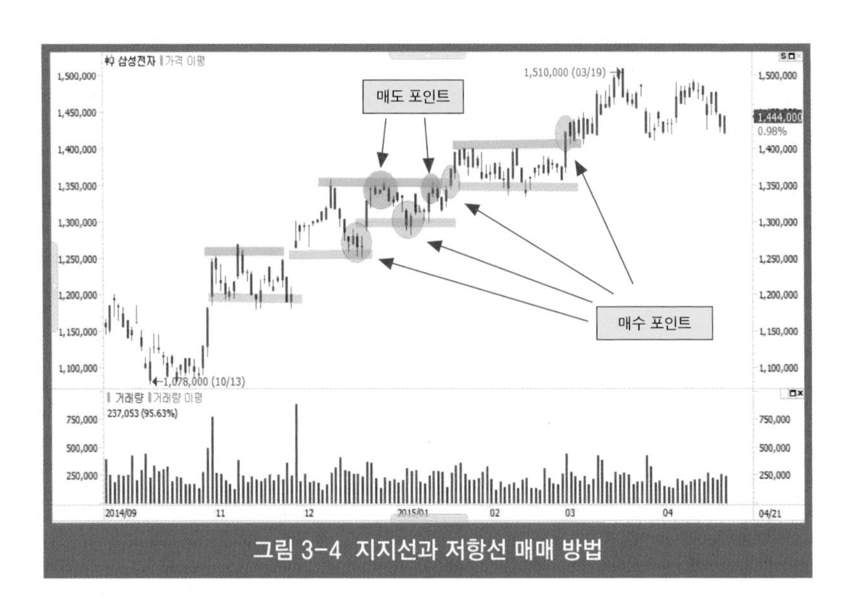

그림 3-4 지지선과 저항선 매매 방법

매매 POINT

지지선에 닿으면 매수 포인트가 된다.
저항선에 닿으면 물량을 축소하거나 보유한다.

패턴분석의 비밀

■ 패턴의 중요성

패턴분석이란, 특정한 형태로 연속적인 흐름이 나타나는 것을 분석하는 것이다. 차트를 살펴보면 종목마다 일정한 흐름을 보인다. 종목마다 각자의 성격이 있다. 과거에 발생했던 패턴을 반복하는 경우가 많이 있다. 패턴분석을 통해서 투자 판단의 근거로 사용할 수 있다.

과거의 주가 흐름을 통해 차트의 모양을 몇 가지 형태로 정형화했다. 정형화된 패턴을 현재 주가 흐름에 대입해서 주가를 예측하는 것이 패턴분석이다.

패턴이 만들어지는 과정에서 매매하는 것은 위험이 따른다. 패턴이 완성이 되고 변화의 신호를 주었을 때 매매하는 것이 좋다. 즉, 매수 포인트와 매도 포인트가 발생했을 때 매매하는 것이 위험을 줄일 수 있고 확실한 매매 기준도 세울 수 있다.

■ 패턴의 종류

패턴의 종류는 상승 패턴과 하락 패턴이 있다.

상승 패턴에는 삼중바닥형, 이중바닥형, 상승삼각형, 강세박스권 있고

하락 패턴에는 삼중천정형, 이중천정형, 하락삼각형, 약세박스권이 있다.

상승 패턴의 종류

삼중바닥형

삼중바닥형은 주가 상승의 대표적인 패턴이다. 삼중천정형과 반대되는 패턴이다. 오랫동안 하락이 지속된 이후에 추세를 전환할 때 발생한다. 삼중바닥형이 완성되면 하락 추세에서 상승 추세로 전환할 가능성이 높다. 삼중바닥형은 세 개의 저점이 형성되고 가운데 저점이 가장 낮게 형성되는 것이 특징이다.

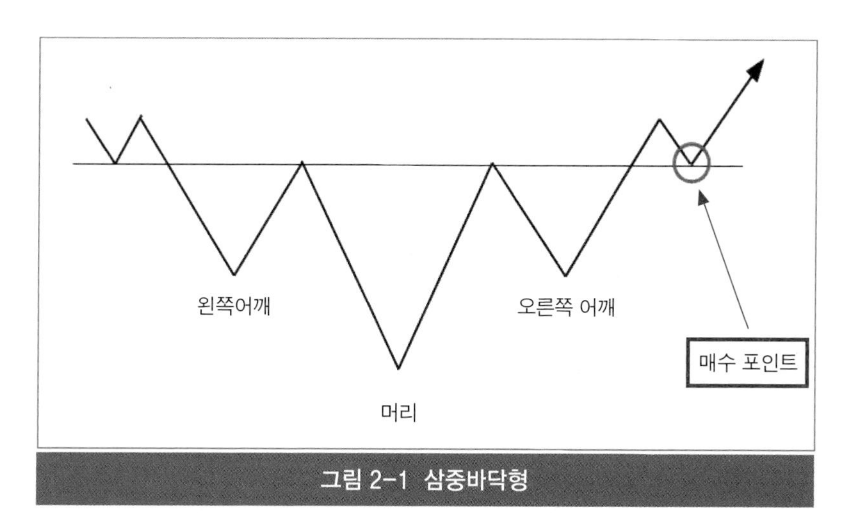

그림 2-1 삼중바닥형

이중바닥형

이중바닥형은 반등을 시도한 뒤에 다시 하락해 전 저점 부근에서 지지를 받을 때 발생하는 패턴이다. 이중천정형과 반대되는 패턴으로, 바닥권에서 자주 발생한다. 이중바닥형이 완성되면 하락 추세에서 상승 추세로 전환할 가능성이 높다. 두 번째 저점이 더 높아진다면 상승할 가능성은 더 높아진다.

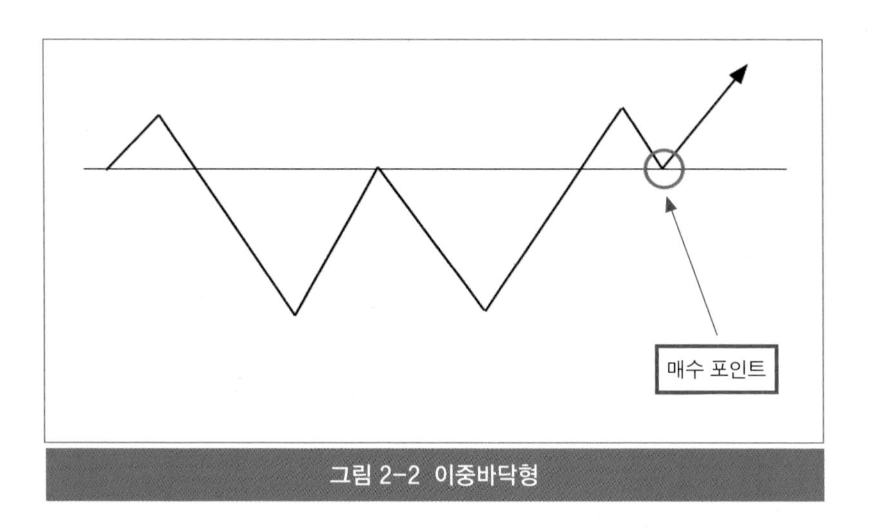

그림 2-2 이중바닥형

V자 바닥형

V자 바닥형은 일시적으로 주가가 급락한 이후에 급반등할 때 발생하는 패턴이다. V자 천정형과 반대되는 패턴이다. 삼중바닥형과 이중바닥형보다는 짧은 시간에 형성되는 것이 특징이다. 단기간에 형성된 만큼 완전한 추세의 전환으로 보기에는 위험이 따른다.

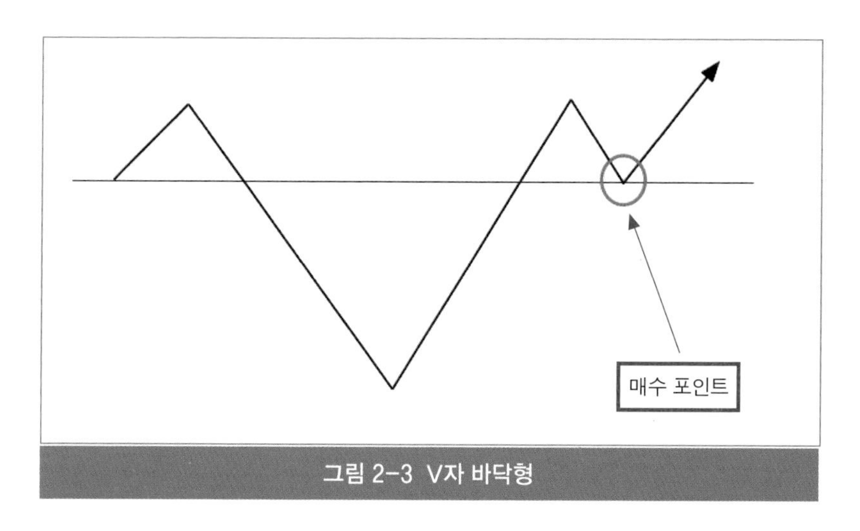

그림 2-3 V자 바닥형

상승삼각형

상승삼각형은 주가가 등락을 반복하다가 등락폭이 줄어들어 삼각형 모양을 만드는 패턴을 말한다. 하락삼각형과 반대되는 패턴이다. 상승삼각형은 저항대는 수평선이 되고 지지대는 상승선을 그리는 것이 특징이다. 삼각형의 저항대를 돌파한다면 추가적으로 더 상승할 가능성이 높다.

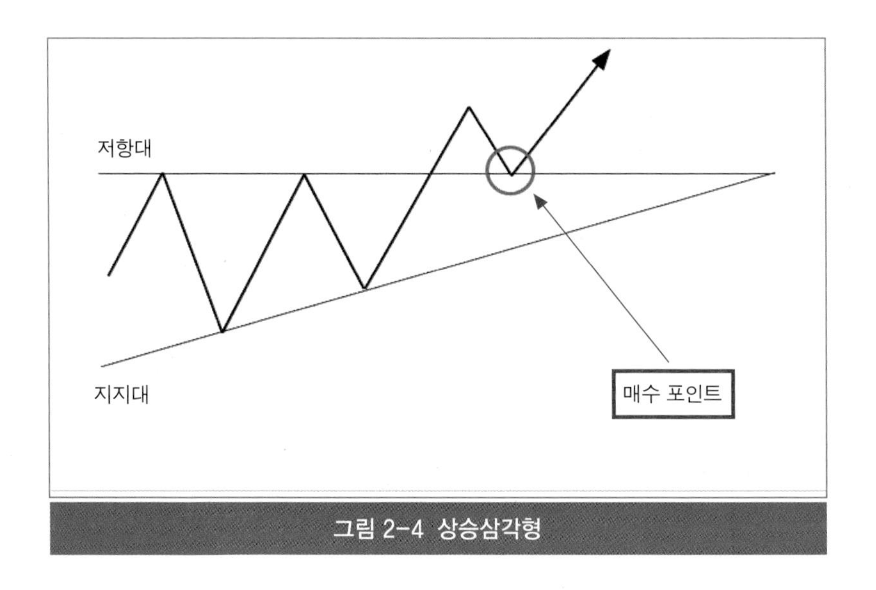

그림 2-4 상승삼각형

상승박스형

상승박스형은 주가가 일정한 가격대 안에서 횡보하다가 박스권을 돌파할 때 발생하는 패턴을 말한다. 하락박스형과 반대되는 패턴이다. 주가가 박스권을 거래량을 동반해 강하게 돌파한다면, 추가적으로 상승할 가능성이 높다. 일정기간 동안 일정한 가격대에서 횡보한 이후에 박스권을 돌파했다는 것은 매물을 다 소화하고 다시 상승세로 출발하겠다는 의미다.

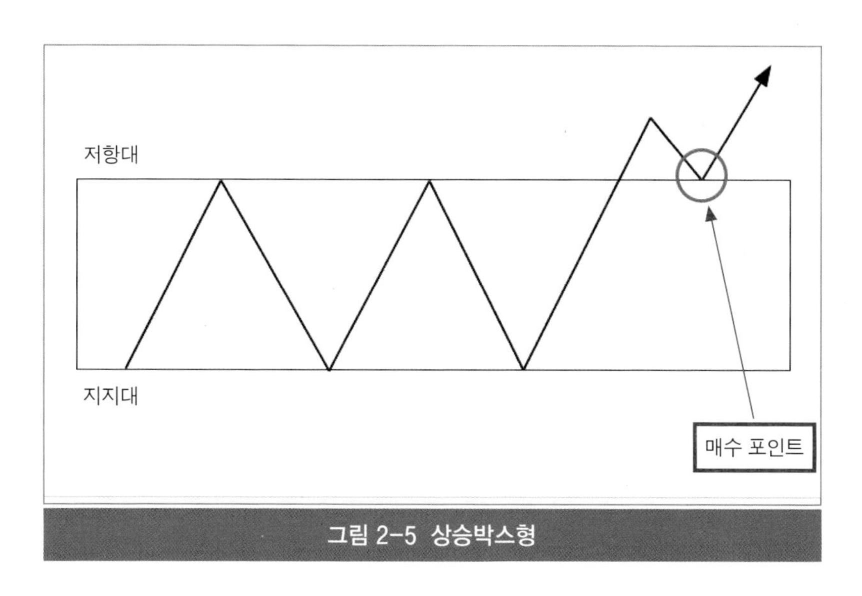

그림 2-5 상승박스형

하락 패턴의 종류

삼중천정형

삼중천정형은 주가 하락의 대표적인 패턴이다. 삼중바닥형과 반대되는 패턴이다. 오랫동안 상승이 지속된 이후에 추세를 전환할 때 발생한다. 삼중천정형이 완성되면 상승 추세에서 하락 추세로 전환할 가능성이 높다. 삼중천정형은 세 개의 고점이 형성되고 가운데 고점이 가장 높게 형성되는 것이 특징이다.

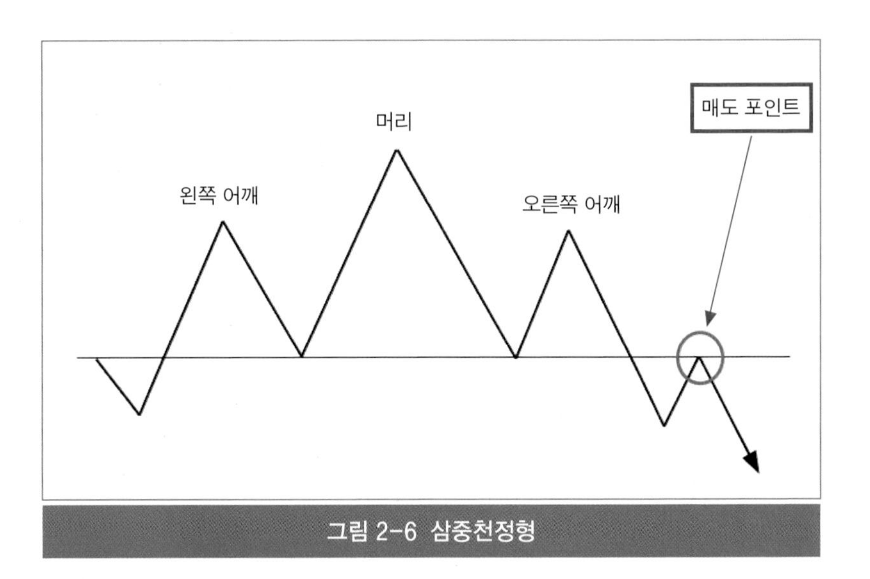

그림 2-6 삼중천정형

이중천정형

이중천정형은 반등을 시도한 뒤에 전고점 부근에서 저항을 받을 때 발생하는 패턴이다. 이중바닥형과 반대되는 패턴이다. 천정권에서 자주 발생하는 패턴이다. 이중천정형이 완성되면 상승 추세에서 하락 추세로 전환할 가능성이 높다. 두 번째 고점이 더 낮아진다면 하락할 가능성은 더 높아진다.

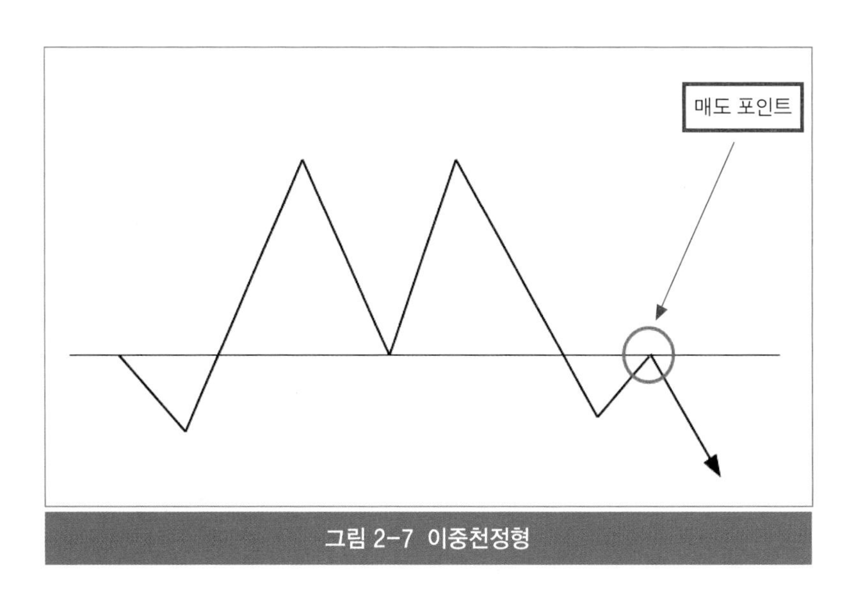

그림 2-7 이중천정형

V자 천정형

V자 천정형은 일시적으로 주가가 급등한 이후에 급락할 때 발생하는 패턴이다. V자 바닥형과 반대되는 패턴이다. 삼중천정형과 이중천정형보다는 짧은 시간에 형성된다는 것이 특징이다. 단기간에 형성된 만큼 완전한 추세의 전환으로 보기에는 위험이 따른다.

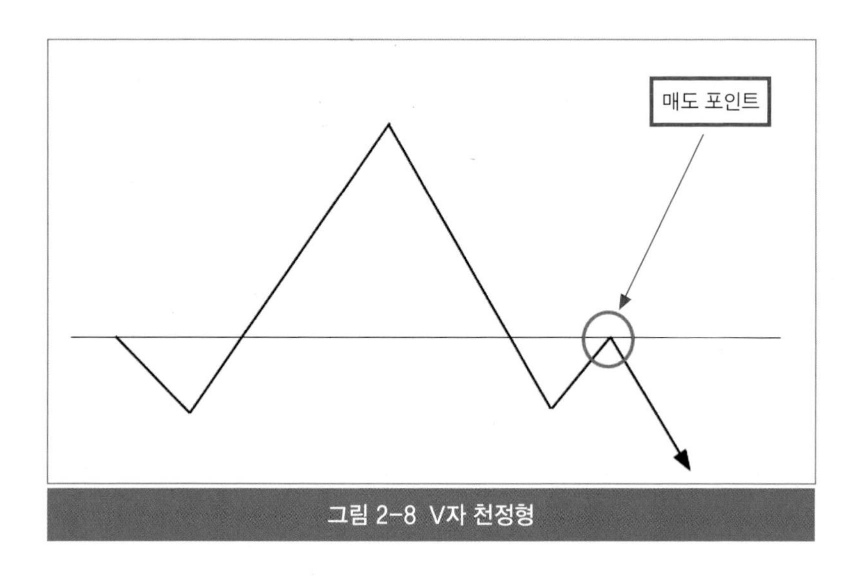

그림 2-8 V자 천정형

하락삼각형

하락삼각형은 주가가 등락을 반복하다가 등락폭이 줄어들어 삼각형 모양을 만드는 패턴을 말한다. 상승삼각형과 반대되는 패턴이다. 하락삼각형은 지지대는 수평선이 되고 저항대는 하락선을 그리는 것이 특징이다. 삼각형의 지지대를 하향이탈한다면 추가적으로 더 하락할 가능성이 높다.

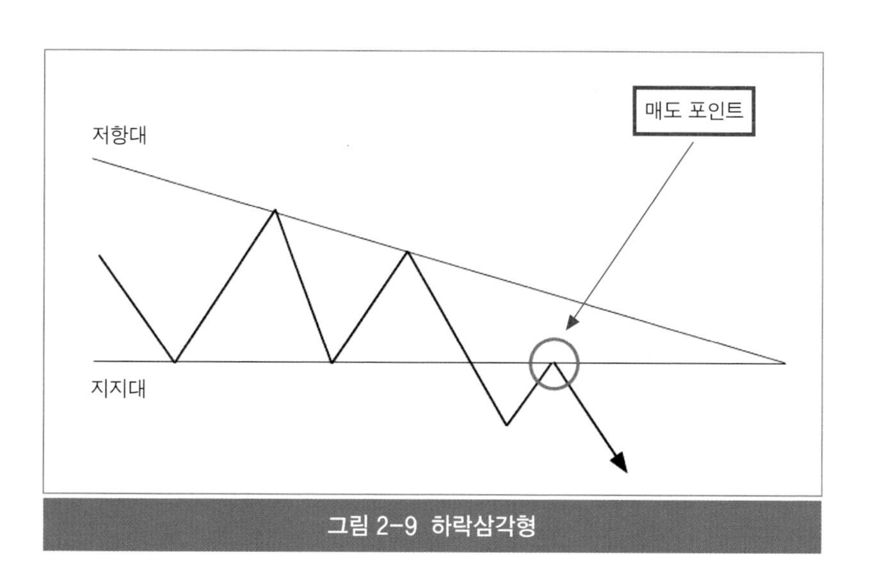

그림 2-9 하락삼각형

하락박스형

하락박스형은 주가가 일정한 가격대 안에서 횡보하다가 박스권을 하향이탈할 때 발생하는 패턴을 말한다. 상승박스형과 반대되는 패턴이다. 주가가 박스권을 거래량을 동반해 강하게 하향이탈한다면 추가적으로 하락할 가능성이 높다.

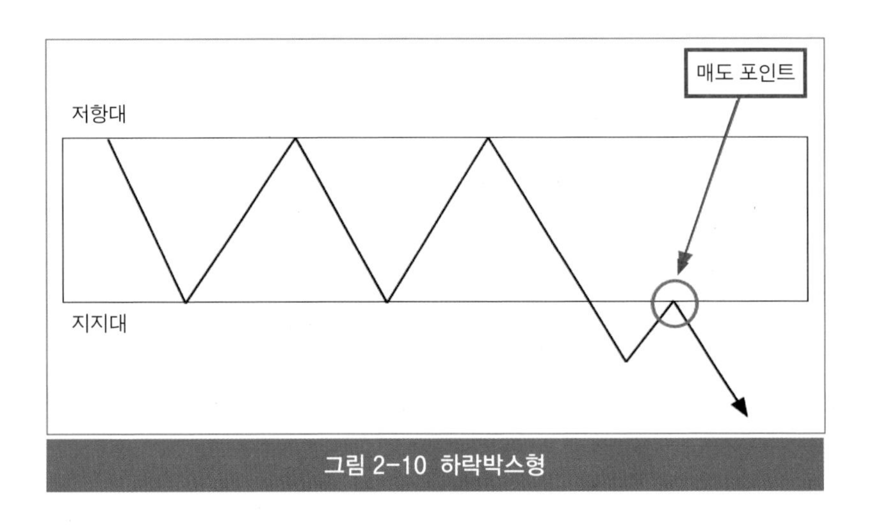

그림 2-10 하락박스형

■ 패턴을 이용한 실전 매매 방법

실전 투자를 해보면 차트가 일정한 패턴 내에서 움직이는 현상을 볼 수 있다. 과거의 패턴들을 분석해 그 데이터를 근거로 앞으로 어떤 흐름이 나타날 것이라고 예측하는 것이다. 일정했던 패턴이 깨졌을 때는 변곡점이라고 볼 수 있다. 다른 형태의 패턴을 만들어가거나 새로운 흐름을 만들어가는 것이다. 패턴이 깨지기 전까지는 패턴의 흐름에 따라 실전 매매를 할 수 있다.

m • e • m • o

상승 패턴의 매매 방법

삼중바닥형 매매 방법

삼중바닥형 매매 방법은 세 개의 저점을 형성한 뒤에, 저항대를 상향돌파할 때 매수하는 전략이다. 삼중천정형 매매 방법과 반대되는 전략이다.

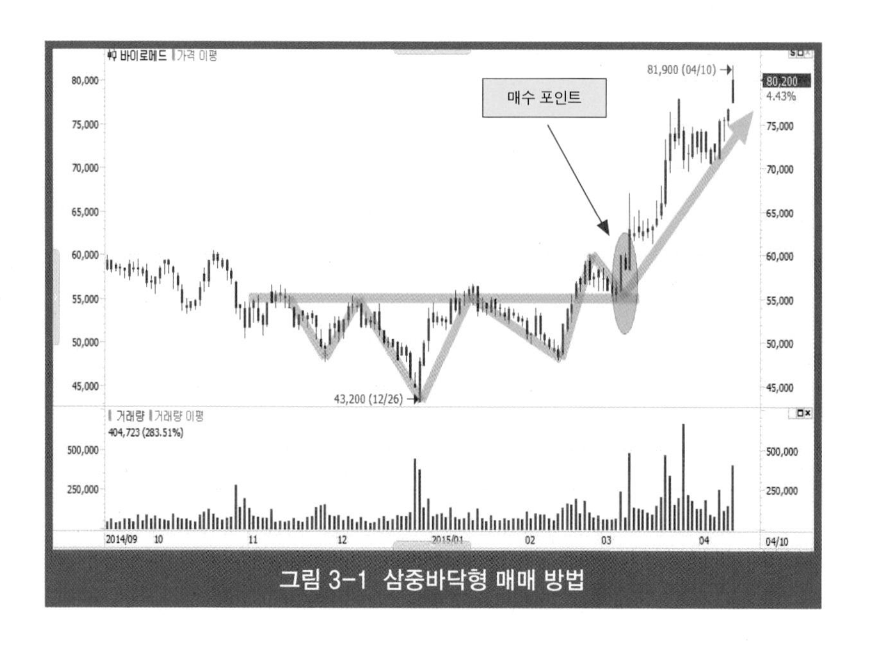

그림 3-1 삼중바닥형 매매 방법

매매 POINT

삼중바닥형 패턴이 발생한 종목을 관심종목에 등록한다.
저항대를 거래량을 동반해 강하게 상승돌파한다면 매수 준비를 한다. 저항대가 지지대로 변하게 되고, 주가가 지지대에 가까이 접근하면 매수한다.

이중바닥형 매매 방법

이중바닥형 매매 방법은 두 개의 저점을 형성한 뒤에, 저항대를 상향돌파할 때 매수하는 전략이다. 이중천정형 매매 방법과 반대되는 전략이다. 삼중바닥형과 마찬가지로 하락 추세에서 상승 추세로 전환하는 시점이기 때문에 매수 포인트가 된다.

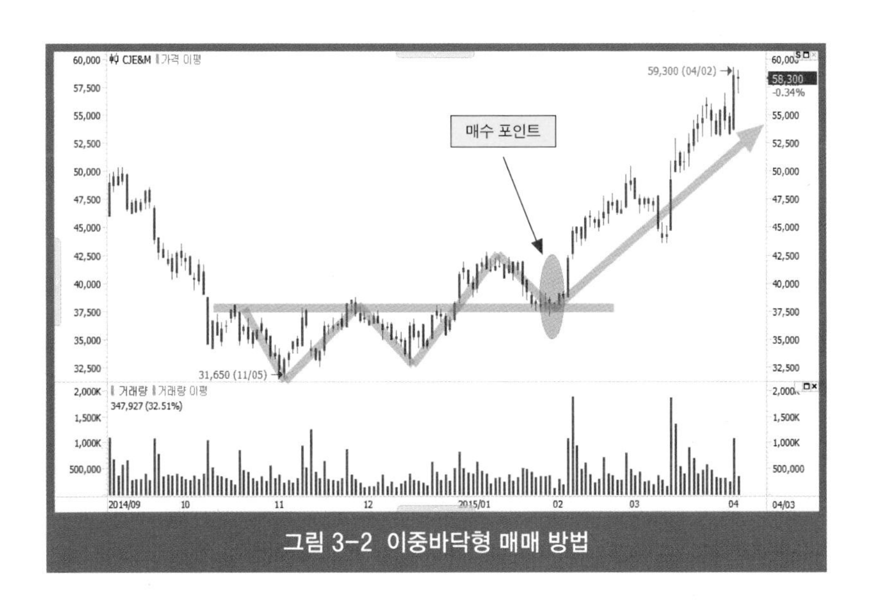

그림 3-2 이중바닥형 매매 방법

매매 POINT

이중바닥형 패턴이 발생한 종목을 관심종목에 등록한다.
저항대를 거래량을 동반해 강하게 상승돌파한다면 매수 준비를 한다. 저항대가 지지대로 변하게 되고, 주가가 지지대에 가까이 접근하면 매수한다.

V자 바닥형 매매 방법

V자 바닥형 매매 방법은 한 개의 저점을 형성한 뒤에, 저항대를 상향돌파할 때 매수하는 전략이다. V자 천정형 매매 방법과 반대되는 전략이다. 삼중바닥형, 이중바닥형과 마찬가지로 하락 추세에서 상승 추세로 전환하는 시점이기 때문에 매수 포인트가 된다. 하지만 단 한 개의 저점이기 때문에 그만큼 신뢰도는 떨어진다.

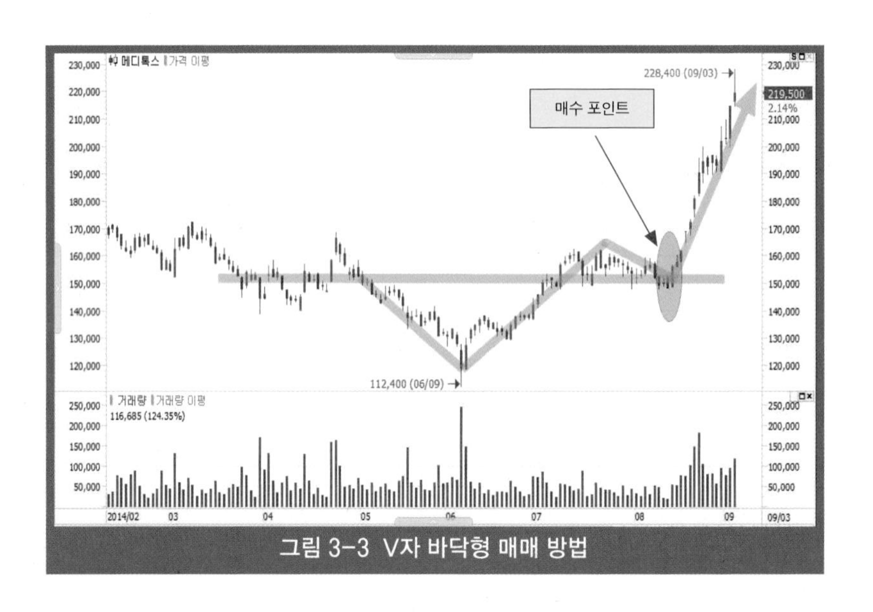

그림 3-3 V자 바닥형 매매 방법

매매 POINT

V자 바닥형 패턴이 발생한 종목은 관심종목에 등록한다.
저항대를 거래량을 동반해 강하게 상승돌파한다면 매수 준비를 한다. 저항대가 지지대로 변하게 되고, 주가가 지지대에 가까이 접근하면 매수한다.

상승삼각형 매매 방법

상승삼각형 매매 방법은 저점을 높여가는 종목이 저항대를 상향돌파할 때 매수하는 전략이다. 하락삼각형 매매 방법과 반대되는 전략이다. 저점이 높아진다는 것은 저점 부근에서 매수세가 유입이 된다는 의미다. 추가적으로 상승할 수 있기 때문에 매수 포인트가 된다.

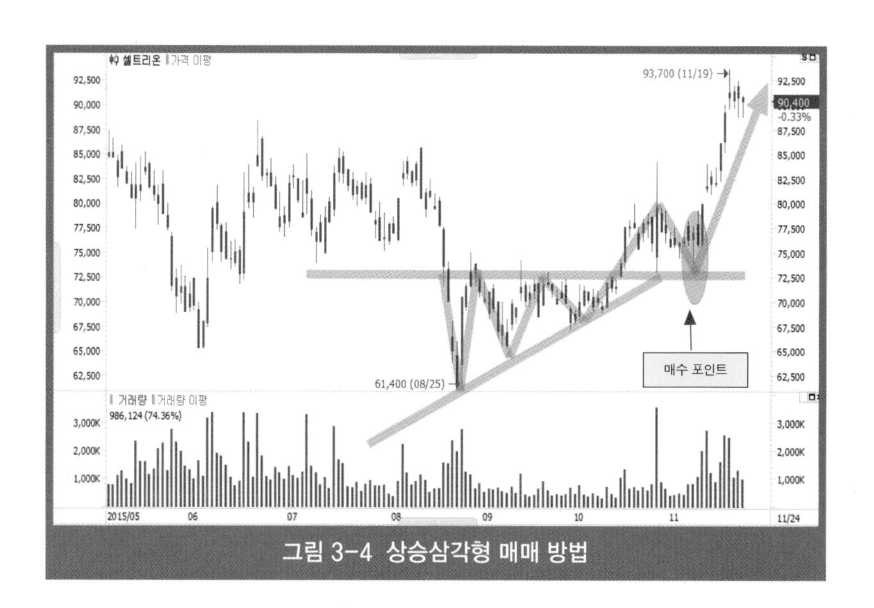

그림 3-4 상승삼각형 매매 방법

매매 POINT

V자 바닥형 패턴이 발생한 종목을 관심종목에 등록한다.
저항대를 거래량을 동반해 강하게 상승돌파한다면 매수 준비를 한다. 저항대가 지지대로 변하게 되고, 주가가 지지대에 가까이 접근하면 매수한다.

상승박스형 매매 방법

상승박스형 매매 방법은 오랜시간 동안 일정한 가격대에서 횡보한 뒤에 저항대를 상향돌파할 때 매수하는 전략이다. 하락박스형 매매 방법과 반대되는 전략이다. 횡보 추세에서 상승 추세로 전환하는 시점이기 때문에 매수 포인트 중 하나다.

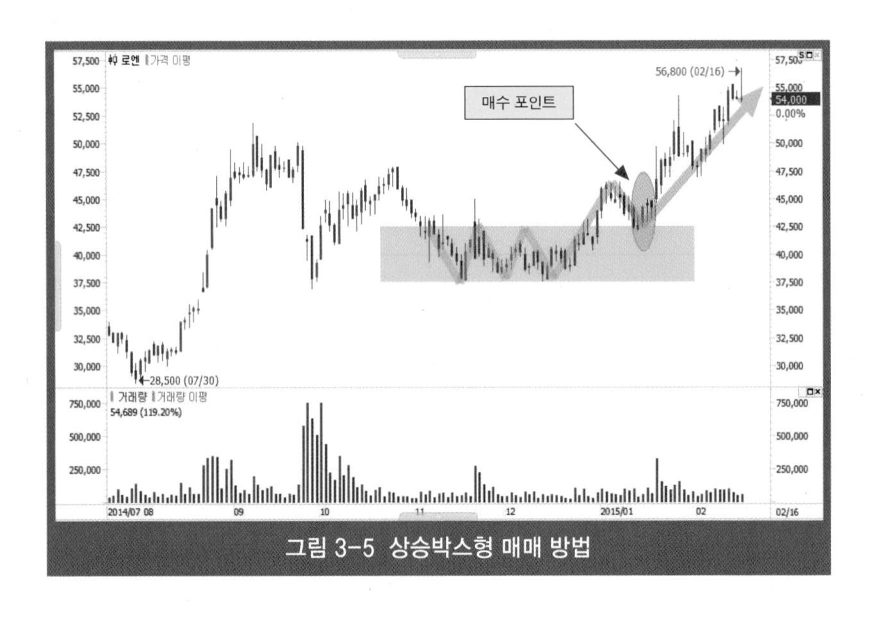

그림 3-5 상승박스형 매매 방법

매매 POINT

상승박스형 패턴이 발생한 종목을 관심종목에 등록한다.
저항대를 거래량을 동반해 강하게 상승돌파한다면 매수 준비를 한다. 저항대가 지지대로 변하게 되고, 주가가 지지대에 가까이 접근하면 매수한다.

하락패턴의 매매 방법

삼중천정형 매매 방법

삼중천정형 매매 방법은 세 개의 고점을 형성한 뒤에 지지대를 하향이탈할 때 매도하는 전략이다. 삼중바닥형 매매 방법과 반대되는 전략이다. 상승 추세에서 하락 추세로 전환하는 시점이기 때문에 매도 포인트 중에 하나다.

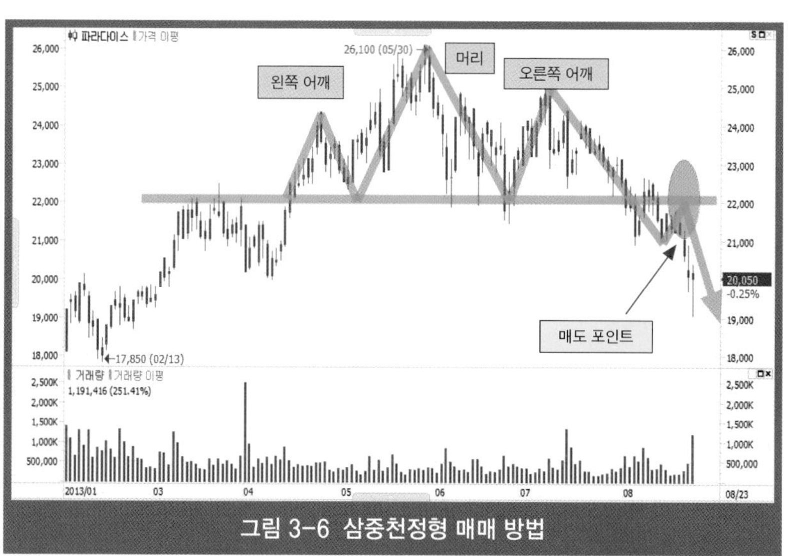

그림 3-6 삼중천정형 매매 방법

매매 POINT

삼중천정형 패턴이 발생한 종목을 주의 깊게 관찰한다. 지지대를 거래량을 동반해 강하게 하향이탈한다면 매도 준비를 한다. 지지대가 저항대로 변하게 되고 주가가 저항대에 가까이 접근하면 매도한다.

이중천정형 매매 방법

이중천정형 매매 방법은 두 개의 고점을 형성한 뒤에 지지대를 하향이탈할 때 매도하는 전략이다. 이중바닥형 매매 방법과 반대되는 전략이다. 삼중천정형과 마찬가지로 상승 추세에서 하락 추세로 전환하는 시점이기 때문에 매도 포인트가 된다.

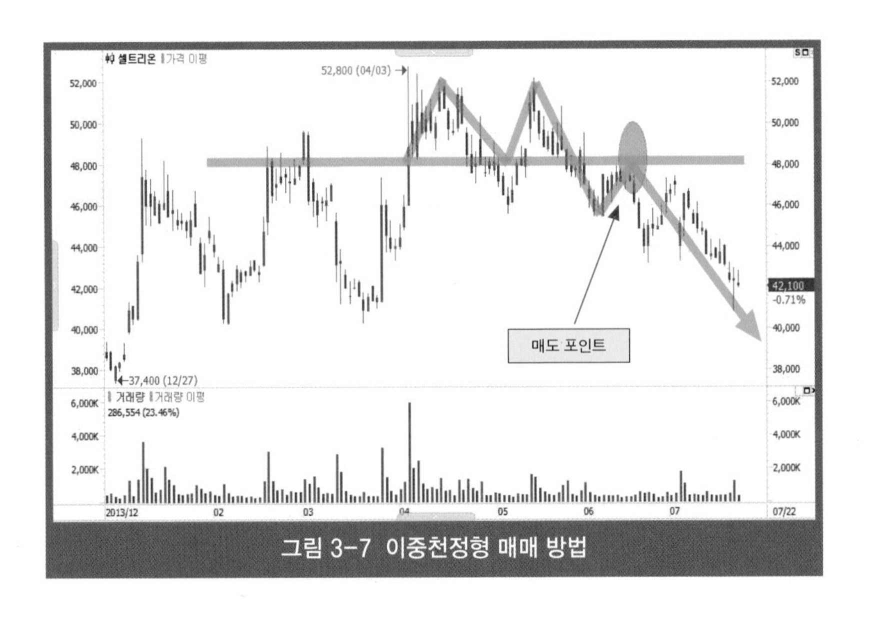

그림 3-7 이중천정형 매매 방법

매매 POINT

이중천정형 패턴이 발행한 종목을 주의 깊게 관찰한다.
지지대를 거래량을 동반해 강하게 하향이탈한다면 매도 준비를 한다. 지지대가 저항대로 변하게 되고, 주가가 저항대에 가까이 접근하면 매도한다.

V자 천정형 매매 방법

V자 천정형 매매 방법은 한 개의 고점을 형성한 뒤에 지지대를 하향이탈할 때 매도하는 전략이다. V자 바닥형 매매 방법과 반대되는 전략이다. 삼중천정형, 이중천정형과 마찬가지로 상승 추세에서 하락 추세로 전환하는 시점이기 때문에 매도 포인트가 된다. 하지만 단 한 개의 고점이기 때문에 그만큼 신뢰도는 떨어진다.

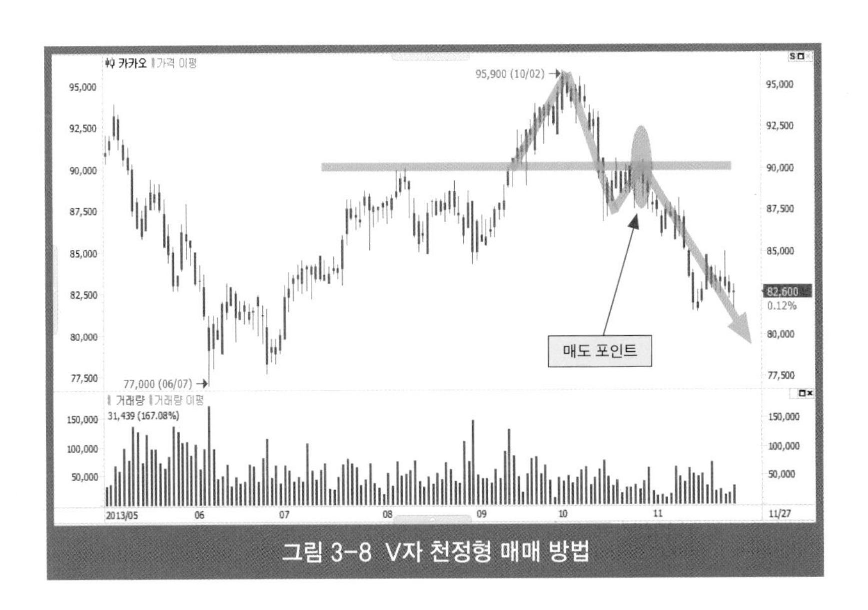

그림 3-8 V자 천정형 매매 방법

매매 POINT

V자 천정형 패턴이 발생한 종목을 주의 깊게 관찰한다.
지지대를 거래량을 동반해 강하게 하향이탈한다면 매도 준비를 한다. 지지대가 저항대로 변하게 되고, 주가가 저항대에 가까이 접근하면 매도한다.

하락삼각형 매매 방법

하락삼각형 매매 방법은 고점을 낮춰가는 종목이 지지대를 하향 이탈할 때 매도하는 전략이다. 상승삼각형 매매 방법과 반대되는 전략이다. 고점이 낮아진다는 것은 고점 부근에서 매도세가 강하다는 의미다. 추가적으로 하락할 수 있기 때문에 매도 포인트가 된다.

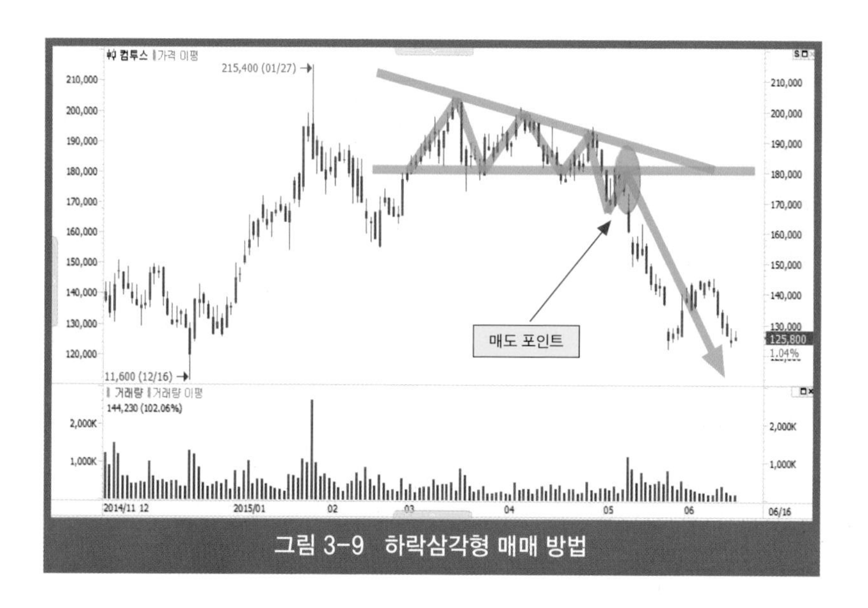

그림 3-9 하락삼각형 매매 방법

매매 POINT

하락삼각형 패턴이 발생한 종목을 주의 깊게 관찰한다.
지지대를 거래량을 동반해 강하게 하향이탈한다면 매도 준비를 한다. 지지대가 저항대로 변하게 되고, 주가가 저항대에 가까이 접근하면 매도한다.

하락박스형 매매 방법

하락박스형 매매 방법은 오랜 시간 동안 일정한 가격대에서 횡보한 뒤에 지지대를 하향이탈할 때 매도하는 전략이다. 상승박스형 매매 방법과 반대되는 전략이다. 횡보 추세에서 하락 추세로 전환하는 시점이기 때문에 매도 포인트 중 하나다.

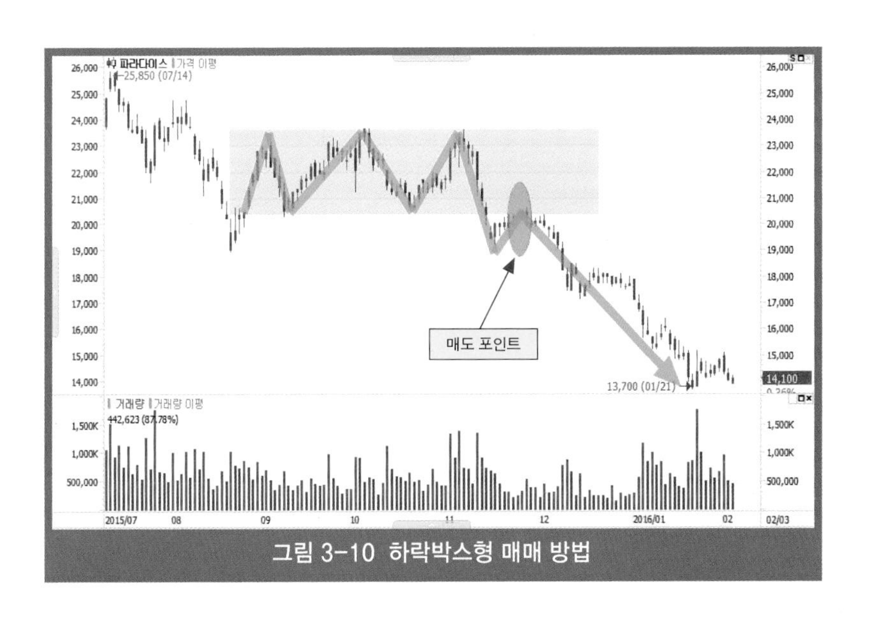

그림 3-10 하락박스형 매매 방법

매매 POINT

하락박스형 패턴이 발생한 종목을 주의 깊게 관찰한다.
지지대를 거래량을 동반해 강하게 하향이탈한다면 매도 준비를 한다. 지지대가 저항대로 변하게 되고, 주가가 저항대에 가까이 접근하면 매도한다.

06
CHAPTER

보조 지표의 비밀

■ 보조 지표의 중요성

보조 지표란, 차트분석에서 보조적으로 사용하는 지표를 말한다. 주요 지표는 차트상에 나와 있는 캔들, 거래량, 이동평균선이 있다. 주요 지표를 기준으로 매매전략을 세울 때 신뢰도를 높이기 위해 보조 지표를 활용한다. 보조 지표의 종류는 매우 다양하지만, 일반적으로 사용하는 지표가 있다. 수많은 보조 지표를 모두 이해하고 활용할 필요는 없다. 자신에게 맞는 한두 가지의 지표를 찾아내는 것이 더 중요하다.

■ 보조 지표의 종류

보조 지표의 종류는 추세 지표, 모멘텀 지표, 변동성 지표, 시장강도지표가 있다.

MACD

MACD란?

MACD는 추세의 확인과 변화를 알아보는 대표적인 추세 보조 지표다. 이동평균선은 단기 이동평균선과 장기이동평균선이 멀어지면 다시 가까워진다는 특징이 있다. 이동평균선의 특징을 활용해 추세를 확인한다. 이동평균선은 현재 주가보다 늦게 그려진다. 후행성 지표다. 이동평균선 후행성을 보완해주는 보조 지표다.

MACD 공식

MACD는 두 개의 선으로 구성되어 있다.

MACD 곡선은 단기 이동평균선과 장기 이동평균선의 차이의 값이다. 일반적으로 단기 이동평균선은 12일, 장기 이동평균선은 26일을 사용한다.

시그널 곡선은 MACD곡선을 이동평균한 값이다. 일반적으로 시그널 곡선은 9일의 MACD 곡선의 이동평균값을 사용한다.

MACD 곡선 = 단기 이동평균선(12일) - 장기 이동평균선(26일)
시그널 곡선 = N일(9일) 동안의 MACD 곡선 이동평균

MACD 활용 방법

MACD를 활용한 매매 방법은 두 가지가 있다. 기준선을 이용하는 방법과 시그널선을 이용하는 방법이다.

기준선을 이용한 매매 방법은
기준선을 돌파할 때 매수하고 기준선을 이탈할 때 매도한다.

시그널선을 이용한 매매 방법은
MACD 곡선이 시그널 곡선을 상향돌파(골든크로스)할 때 매수한다.
MACD 곡선이 시그널 곡선을 하향이탈(데드크로스)할 때 매도한다.

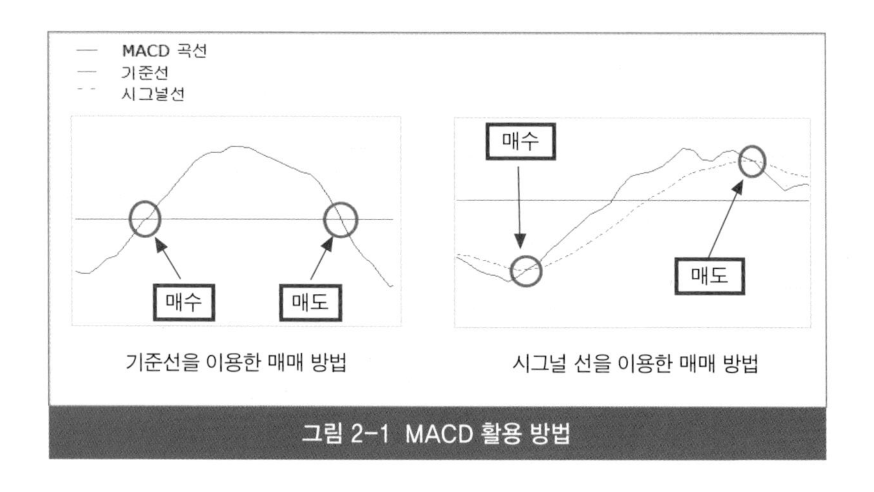

그림 2-1 MACD 활용 방법

스토캐스틱

스토캐스틱이란?

스토캐스틱은 일정 기간 동안에 현재의 주가가 어느 정도 수준의 위치인지를 알려주는 보조 지표다.

스토캐스틱의 값이 100에 가까워질수록 과매수 구간이다.

스토캐스틱의 값이 0에 가까워질수록 과매도 구간이다.

스토캐스틱 공식

스토캐스틱은 %K 곡선과 %D 곡선이 있다.

$$\%K = \frac{\text{당일 종가 - 최근 n일 동안 최저가}}{\text{최근 n일 동안 최고가 - 최근 n일 동안 최저가}} \times 100$$

%D = %K 의 n일 동안 이동평균선

%K 곡선은 현재 주가를 나타내는 지표다. 5일을 가장 많이 사용한다.

%D 곡선은 %K의 n일 동안 이동평균선이다. 3일을 가장 많이 사용한다.

스토캐스틱 활용 방법

스토캐스틱을 활용한 매매 방법은 두 가지가 있다. 과매수 · 과매도선을 이용하는 방법과 %K 곡선 · %D 곡선을 이용하는 방법이다.

과매수, 과매도 곡선을 이용하는 방법은
과매도권인 20%를 상향돌파할 때 매수한다.
과매수권인 80%를 하향이탈할 때 매도한다.

%K 곡선 · %D 곡선을 이용하는 방법은
과매도권인 20% 이하에서 %K 곡선이 %D 곡선을 상향돌파(골든크로스)할 때 매수한다.
과매수권이 80% 이상에서 %K 곡선이 %D 곡선을 하향이탈(데드크로스)할 때 매도한다.

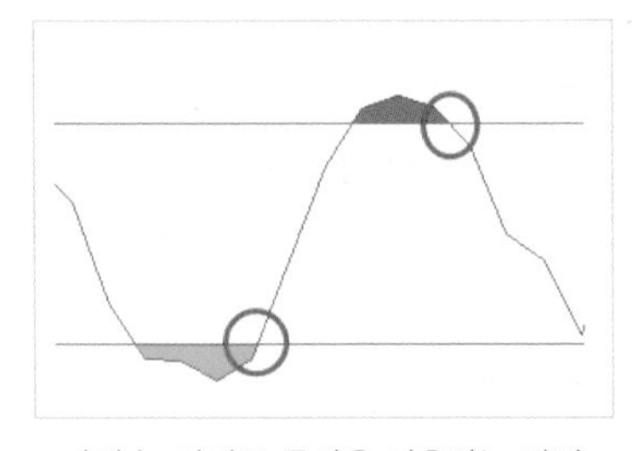

과매수, 과매도 곡선을 이용하는 방법

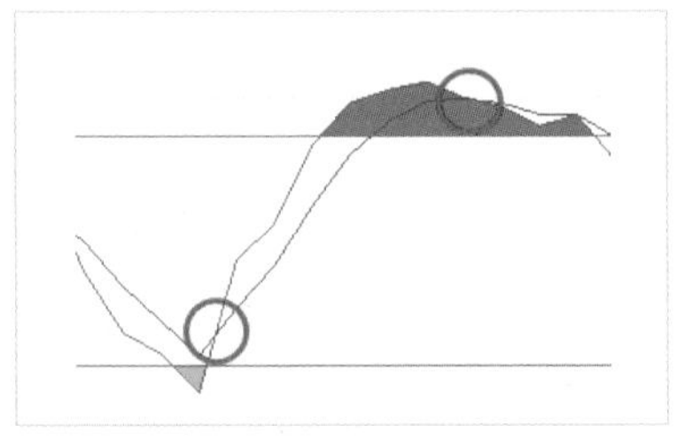

%K 곡선, %D 곡선을 이용하는 방법

그림 2-2 스토캐스틱

볼린저 밴드

볼린저 밴드란?

주가 변동에 따라 상하 밴드의 폭이 같이 움직이게 해 주가의 움직임을 밴드 내에서 판단하게 하는 보조 지표다. 신뢰도 높은 적절한 매매 시기를 알려주기 위한 보조 지표다.

볼린저 밴드는 주가가 상한선과 하한선을 경계로 등락을 거듭하는 경향이 있다는 것을 기본 전제로 한다.

볼린저 밴드 공식

볼린저 밴드는 이동평균선을 중심으로 상단 밴드, 기준 밴드, 하단 밴드로 구분된다.

상단 밴드 : 기준 밴드 + (표준편차 X 2)
기준 밴드 : 20일 동안의 이동평균
하단 밴드 : 기준 밴드 - (표준편차 X 2)

볼린저 밴드 활용 방법

볼린저 밴드는 수축, 확장, 진입을 반복한다.

수축은 변동성이 적은 구간에서 나타난다. 조만간 큰 상승이나 하락이 나올 수 있다.

확장은 수축 이후에 나타나는 구간이다. 방향성을 잡는다. 상승 쪽으로 방향을 잡을 경우는 매수의 관점으로 보고, 하락 쪽으로 방향을 잡을 경우는 매도의 관점으로 본다.

진입은 확장 이후에 나타나는 구간이다. 기준 밴드와 이격이 커진 상태에서 조만간 이격이 좁아질 수 있다. 상승 중에는 쉬어갈 수 있고, 하락 중에는 반등할 수 있다.

상단 밴드와 하단 밴드를 이용하는 방법은,

하단 밴드에 접근하면 매수한다.

상단 밴드에 접근하면 매도한다.

밴드폭을 이용하는 방법은,

상단 밴드를 강하게 상승돌파하면 매수한다.

상단 밴드를 하향이탈하면 매도한다.

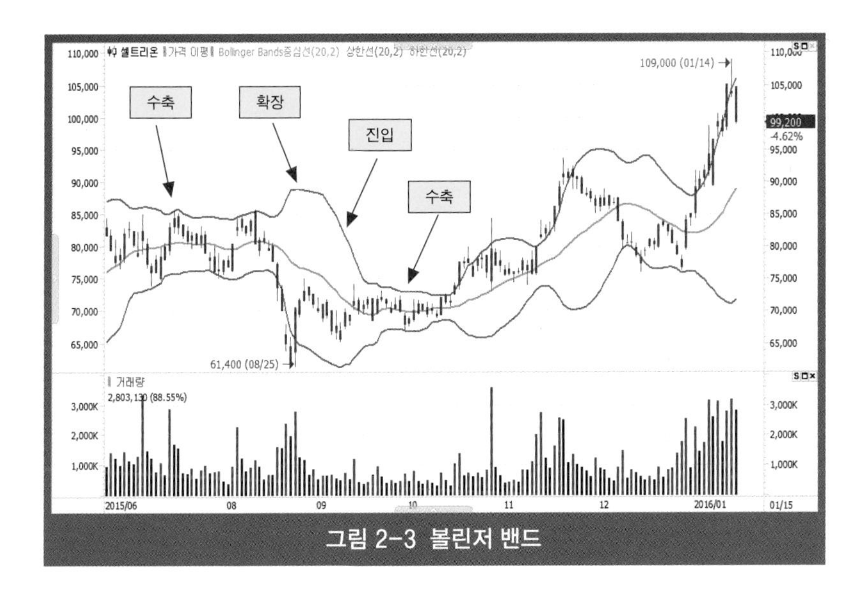
셀트리온 가격 이평 Bollinger Bands중심선(20,2) 상한선(20,2) 하한선(20,2)
수축
확장
진입
수축
109,000 (01/14)
61,400 (08/25)
99,200
-4.62%
거래량
2,803,130 (88.55%)
2015/06
08
09
10
11
12
2016/01
01/15

그림 2-3 볼린저 밴드

m • e • m • o

OBV

OBV(On Balance Volume) 란?

거래량은 항상 주가에 선행한다는 것을 전제로 거래량 분석을 통해 분석하는 보조 지표가 OBV다.

OBV지표를 이용하는 이유은 주가가 매집 단계에 있는지, 아니면 확장단계에 있는지를 분석하는 데 도움이 된다.

주가가 상승한 날의 거래량과 하락한 날의 거래량을 차감해 만든 지표다.

OBV 공식

특정 숫자를 최초의 OBV 값으로 선택한다.
전일종가 〉 당일종가 일 때 : 전일 OBV - 당일 거래량
전일종가 〈 당일종가 일 때 : 전일 OBV + 당일 거래량
전일종가 = 당일종가 일 때 : 전일 OBV

OBV 활용 방법

주가가 하락하고 있는데 OBV선이 횡보하거나 상승할 때는 매집 활동이 진행되고 있는 것으로 판단하고 매수 관점으로 본다.

• 주가가 상승하고 있는데 OBV선이 횡보하거나 하락할 때는 주식 처분이 진행되고 있는 것으로 판단하고 매도 관점으로 본다.

• 주가가 보합권에서 파동운동을 반복하고 있을 때 OBV선의 고점이 계속 상승하고 있다면, 조만간 상승을 예고하고 있어 매수 관점으로 본다.

• 주가가 보합권에서 파동운동을 반복하고 있을 때 OBV선의 고점이 계속 하락하고 있다면, 조만간 하락을 예고하고 있어 매도 관점으로 본다.

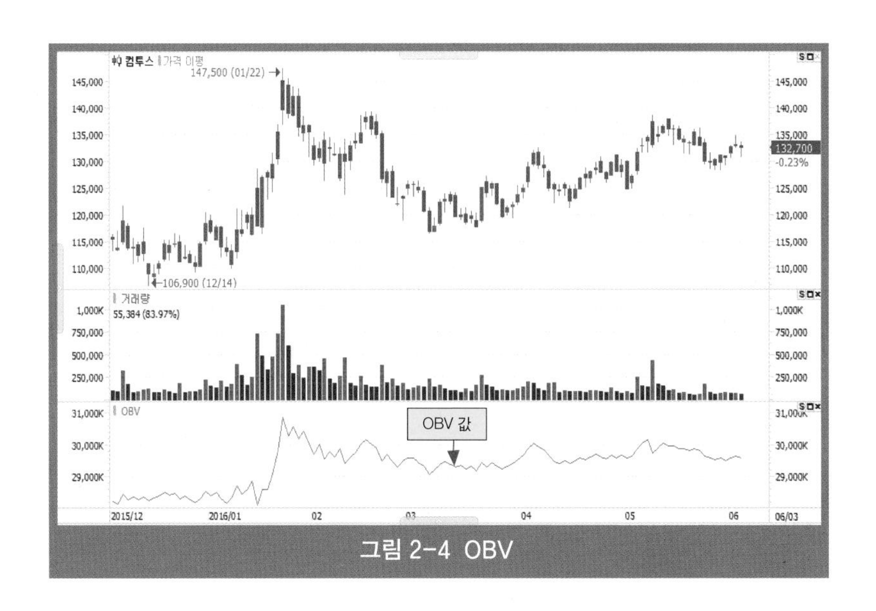

그림 2-4 OBV

■ 보조 지표를 설정하는 방법

보조 지표를 설정하는 방법

차트를 열면 보조 지표를 설정할 수 있다.

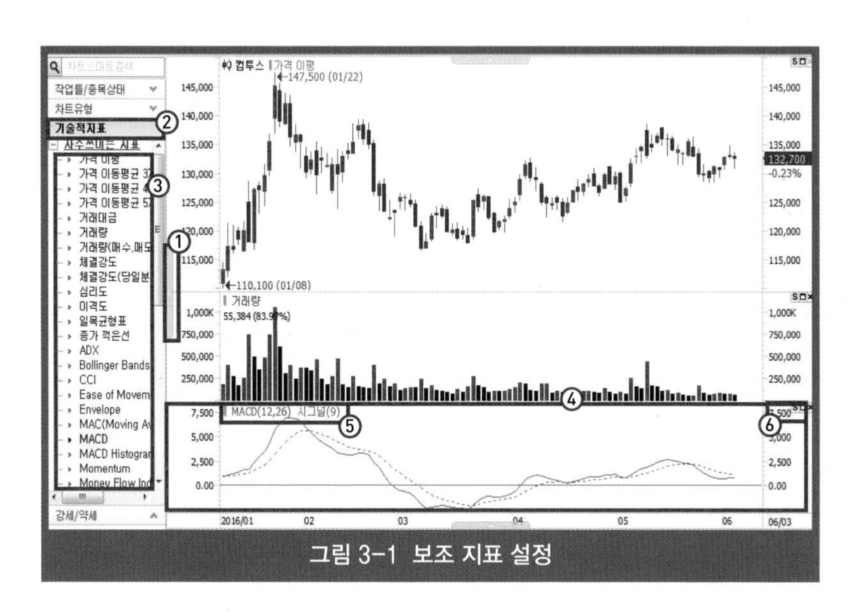

그림 3-1 보조 지표 설정

보조 지표를 설정하는 방법

1. 차트 왼쪽 부분의 단추를 클릭하면 보조 지표 창을 열고 접을 수 있다.
2. 기술적 지표를 클릭한다.
3. 필요한 지표를 클릭한다.
4. 보조 지표 창이 열린다.
5. 보조 지표명에 더블클릭하면 지표 관련 각종 설정을 할 수 있다.
6. 보조 지표 창을 축소·확대·제거할 수 있다.

■ 보조 지표를 이용한 실전 매매 방법

차트와 거래량, 이동평균선으로 투자 판단을 하기도 하지만 그 외에 보조 지표를 통해서도 투자 판단의 도움을 얻을 수 있다. 투자하기 전에 좀더 세밀하기 분석하기 위해 보조 지표를 활용한다. 분석을 하거나 확인하고 다른 근거 자료를 찾기 위해 보조 지표를 활용한다. 보조 지표의 활용으로 그만큼 투자 판단의 신뢰도는 높아진다. 보조 지표를 깊이 있게 연구할 필요까지는 없지만 읽는 방법 정도는 알아서 실전 투자에 활용할 수 있어야 한다.

m • e • m • o

MACD를 이용한 실전 매매 방법

기준선을 이용한 매매 방법

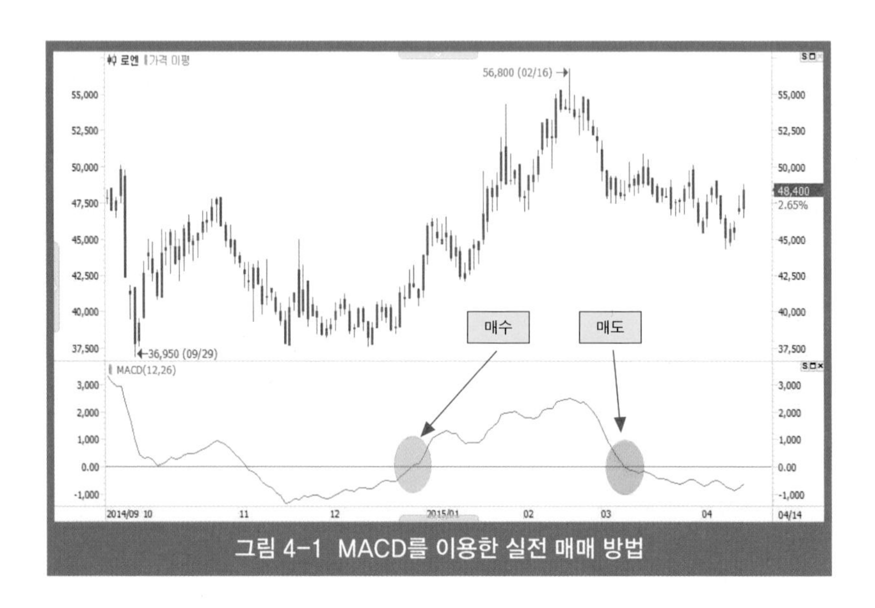

그림 4-1 MACD를 이용한 실전 매매 방법

매매 POINT

기준선을 상향돌파할 때 매수한다.
기준선을 하향이탈할 때 매도한다.

시그널선을 이용한 매매 방법

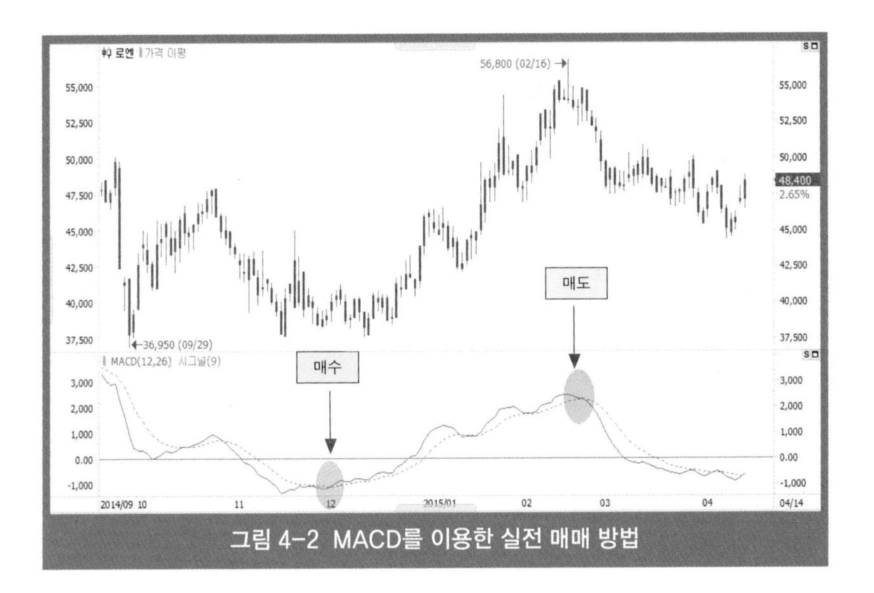

그림 4-2 MACD를 이용한 실전 매매 방법

매매 POINT

MACD 곡선이 시그널 곡선을 상향돌파(골든크로스)할 때 매수한다.
MACD 곡선이 시그널 곡선을 하향이탈(데스크로스)할 때 매도한다.

스토캐스틱을 이용한 실전 매매 방법

과매수, 과매도 곡선을 이용한 매매 방법

그림 4-3 스토캐스틱을 이용한 실전 매매 방법

매매 POINT

과매도권인 20%를 상향돌파할 때 매수한다.
과매수권인 80%를 하향이탈할 때 매도한다.

%K 곡선, %D 곡선을 이용한 매매 방법

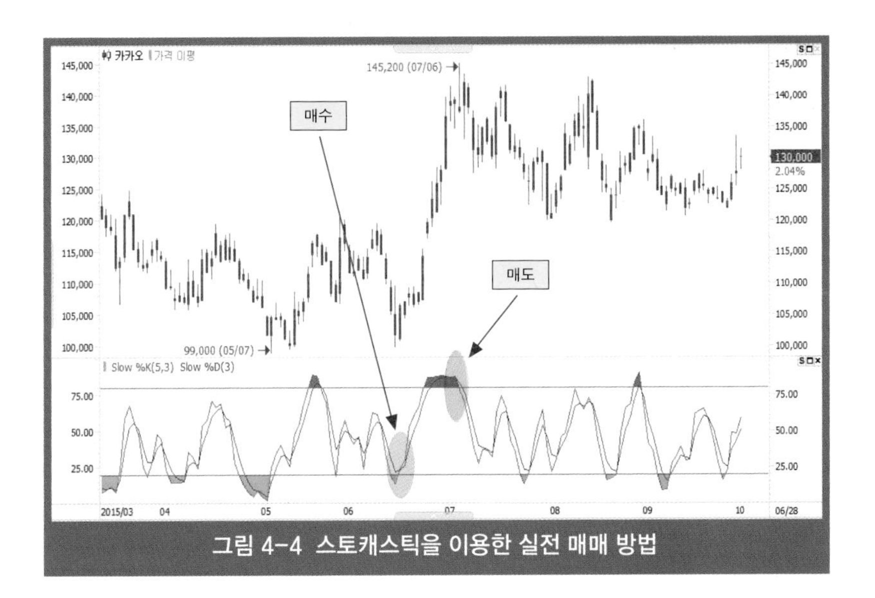

그림 4-4 스토캐스틱을 이용한 실전 매매 방법

매매 POINT

과매도권인 20% 이하에서 %K 곡선이 %D 곡선을 상향돌파할 때 매수한다. 과매수권인 80% 이상에서 %K 곡선이 %D 곡선을 하향이탈할 때 매도한다.

볼린저 밴드를 이용한 실전 매매 방법

상단 밴드와 하단 밴드를 이용한 매매 방법

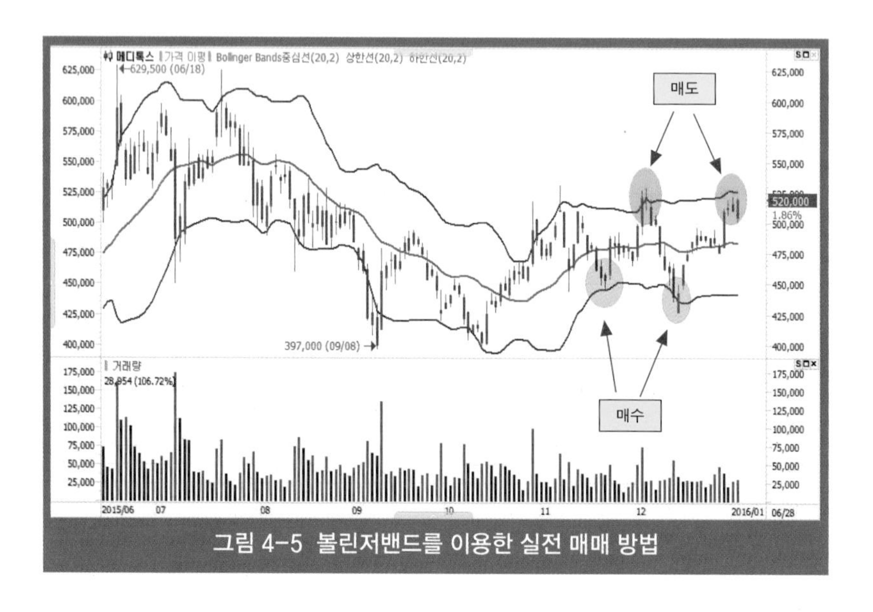

그림 4-5 볼린저밴드를 이용한 실전 매매 방법

매매 POINT

하단 밴드에 접근하면 매수한다.
상단 밴드에 접근하면 매도한다.

밴드 폭을 이용한 매매 방법

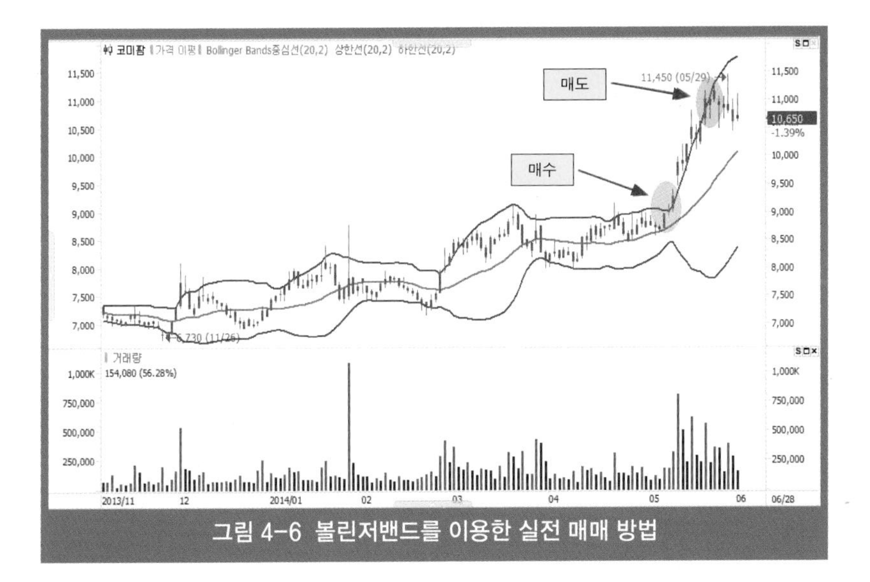

그림 4-6 볼린저밴드를 이용한 실전 매매 방법

매매 POINT

상단 밴드를 강하게 상승돌파하면 매수한다.
상단 밴드를 강하게 하향이탈하면 매도한다.

OBV를 이용한 실전 매매 방법

주가 하락 중에 OBV선이 횡보하거나 상승할 때 매매 방법

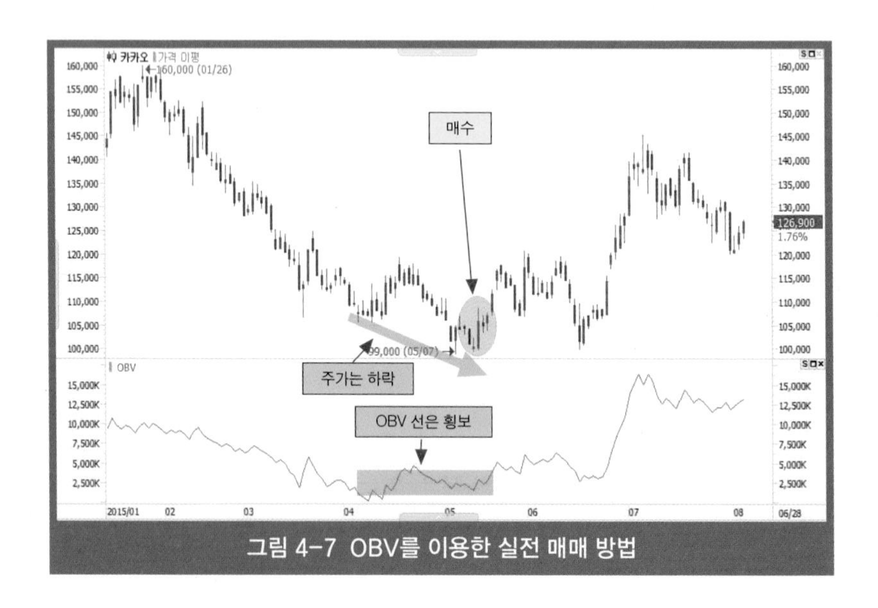

그림 4-7 OBV를 이용한 실전 매매 방법

매매 POINT

주가가 하락하고 있는데 OBV선이 횡보하거나 상승할 때는 매수한다. 주가가 상승하고 있는데 OBV선이 횡보하거나 하락할 때는 매도한다. 전략에 따라 전고점 부근에서 매도한다.
전략에 따라 5일 이동평균선을 이탈한다면 매도한다.

주가 횡보 중에 OBV선이 계속 상승할 때 매매 방법

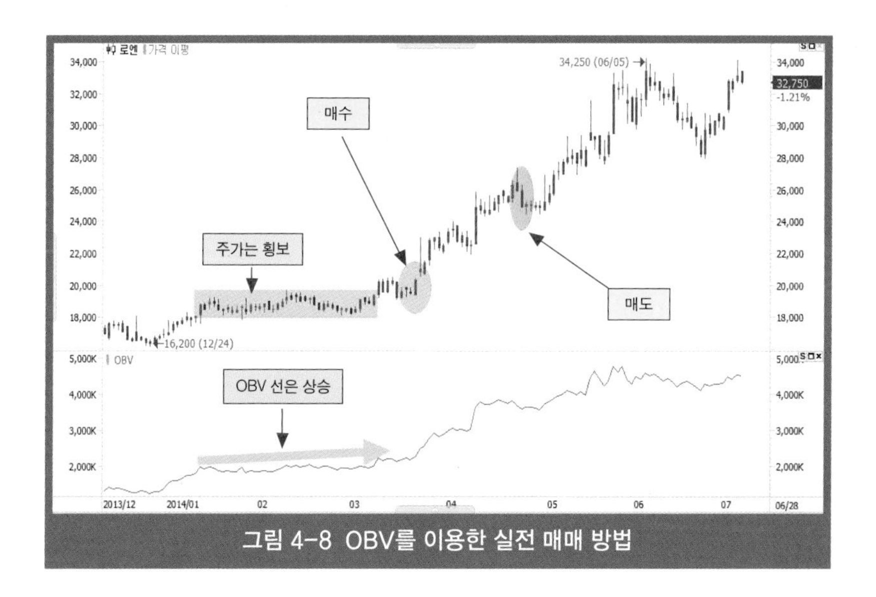

그림 4-8 OBV를 이용한 실전 매매 방법

매매 POINT

주가가 보합권에서 파동운동을 반복하고 있을 때 OBV선의 고점이 계속 상승하고 있다면 매수한다. 주가가 상승하고 있는데 OBV선이 횡보하거나 하락할 때는 매도한다.
전략에 따라 5일 이동평균선을 이탈한다면 매도한다.

50

4 PART

기본적 분석은 **기본이다**

01 CHAPTER

기본적 분석의 중요성

주식 투자는 종목선정이 가장 중요하다. 기업의 가치보다 저평가되어 있는 종목을 발굴할 수 있다면 수익을 얻을 수 있다. 기업의 가치보다 고평가되어 있는 종목을 발굴할 수 있다면 매도하거나, 신규 매수 종목에서 제외할 수 있다. 기업의 가치를 평가해 적정 주가를 찾을 수 있어야 한다. 적정 주가를 찾을 수 있다면 신규 매수할 종목을 스스로 찾을 수 있게 된다.

적정 주가를 분석하는 것이 투자의 전부는 아니다. 시장 환경에 따라 달라질 수도 있다. 하지만 보편적인 기준이라는 것이 있고 그 기준 안에서 주가가 움직인다. 많은 분석을 통해서 자신만의 기준을 정할 필요가 있다.

기업의 이익이 줄어든다면 주가는 점차 하락하게 될 것이다. 당연한 이치인 것이다. 기업의 이익이 크게 늘어난다면 언젠가는 그 실적에 맞게 상승하게 될 것이다. 투자에 있어서는 상승할 수 있는 종목을 찾아내는 것이 중요하다.

기본적 분석을 해야 하는 이유는 결국 저평가종목을 찾아내기 위해서다. 기업의 가치를 평가할 수 있어야 한다.

m • e • m • o

02
CHAPTER

기본적 분석의 종류

■ EPS

EPS(주당순이익)란?

당기순이익을 총주식수로 나눈 것을 말한다. 1주당 얼마의 이익을 창출했는지를 판단하는 기준이 된다. 기업의 수익성을 판단하는 가장 중요한 지표 중 하나다.

EPS 공식

EPS = 당기순이익 / 총주식 수

한 기업이 당기순이익으로 10억 원이 발생을 했다고 가정해보자. 그 기업이 보유한 총 주식수가 100만 주를 가지고 있다고 가정하고 EPS 값을 계산해보자.

당기순이익 10억 원 / 총주식 수 100만 주 = 1,000원 (EPS)

이 기업의 EPS는 1,000원이 된다.

EPS가 높아지고 있다는 것은 순이익이 증가하고 있다는 뜻이다. 따라서 주가도 상승할 수 있다. 투자할 만한 가치가 있는 것이다. EPS가 높아지는 기업을 관심 있게 지켜보아야 한다. EPS가 낮아지고 있다는 것은 순이익이 감소하고 있다는 뜻이다. 따라서 주가도 하락할 수 있다. 신규 매수에 신중할 필요가 있는 것이다.

하지만 EPS가 아무리 높다 해도 주가에 이미 반영이 되었다면 좋은 종목이 될 수 없다. 그 기준을 정할 수 있는 한 가지 방법이 있다.

EPS × 10을 하면 된다. 이것이 완벽한 정답은 아니지만 하나의 기준으로 정할 수는 있다.

삼성전자를 통해 적정 주가를 알아보자.

2016년 7월 기준으로 삼성전자의 주가는 1,530,000원이다.

2016년도 EPS 추정치는 136,826원이다.

삼성전자의 적정 주가는

136,826×10 = 1,368,000원 정도다.

최근에 급등한 것을 감안하면 삼성전자는 적정 주가에 위치해 있다고 볼수 있다.

HTS 에서 EPS를 찾아보는 방법

HTS 상단 메뉴에서 투자 정보 또는 종목분석에 들어가서 기업개요를 클릭하면 EPS를 볼 수 있다. EPS 외에도 기업분석을 위한 전반적인 정보를 얻을 수 있다. 그림은 삼성전자의 EPS 정보다.

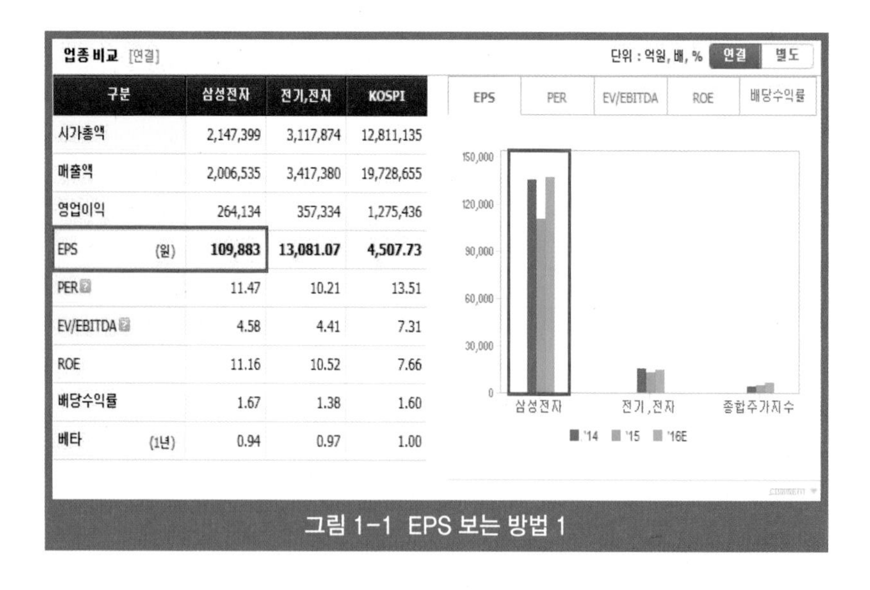

업종 비교 [연결]

단위 : 억원, 배, %

구분	삼성전자	전기,전자	KOSPI
시가총액	2,147,399	3,117,874	12,811,135
매출액	2,006,535	3,417,380	19,728,655
영업이익	264,134	357,334	1,275,436
EPS (원)	**109,883**	**13,081.07**	**4,507.73**
PER	11.47	10.21	13.51
EV/EBITDA	4.58	4.41	7.31
ROE	11.16	10.52	7.66
배당수익률	1.67	1.38	1.60
베타 (1년)	0.94	0.97	1.00

그림 1-1 EPS 보는 방법 1

항목	단위							
영업이익률		16.08	12.14	13.16	14.27	14.31	11.52	13.41
지배주주순이익률		13.04	11.19	9.32	10.97	10.27	6.08	10.57
ROA		15.42	10.53	8.07	9.16	9.13	5.28	8.69
ROE		22.80	15.06	11.16	12.57	12.40	7.47	12.20
EPS	(원)	175,282	135,673	109,883	136,826	31,188	19,058	31,481
BPS	(원)	892,045	1,002,811	1,095,132	1,217,366	1,082,374	1,095,132	1,105,307
DPS	(원)	14,300	20,000	21,000	24,524		20,000	
PER		7.83	9.78	11.47	10.98			
PBR		1.54	1.32	1.15	1.23	1.05	1.15	1.19
발행주식수		147,299	147,299	147,299		147,299	147,299	145,069
배당수익률		1.04	1.51	1.67			1.59	

그림 1-2 EPS 보는 방법 2

EPS의 증가와 함께 추정치를 볼 수 있다. EPS와 현재의 주가를 기준으로 적정 주가를 판단할 수 있다.

■ PER

PER(주가수익률) 란?

주가가 주당 순이익의 몇 배로 거래되는지를 알아보는 지표다.

EPS (주당순이익)을 통해 PER를 구할 수 있다.

PER 공식

PER(주가수익률) = 주가 / EPS(주당순이익)

한 기업이 당기순이익으로 10억 원이 발생했다고 가정해보자. 그 기업이 보유한 총주식 수가 100만 주라고 가정하면 EPS 값은 1,000원이 된다.

이 회사의 주가가 10,000원이라고 가정을 하고 PER 값을 계산해 보자.

주가 10,000원 / EPS 1,000원 = 10배(PER)

이 기업의 PER는 10이다.

PER가 높으면 회사의 가치에 비해 주가가 높다는 것을 뜻한다.

PER가 낮으면 회사의 가치에 비해 주가가 낮다는 것을 뜻한다.

PER가 10배라는 것은 현 수준으로 영업을 해서 수익을 지속할 경우, 현재의 주가에 해당하는 돈을 벌려면 10년이 걸린다는 것을 의미한다.

PER가 낮은 기업은 저평되어 있으므로 관심 있게 지켜보아야 한다.

모든 업종에 동일하게 기준을 정하는 것은 옳지 않다. 같은 업종 내에서 PER가 낮은 저평가주를 찾는 것이 중요하다.

업종 평균 대비 PER 가 낮다면 저평가종목이 되고,
업종 평균 대비 PER 가 높다면 고평가종목이 될 수 있다.

예) 업종 평균 PER (10배) 〈 종목 PER (15배) = 고평가
예) 업종 평균 PER (10배) 〉 종목 PER (5배) = 저평가

HTS 에서 PER를 찾아보는 방법

HTS 상단 메뉴에서 투자 정보 또는 종목분석에 들어가서 기업개요를 클릭하면 PER를 볼 수 있다. PER 외에도 기업분석을 위한 전반적인 정보를 얻을 수 있다. 그림은 삼성전자의 PER에 관한 정보다.

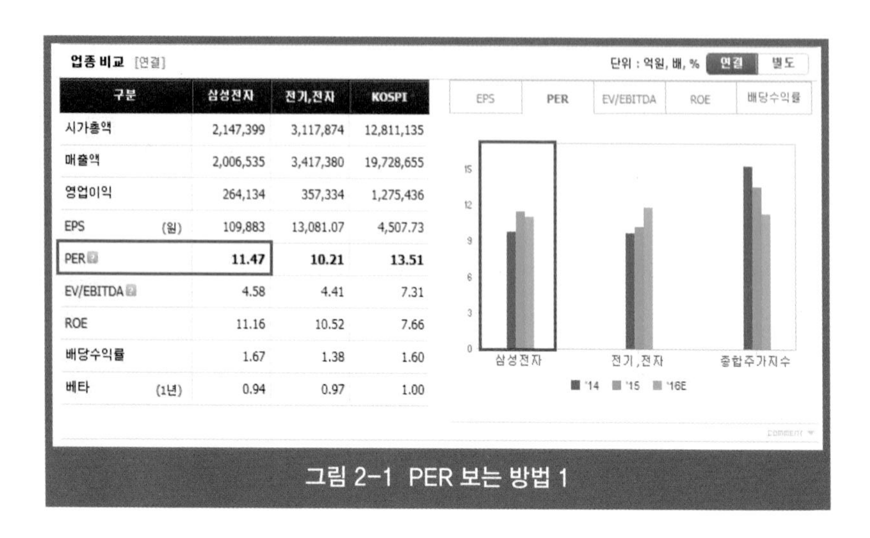

업종 비교 [연결]　　　단위 : 억원, 배, %　연결　별도

구분		삼성전자	전기,전자	KOSPI
시가총액		2,147,399	3,117,874	12,811,135
매출액		2,006,535	3,417,380	19,728,655
영업이익		264,134	357,334	1,275,436
EPS	(원)	109,883	13,081.07	4,507.73
PER		**11.47**	**10.21**	**13.51**
EV/EBITDA		4.58	4.41	7.31
ROE		11.16	10.52	7.66
배당수익률		1.67	1.38	1.60
베타	(1년)	0.94	0.97	1.00

그림 2-1 PER 보는 방법 1

업종평균 PER가 10.21배이고 삼성전자 PER 가 11.47배다.

PER의 값이 비슷하기 때문에 삼성전자의 주가는 적정 주가라고 볼 수 있다.

영업이익률		16.08	12.14	13.16	14.27	14.31	11.52	13.41
지배주주순이익률		13.04	11.19	9.32	10.97	10.27	6.08	10.57
ROA		15.42	10.53	8.07	9.16	9.13	5.28	8.69
ROE		22.80	15.06	11.16	12.57	12.40	7.47	12.20
EPS	(원)	175,282	135,673	109,883	136,826	31,188	19,058	31,481
BPS	(원)	892,045	1,002,811	1,095,132	1,217,366	1,082,374	1,095,132	1,105,307
DPS	(원)	14,300	20,000	21,000	24,524		20,000	
PER		7.83	9.78	11.47	10.98			
PBR		1.54	1.32	1.15	1.23	1.05	1.15	1.19
발행주식수		147,299	147,299	147,299		147,299	147,299	145,069
배당수익률		1.04	1.51	1.67			1.59	

그림 2-2 PER 보는 방법 2

■ EV/EBITDA

EV/EBITDA(이브이에비타)란?

한 기업이 영업활동을 통해 지금과 같은 돈을 벌 경우 투자한 금액만큼 버는 데 몇 년의 시간이 걸리는지 알아보는 지표다. EV/EBITDA가 낮을수록 저평가되어 있는 종목이라고 볼 수 있다.

EV/EBITDA 공식

EV(이브이) 공식

EV(이브이)는 기업의 가치를 말한다. 시가총액에 순차입금을 합한 값이다.

EV(이브이) = 시가총액 + 순차입금(총차입금 - 현금 및 투자유가증권)

EBITDA(에바타) 공식

EBITDA는 세전 혹은 법인세 이자 감가상각비 차감 전 영업이익을 말한다. 이것은 이자비용, 세금, 감가상각비용 등을 빼기 전 순이익을 뜻한다.

EBITDA(에비타) = 세전 영업이익 + 감가상각비 등 비용 + 제세금

EV/EBITDA(이브이에비타) 공식

EV/EBITDA 는 EV를 EBITDA로 나눈 값을 말한다.

기업가치 / 세금 · 이자지급 전 이익이라는 뜻이다.

기업가치(EV)를 세금과 이자를 내지 않고 감가상각도 하지 않은 상태에서의 이익(EBITDA)으로 나눈 수치다.

EV/EBITDA = (시가총액+순차입금) / (세전영업이익+감가상각비 등 비용+제세금)

EV/EBITDA가 두 배라면 그 기업을 시장 가격으로 매수했을 때 그 기업이 벌어들인 이익을 2년간 합하면 투자 원금을 회수할 수 있다는 의미다.

HTS 에서 EV/EBITDA를 찾아보는 방법

HTS 상단 메뉴에서 투자 정보 또는 종목분석에 들어가서 기업개요를 클릭하면 EV/EBITDA를 볼 수 있다. EV/EBITDA 외에도 기업분석을 위한 전반적인 정보를 얻을 수 있다. 그림은 삼성전자의 EV/EBITDA 정보다.

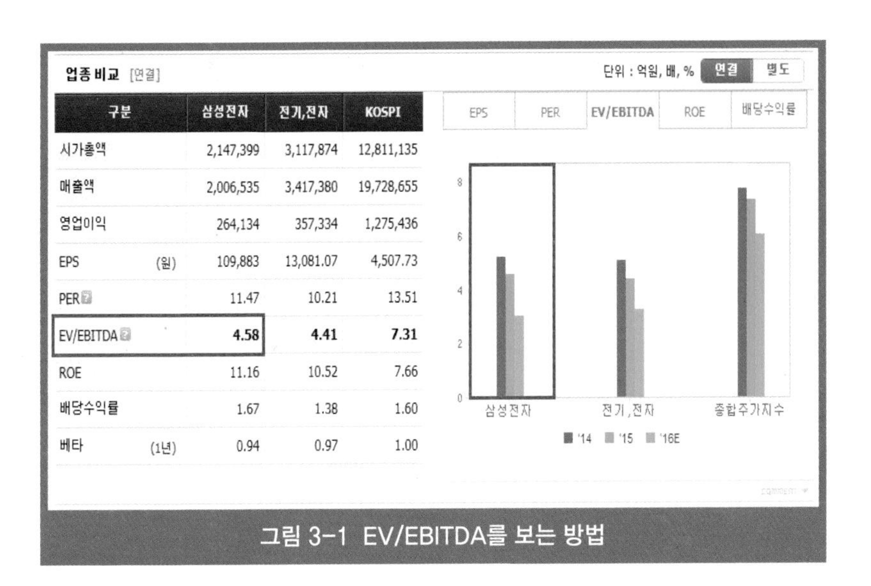

업종 비교 [연결]　　단위 : 억원, 배, %　연결　별도

구분	삼성전자	전기,전자	KOSPI
시가총액	2,147,399	3,117,874	12,811,135
매출액	2,006,535	3,417,380	19,728,655
영업이익	264,134	357,334	1,275,436
EPS (원)	109,883	13,081.07	4,507.73
PER	11.47	10.21	13.51
EV/EBITDA	**4.58**	**4.41**	**7.31**
ROE	11.16	10.52	7.66
배당수익률	1.67	1.38	1.60
베타 (1년)	0.94	0.97	1.00

그림 3-1 EV/EBITDA를 보는 방법

■ ROE

ROE(자기자본이익률)란?

경영자가 투자한 자본을 사용해 돈을 얼마나 벌고 있는지를 나타내는 지표다. 자기자본을 얼마나 효율적으로 운용하고 있는지를 알 수 있다. ROE는 높을수록 저평가되어 있다고 볼 수 있다.

ROE 공식

ROE는 당기순이익을 평균 자기자본으로 나누어서 값을 구한다.

ROE(자기자본이익률) = (당기순이익 / 평균 자기자본) X 100

한 기업의 자기자본이 10,000원이라고 가정해보자. 그 기업이 1년 동안 열심히 일해서 1,000원의 순이익을 거두었다고 가정하고 ROE 값을 계산해보자.

(당기순이익 1,000원 / 평균 자기자본 10,000 원) X 100 = 10 %(자기자본이익률)

이 기업의 ROE은 10%가 된다.

ROE가 높으면 회사의 가치에 비해 주가가 낮다는 것을 뜻한다.
ROE가 낮으면 회사의 가치에 비해 주가가 높다는 것을 뜻한다.

ROE가 높은 기업은 저평가되어 있으므로 관심 있게 지켜보아야 한다.

모든 업종에 동일하게 기준을 정하는 것은 옳지 않다.
같은 업종 내에서 ROE가 높은 저평가종목을 찾는 것이 중요하다.
업종 평균 대비 ROE가 높다면 저평가종목이 되고,
업종 평균 대비 ROE가 낮다면 고평가종목이 될 수 있다.

HTS 에서 ROE를 찾아보는 방법

HTS 상단 메뉴에서 투자 정보 또는 종목분석에 들어가서 기업개요를 클릭하면 ROE를 볼 수 있다. ROE 외에도 기업분석을 위한 전반적인 정보를 얻을 수 있다. 그림은 삼성전자의 ROE 정보다.

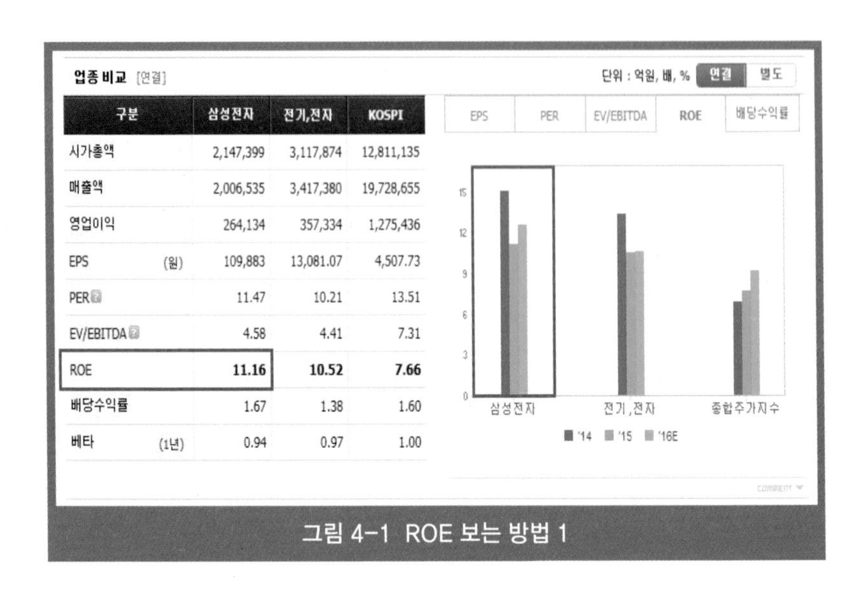

업종 비교 [연결]

단위 : 억원, 배, % 연결 별도

구분		삼성전자	전기,전자	KOSPI
시가총액		2,147,399	3,117,874	12,811,135
매출액		2,006,535	3,417,380	19,728,655
영업이익		264,134	357,334	1,275,436
EPS	(원)	109,883	13,081.07	4,507.73
PER		11.47	10.21	13.51
EV/EBITDA		4.58	4.41	7.31
ROE		**11.16**	**10.52**	**7.66**
배당수익률		1.67	1.38	1.60
베타	(1년)	0.94	0.97	1.00

그림 4-1 ROE 보는 방법 1

영업이익률		16.08	12.14	13.16	14.27	14.31	11.52	13.41
지배주주순이익률		13.04	11.19	9.32	10.97	10.27	6.08	10.57
ROA		15.42	10.53	8.07	9.16	9.13	5.28	8.69
ROE		22.80	15.06	11.16	12.57	12.40	7.47	12.20
EPS	(원)	175,282	135,673	109,883	136,826	31,188	19,058	31,481
BPS	(원)	892,045	1,002,811	1,095,132	1,217,366	1,082,374	1,095,132	1,105,307
DPS	(원)	14,300	20,000	21,000	24,524		20,000	
PER		7.83	9.78	11.47	10.98			
PBR		1.54	1.32	1.15	1.23	1.05	1.15	1.19
발행주식수		147,299	147,299	147,299		147,299	147,299	145,069
배당수익률		1.04	1.51	1.67			1.59	

그림 4-2 ROE 보는 방법 2

재무비율의 4대 지표

■ 안정성 지표

안정성 지표란?

대차대조표를 이용해 기업 재무 상태의 안정성 정도를 판단하는 지표다. 기업의 안정성 지표는 재무 분석의 기본이면서 매우 중요하다. 장기 투자와 가치 투자를 하기 위해서는 반드시 살펴보아야 할 지표다.

HTS 에서 안정성 지표를 찾아보는 방법

안정성 지표를 살펴보기 위해서는 HTS 메뉴 중 기업분석에 들어가서 재무비율을 클릭하면 자세하게 볼 수 있다.

재무비율 [누적]					단위 : %, 억원
IFRS(연결)	2012/12	2013/12	2014/12	2015/12	2016/06
안정성비율					
유동비율	185.9	215.8	221.4	247.1	271.1
부채비율	49.1	42.7	37.1	35.3	34.2
유보율	13,765.5	16,809.6	18,909.3	20,659.3	20,740.5
순차입금비율	N/A	N/A	N/A	N/A	N/A
이자보상배율	48.5	72.2	42.2	34.0	52.1
자기자본비율	67.1	70.1	73.0	73.9	74.5

그림 1-1 안정성 지표

유동비율

유동비율이란?

기업의 안정성 지표에서 가장 중요한 수치 중 하나다. 유동자산은 기업의 현금 · 예금 · 자산 등 단기간에 자금화할 수 있는 자산을 말한다. 유동부채는 기업이 1년 안에 단기적으로 상환해야 할 부채를 말한다. 유동비율은 기업이 보유하는 신용 능력을 판단하기 위해 쓰인다. 그 기업의 신용을 분석하기 위한 가장 중요한 지표다. 유동비율이 클수록 재무 유동성이 크다. 200% 이상으로 유지되는 것이 좋다.

유동비율 공식

유동비율 = (유동자산/유동부채) X 100

부채비율

부채비율이란?

부채비율은 타인자본의 의존도를 표시하는 지표다. 경영 분석에서 기업의 건전성 정도를 나타낸다. 기업의 부채비율은 자기자본 액의 100% 이하가 이상적인 수치다. 부채비율이 높을수록 재무구조가 불건전하다는 뜻이다.

부채비율 공식

부채비율 = (부채총계/자본총계) X 100

유보율

유보율이란?

기업의 잉여금을 납입자본금으로 나눈 것을 말한다. 기업에 얼마나 많은 자금을 보유하고 있는지를 알 수 있는 지표다. 납입자본금은 보편적으로 일정 상태를 유지한다. 유보율은 보통 잉여금의 변화에 따라 증가하거나 감소한다. 유보율이 높다는 것은 과거의 경영 성과로 기업의 재무구조가 탄탄해졌다는 것을 의미한다. 기업의 자금 동원력이 높다는 뜻이다. 유보율은 200% 이상이 이상적인 수치다.

유보율 공식

유보율 = 잉여금(이익잉여금+자본잉여금)/납입자본금 X 100

자기자본비율

자기자본비율이란?

총자산 중에서 자기자본이 차지하는 비중을 나타내는 지표다. 기업 재무구조의 건정성을 판단하는 지표다. 자기자본은 금융 비용을 부담하지 않는 안정된 자본이므로, 자기자본비율이 높을수록 기업의 재무구조가 건전하다고 할 수 있다. 자기자본비율은 기업의 중장기 안정성 지표라고 할 수 있다. 50% 이상이 이상적인 수치다.

자기자본비율 공식

자기자본비율 = (자기자본/총자산) X 100

■ 성장성 지표

성장성 지표란?

회사의 매출액이나 순이익 등이 전년도 대비 얼마나 증감했는가를 나타내는 지표다. 단순 수치보다는 기준치와 비교하는 것이 중요하다. 그 기준은 경쟁사의 성장률이나 GDP 성장률 등 거시 지표와 비교하는 것이 좋다. 전년 대비 매출이 10% 증가했더라도 경쟁사에 비해 낮다면 좋은 수치가 아닌 것이다.

HTS 에서 성장성 지표를 찾아보는 방법

성장성 지표를 살펴보기 위해서는 HTS 메뉴 중 기업분석에 들어가서 재무비율을 클릭하면 자세하게 볼 수 있다.

재무비율 [누적]　　　　단위 : %, 억원

IFRS(연결)	2012/12	2013/12	2014/12	2015/12	2016/06
성장성비율					
매출액증가율	21.9	13.7	-9.8	-2.7	5.3
판매비와관리비증가율	22.0	19.4	-2.4	-4.1	4.2
영업이익증가율	85.7	26.6	-32.0	5.6	15.1
EBITDA증가율	52.8	19.2	-19.1	9.9	10.7
EPS증가율	73.3	28.6	-22.6	-19.0	12.1

그림 2-1 성장성 지표

매출액증가율

매출액증가율이란?

매출액이 전년 대비 당해 연도에 얼마나 증가했는지를 나타내는 지표다. 기업이 정상적인 영업 활동에서 발생하는 영업수익이므로 매출액증가율은 기업의 성장률을 판단하는 대표적인 비율이다.

매출액증가율 공식

매출액증가율 = [(당기 매출액 - 전기 매출액) / 전기 매출액] X 100

영업이익증가율

영업이익증가율이란?

전년 대비 영업이익이 얼마나 증가했는가를 보여주는 지표다. 영업이익은 기업의 총수익에서 영업 관련 비용을 차감한 총이익을 말한다.

영업이익증가율 공식

영업이익증가율 = [(당기 영업이익 - 전기 영업이익) / 전기 영업이익] X 100

총자산증가율

총자산증가율이란?

기업에 투자된 총자산이 전기말 대비 얼마나 증가했는가를 보여주는 지표다. 기업의 전체적인 성장성을 측정하는 지표다.

총자산증가율 공식

총자산증가율 = [(당기말 총자산 - 전기말 총자산) / 전기말 총자산] X 100

m • e • m • o

■ 수익성 지표

수익성 지표란?

기업이 얼마나 효율적으로 관리되고 있는가를 나타내는 지표다. 기업의 수익성을 나타낸다.

HTS에서 수익성 지표를 찾아보는 방법

수익성 지표를 살펴보기 위해서는 HTS 메뉴 중 기업분석에 들어가서 재무비율을 클릭하면 자세하게 볼 수 있다.

재무비율 [누적] 단위 : %, 억원

IFRS(연결)	2012/12	2013/12	2014/12	2015/12	2016/06
수익성비율					
매출총이익율	37.0	39.8	37.8	38.5	40.5
세전계속사업이익률	14.9	16.8	13.5	12.9	15.1
영업이익률	14.4	16.1	12.1	13.2	14.7
EBITDA마진율	22.2	23.3	20.9	23.6	25.3
ROA	14.2	15.4	10.5	8.1	9.1
ROE	21.7	22.8	15.1	11.2	12.7
ROIC	28.7	33.2	22.1	18.9	20.5

그림 3-1 수익성 지표

매출총이익률

매출총이익률이란?

매출에서 얼마만큼의 이익을 얻었느냐를 나타내는 지표다. 매출총이익률은 일정한 표준비율은 없고 업종과 규모에 따라 차이가 있다. 하지만 매출총이익률이 높을수록 기업의 판매와 제조가 좋았음을 의미한다.

매출총이익률 공식

매출총이익률 = (매출총이익 / 매출액) X 100

영업이익률

영업이익률이란?

총매출액에서 매출 원가를 감산한 것이 매출총이익이고, 다시 관리비와 판매 비용을 제한 것이 영업이익이다. 총매출액에 대한 비율이 영업이익률이다. 영업이익률은 영업 활동의 수익성을 나타낸다.

영업이익률 공식

영업이익률 = (영업이익 / 매출액) X 100

총자산순이익률

총자산순이익률(ROA)이란?

기업의 총자산에서 당기순이익을 얼마나 올렸는지를 나타내는 지표다. 기업의 일정 기간 순이익을 자산총액으로 나누어 계산한다. 기업이 자산을 얼마나 효율적으로 관리했느냐를 나타낸다.

총자산순이익률(ROA) 공식

총자산순이익률 = (순이익 / 자산총계) X 100

자기자본이익률

자기자본이익률(ROE)이란?

투입한 자기자본이 얼마만큼의 이익을 냈는지를 나타내는 지표다. 기업이 자기자본을 활용해 1년간 얼마를 벌었는가를 나타내는 대표적인 수익성 지표다.

자기자본이익률 공식

자기자본이익률 = (당기순이익 / 자기자본) X 100

■ 활동성 지표

활동성 지표란?

기업이 얼마나 활발하게 경영을 하고 있는가를 나타내는 것을 말한다. 활동성 지표는 회전율을 통해 값을 구한다.

HTS에서 활동성 지표를 찾아보는 방법

활동성 지표를 살펴보기 위해서는 HTS 메뉴 중 기업분석에 들어가서 재무비율을 클릭하면 자세하게 볼 수 있다.

재무비율 [누적] 단위 : %, 억원

IFRS(연결)	2012/12	2013/12	2014/12	2015/12	2016/06
활동성비율					
총자산회전율	1.2	1.2	0.9	0.9	0.8
총부채회전율	3.5	3.7	3.3	3.2	3.2
총자본회전율	1.8	1.7	1.3	1.2	1.1
순운전자본회전율	16.8	18.7	16.4	14.2	13.6

그림 4-1 활동성 지표

총자산회전율

총자산회전율이란?

매출액을 총자산으로 나눈 값을 말한다. 이 비율은 기업이 소유하고 있는 자산을 얼마나 효과적으로 이용하고 있는가를 측정하는 기준이 된다. 총자산회전율이 높다는 것은 자산이 효율적으로 이용되고 있다는 것을 뜻한다. 총자산회전율이 낮다는 것은 자산이 비효율적으로 이용되고 있다는 것을 뜻한다.

총자산회전율 공식

총자산회전율 = 매출액 / 총자산

고정자산회전율

고정자산회전율이란?

고정자산회전율이란, 영업기간의 매출액을 토지 · 건물 · 기계 등 고정자산의 총액으로 나눈 비율을 말한다. 고정자산의 이용 능률을 나타내며 영업 상태를 판단하는 데 필요한 지표다. 고정자산회전율이 높을수록 좋은 기업이다.

고정자산회전율 공식

고정자산회전율 = 매출액 / 고정자산

재고자산회전율

재고자산회전율이란?

연간 매출액을 평균 재고자산으로 나눈 값을 말한다. 재고자산의 회전 속도를 나타내는 지표다.

재고자산회전율 공식

재고자산회전율 = 매출액 / 재고자산

m • e • m • o

5 PART

종목 발굴의 비밀

01
CHAPTER

종목 발굴의 핵심 포인트

■ 주도 업종을 선택해야 한다

주식 투자는 종목 선택이 성공과 실패를 좌우한다. 주식 투자를 잘한다는 것은 종목 선택을 잘한다는 것과 비슷한 뜻이다. 스스로 좋은 종목을 발굴할 수 있어야 한다. 그래야 고수가 될 수 있다. 누군가에게 들은 정보로만 투자를 하는 것은 위험한 일이다. 증권방송을 듣고 매매를 하는 것은 더 조심해야 한다. 대부분의 공유되는 정보가 당신에게 수익을 안겨줄 것이라 생각하는가? 본인이 선택한 종목으로 실전 투자를 하고 실패요인을 하나씩 제거해가는 것이 성공투자를 할 수 있는 방법이다.

주도 업종을 선택해야 실패 확률이 낮아진다. 주도 업종은 시장을

끌어가는 주체다. 그만큼 거래량도 풍부하고 탄력성이 좋다. 실전 매매는 이론과는 조금 다르다. 기업의 실적이 좋다고 주도주가 되는 것은 아니다. 실적이 좋다 해도 세력의 의지에 따라 달라질 수 있기 때문이다. 주도주는 실적에 의해 만들어지는 것이 아니라 세력의 의지에 따라 만들어진다. 그만큼 주도주는 생각보다 빠르게 달라지기도 한다. 주도주의 상승이 진행되고 있을 때 잠시 편승할 필요가 있다.

m • e • m • o

HTS에서 주도 업종을 찾아보는 방법

주도 업종은 어떻게 알아보는 것일까? HTS의 정보를 통해서 쉽게 알아볼 수 있다. 시장의 큰 흐름을 이해할 수 있다. 각각 업종들의 차트를 살펴봐서 주도 업종을 분석하고, 상대적으로 흐름이 안 좋은 업종들을 분석할 수 있다.

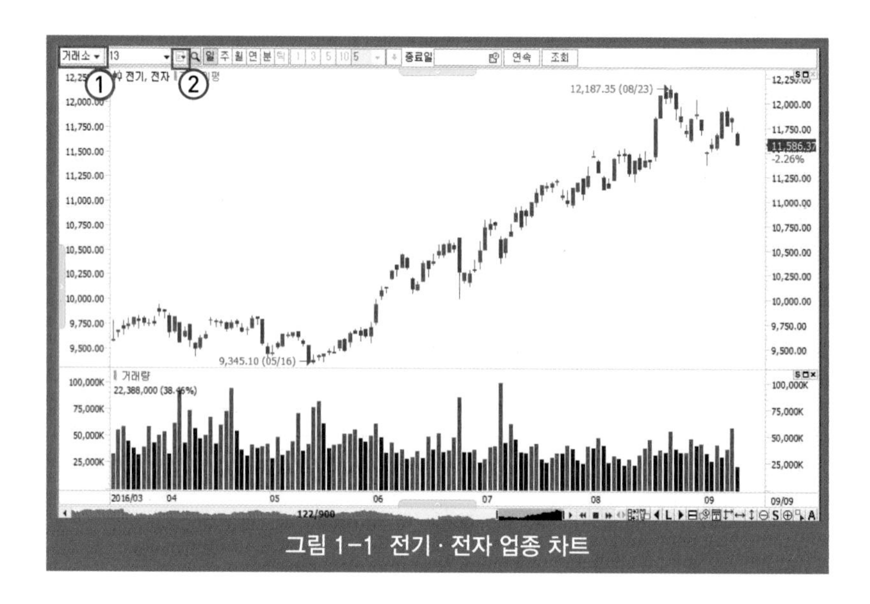

그림 1-1 전기·전자 업종 차트

그림 설명

- 거래소 업종과 코스닥 업종을 선택할 수 있다.
- 각 업종별로 차트를 확인할 수 있다.

그림 1-2 섬유 · 의복 업종 차트

그림 설명

• 섬유 · 의복 업종은 전기 · 전자 업종과는 반대로 하향 추세를 이어가고 있다. 현재 시장의 주도주라고 볼 수 없다. 이렇듯 업종차트를 살펴보면 쉽게 주도업종을 분석할 수 있다. 주도업종 중에서 가장 강한 종목을 찾아서 매매를 한다면 그만큼 투자 수익은 늘어날 것이다.

■ 현재 이슈가 되고 있는 종목을 선택해야 한다

주도 업종과 마찬가지로 현재 이슈가 되는 종목을 선택해야 투자에 실패할 확률이 낮아진다. 이슈가 되는 종목은 탄력성이 좋기 때문에 단기간에 수익을 실현할 수 있다. 이슈가 된다는 것은 특별한 이유가 있다는 이야기다. 흔히 테마주라고 부른다.

테마주란, 주식 시장에 새로운 사건이나 현상이 발생해 증권 시장에 큰 영향을 주는 일이 발생할 때 움직이는 종목군의 모임이라고 할 수 있다. 하나의 동일한 재료로 연결되어 움직이는 특징이 있다. 새로운 사건이 발생하면 사람들의 관심이 한 방향으로 집중되는 경우가 있다. 그 재료와 관련된 종목이 급상승하게 된다. 테마주도 주도주와 마찬가지로 생각보다 빠르게 달라지기도 한다. 테마주의 상승이 진행되고 있을 때 잠시 편승할 필요가 있다.

HTS에서 테마종목을 찾아보는 방법

테마종목은 어떻게 알아보는 것일까? HTS의 정보를 통해서 쉽게 알아볼 수 있다. HTS상에 테마별 종목시세 창을 열면 테마주 관련 정보를 얻을 수 있다. 그중 기간별 추이차트를 통해 테마주의 흐름을 분석할 수 있다.시장의 큰 흐름을 이해할 수 있다.

그림 2-1 원자력 발전 테마차트

그림 설명

- 원자력 발전 관련 테마주의 차트다. 최근 특정 이슈로 인해 상승한 모습을 보여주고 있다.

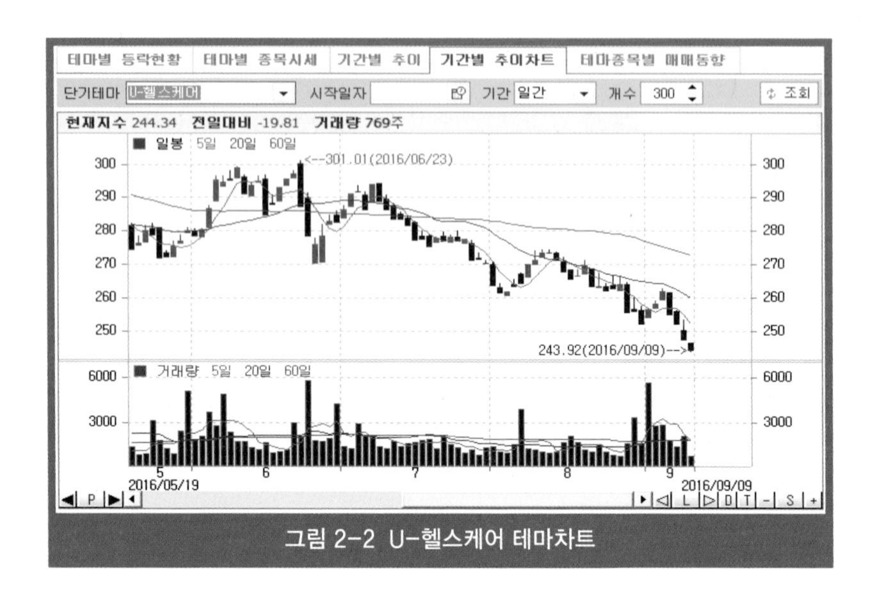

그림 2-2 U-헬스케어 테마차트

그림 설명

- U-헬스케어 테마는 원자력 발전 테마와는 반대로 하향 추세를 이어가고 있다. 현재 시장의 이슈종목이라고 볼 수 없다. 이렇듯 테마차트를 살펴보면 쉽게 테마주를 분석할 수 있다.

■ 거래량이 풍부한 종목을 선택해야 한다

거래량이 풍부하다는 것은 시장에서 많은 관심을 받고 있다는 뜻이다. 거래량이 풍부하다는 것은 거래대금이 많다는 것을 의미한다. 거래량이 많으면 그만큼 환금성이 좋다. 주식을 매수한 뒤에 수익이 발생해서 매도하고 싶은데 거래량이 부족하다면 원하는 가격대에서 매도하기가 어려울 것이다. 또 거래량이 없다는 것은 사람들의 관심에서 멀다는 의미이기 때문에 상승하기는 더 어렵다.

자신만의 기준을 정할 필요가 있다. 최소 거래량과 최소 거래대금을 정해 기준 이하로 거래되는 종목들을 제외하는 것이 바람직하다. 좋은 종목이 많은데 꼭 거래량이 없는 종목을 매수해서 애태우고 있을 이유가 없다. 현재 시장에서 관심받고 사랑받는 종목에서 거래해야 한다.

HTS에서 거래대금을 알아 보는 방법

일별거래량과 거래대금은 어떻게 알아보는 것일까? HTS상의 정보를 통해서 쉽게 알아볼 수 있다. HTS에서 일별 주가 창을 열면 거래량의 흐름과 거래대금의 흐름을 살펴볼 수 있다.

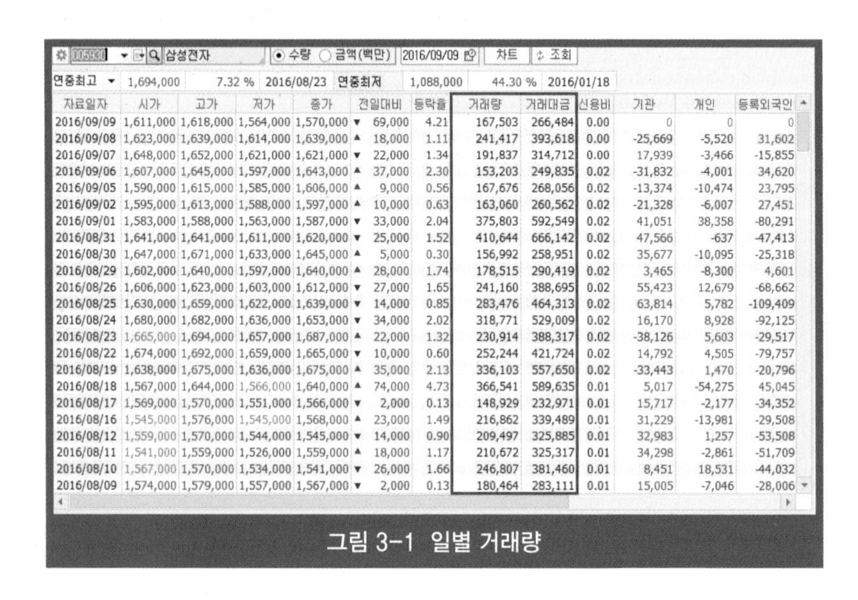

005930 삼성전자 ⦿ 수량 ○ 금액(백만) 2016/09/09 차트 조회

연중최고 1,694,000 7.32 % 2016/08/23 연중최저 1,088,000 44.30 % 2016/01/18

자료일자	시가	고가	저가	종가	전일대비	등락율	거래량	거래대금	신용비	기관	개인	등록외국인
2016/09/09	1,611,000	1,618,000	1,564,000	1,570,000	▼ 69,000	4.21	167,503	266,484	0.00	0	0	0
2016/09/08	1,623,000	1,639,000	1,614,000	1,639,000	▲ 18,000	1.11	241,417	393,618	0.00	-25,669	-5,520	31,602
2016/09/07	1,648,000	1,652,000	1,621,000	1,621,000	▼ 22,000	1.34	191,837	314,712	0.00	17,939	-3,466	-15,855
2016/09/06	1,607,000	1,645,000	1,597,000	1,643,000	▲ 37,000	2.30	153,203	249,835	0.02	-31,832	-4,001	34,620
2016/09/05	1,590,000	1,615,000	1,585,000	1,606,000	▲ 9,000	0.56	167,676	268,056	0.02	-13,374	-10,474	23,795
2016/09/02	1,595,000	1,613,000	1,588,000	1,597,000	▲ 10,000	0.63	163,060	260,562	0.02	-21,328	-6,007	27,451
2016/09/01	1,583,000	1,588,000	1,563,000	1,587,000	▼ 33,000	2.04	375,803	592,549	0.02	41,051	38,358	-80,291
2016/08/31	1,641,000	1,641,000	1,611,000	1,620,000	▼ 25,000	1.52	410,644	666,142	0.02	47,566	-637	-47,413
2016/08/30	1,647,000	1,671,000	1,633,000	1,645,000	▲ 5,000	0.30	156,992	258,951	0.02	35,677	-10,095	-25,318
2016/08/29	1,602,000	1,640,000	1,597,000	1,640,000	▲ 28,000	1.74	178,515	290,419	0.02	3,465	-8,300	4,601
2016/08/26	1,606,000	1,623,000	1,603,000	1,612,000	▼ 27,000	1.65	241,160	388,695	0.02	55,423	12,679	-68,662
2016/08/25	1,630,000	1,659,000	1,622,000	1,639,000	▼ 14,000	0.85	283,476	464,313	0.02	63,814	5,782	-109,409
2016/08/24	1,680,000	1,682,000	1,636,000	1,653,000	▼ 34,000	2.02	318,771	529,009	0.02	16,170	8,928	-92,125
2016/08/23	1,665,000	1,694,000	1,657,000	1,687,000	▲ 22,000	1.32	230,914	388,317	0.02	-38,126	5,603	-29,517
2016/08/22	1,674,000	1,692,000	1,659,000	1,665,000	▼ 10,000	0.60	252,244	421,724	0.02	14,792	4,505	-79,757
2016/08/19	1,638,000	1,675,000	1,636,000	1,675,000	▲ 35,000	2.13	336,103	557,650	0.02	-33,443	1,470	-20,796
2016/08/18	1,567,000	1,644,000	1,566,000	1,640,000	▲ 74,000	4.73	366,541	589,635	0.01	5,017	-54,275	45,045
2016/08/17	1,569,000	1,570,000	1,551,000	1,566,000	▼ 2,000	0.13	148,929	232,971	0.01	15,717	-2,177	-34,352
2016/08/16	1,545,000	1,576,000	1,545,000	1,568,000	▲ 23,000	1.49	216,862	339,489	0.01	31,229	-13,981	-29,508
2016/08/12	1,559,000	1,570,000	1,544,000	1,545,000	▼ 14,000	0.90	209,497	325,885	0.01	32,983	1,257	-53,508
2016/08/11	1,541,000	1,559,000	1,526,000	1,559,000	▲ 18,000	1.17	210,672	325,317	0.01	34,298	-2,861	-51,709
2016/08/10	1,567,000	1,570,000	1,534,000	1,541,000	▼ 26,000	1.66	246,807	381,460	0.01	8,451	18,531	-44,032
2016/08/09	1,574,000	1,579,000	1,557,000	1,567,000	▼ 2,000	0.13	180,464	283,111	0.01	15,005	-7,046	-28,006

그림 3-1 일별 거래량

■ 이동평균선이 우상향한 종목을 선택해야 한다

이동평균선이 우상향한 종목을 선정해야 투자에 실패할 확률이 낮아진다. 이동평균선이 우상향한 종목은 탄력성이 좋고 매물저항이 비교적 적기 때문에 손실보다는 수익을 실현할 가능성이 높아진다. 이동평균선이 우상향한다는 것은 세력이 힘을 쓰고 있다는 것이다. 세력의 의지가 차트로 표현되는 것이다. 이동평균선이 우상향할 때 편승을 하고 꾸준히 수익을 실현할 필요가 있다.

m • e • m • o

HTS에서 우상향 종목을 찾아보는 방법

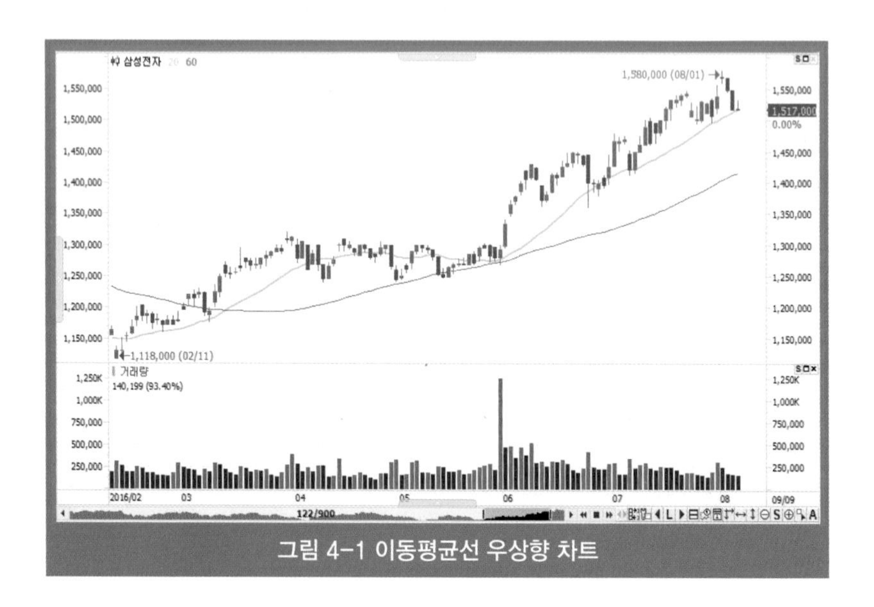

그림 4-1 이동평균선 우상향 차트

그림 설명

- 그림은 삼성전자 차트다. 이동평균선이 우상향을 하고 있다. 이동평균선 우상향일 때는 상승할 확률이 높다. 우상향일 때 음봉보다는 양봉이 많은 것을 볼 수 있다.

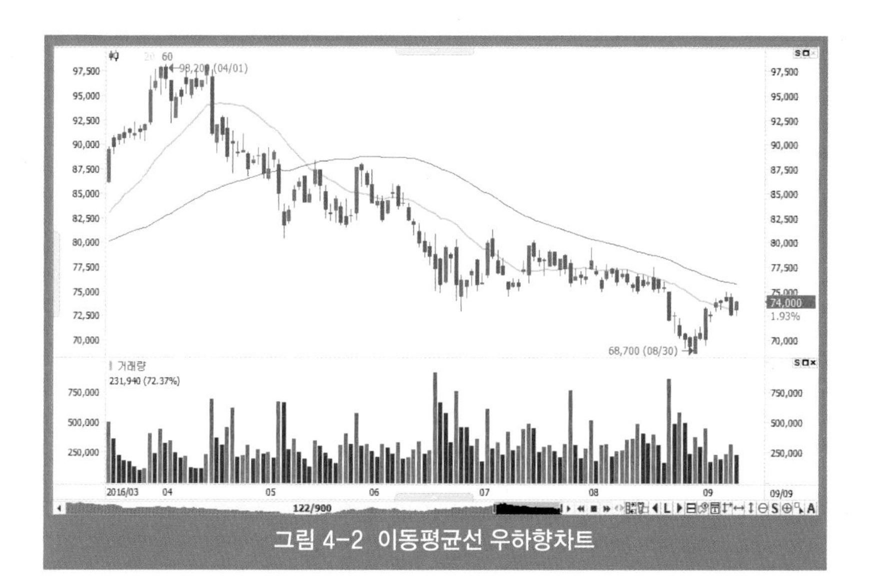

그림 4-2 이동평균선 우하향차트

그림 설명

- 이동평균선이 우하향을 하고 있다. 이동평균선이 우하향일 때는 하락할 확률이 그만큼 높다. 우하향일 때 양봉보다는 음봉이 많은 것을 볼 수 있다.

■ 차트가 단정한 종목을 선택해야 한다

차트가 단정한 종목을 선택해야 투자에 실패할 확률이 낮아진다. 차트가 단정한 종목은 비교적 상식적으로 주가가 흘러가기 때문에 데이터 적용이 가능하다. 그만큼 데이터에 의한 수익을 실현할 가능성이 높아진다. 차트가 단정하다는 것은 특정 개인에 의해 차트가 움직인다기보다는 시장의 흐름에 따라 움직인다고 볼 수 있다. 더 정확한 예측이 가능하다는 것이다.

차트가 단정하지 않다는 것은 시장의 흐름대로 주가가 움직이는 것이 아닌 한 개인이나 특정 세력에 의해 차트가 왜곡을 나타낸다는 것이다. 일정한 승률 데이터를 적용할 수 없다. 전혀 예측 불가능하기 때문에 투자에 실패할 확률이 높아진다.

HTS에서 단정한 차트를 찾아보는 방법

단정한 차트는 어떻게 알아보는 것일까? HTS 분석차트를 통해 알아 볼 수 있다. 차트를 많이 보고 훈련해야 한다. 단정한 차트와 그렇지 않은 차트를 많이 보면 볼수록 분석하는 힘이 커진다. 차트만 봐도 수익이 날 차트인지 아닌지를 분석할 수 있어야 한다.

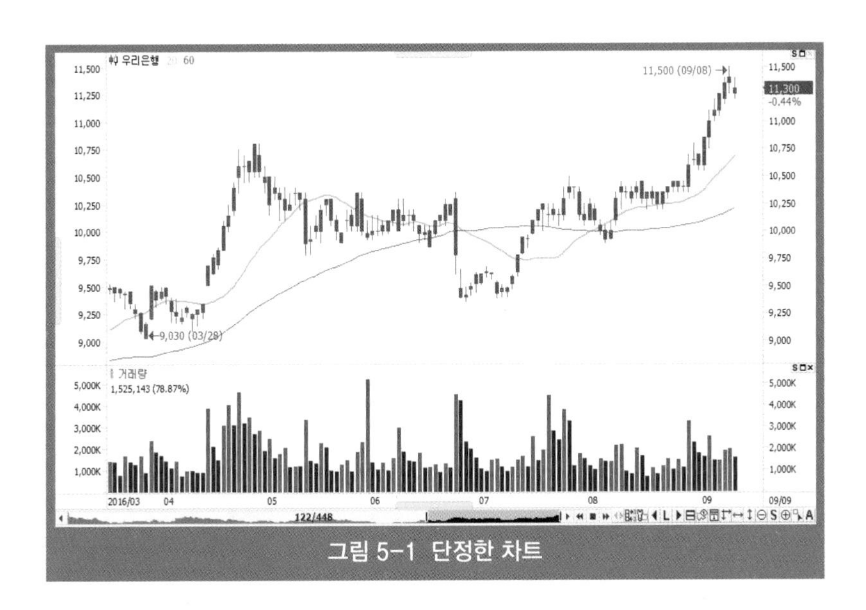

그림 5-1 단정한 차트

그림 설명

- 단정한 차트의 모습이다. 시장에 흐름에 의해 움직이는 차트다. 주가의 흐름을 예측할 수 있다. 예측의 정확도가 높아진다.

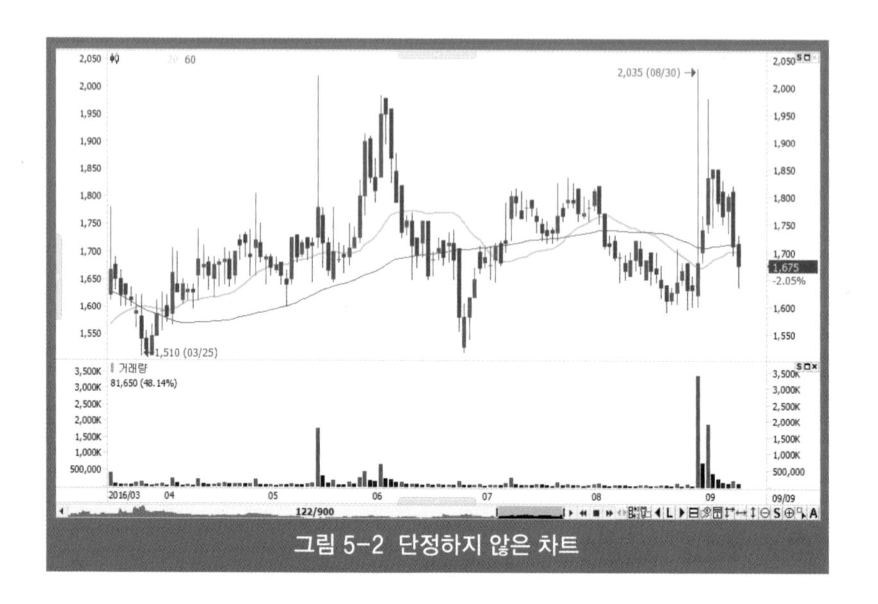

그림 5-2 단정하지 않은 차트

그림 설명

- 단정하지 않은 차트의 모습이다. 시장에 흐름에 의해 움직인다기보다는 특정 세력의 의지에 따라 움직인다고 보아야 한다. 주가의 흐름을 예측할 수가 없어 예측의 정확도가 낮아진다. 데이터를 적용할 수가 없다. 윗꼬리와 아랫꼬리가 많고 일정한 패턴이 없다.

02
CHAPTER

관심종목 관리의 핵심 포인트

■ 관심종목은 몇 가지가 좋을까?

주식 정보는 쏟아진다. 신문과 방송 등 각종 매체를 통해 정보를 듣는다. 지인들을 통해서도 정보를 듣는다. 지금 당장 매수하지 않으면 큰 후회를 할 것 같은 마음도 든다. 정보를 통해 관심종목을 하나 둘씩 모으다 보면 어느새 백화점이 되어 있다. 도대체 어떤 종목을 신규 편입해야 할지, 또 고민하게 된다. 자신만의 원칙과 기준이 없기 때문에 나타나는 현상이다. 다른 사람들에게 좋은 종목이 나에게 수익을 안겨주는 것은 아니다. 자신의 원칙과 기준에 맞는 종목을 선정해서 꾸준한 수익을 발생시키는 것이 중요하다.

관심종목은 10종목 내외가 적당하다. 10종목을 압축해 4종목

정도를 매매하는 것이 바람직하다. 시장의 주도주와 대장주 중심으로 관심종목에 넣어두고 관리해야 한다.

관심종목이 많은면 상대적으로 집중도가 떨어진다. 많은 관심종목은 투자하는 데 오히려 방해가 된다. 충동매매하기 딱 좋다. 종목을 압축하는 데도 어려움이 있다. 관심종목이 많으면 거래종목이 많아질 수밖에 없다. 한 사람이 10종목 이상을 동시에 매매하고 있다면 관리하는 데 어려움이 있을 것이다. 3~4종목 관리에도 머리 회전이 빨라야 하고 바쁘다. 10종목을 동시에 관리하기 위해서는 엄청난 에너지가 필요하다.

시장이 변동성이 큰 상황에서는 호흡을 짧게 가져가는 것이 좋다. 그날 그날 강한 종목으로 옮겨가는 것도 수익을 극대화시키는 방법 중 하나다. 매일같이 상승하는 종목은 급등주다. 급등주 매매는 그만큼 리스크가 크다. 보통은 하루 상승하고 2~3일 횡보를 반복하는 경우가 많다. 움직이는 종목에 갈아타는 것이 좋다. 작은 자금으로도 회전율을 높혀 수익을 극대화할 수 있다.

■ 관심종목에서 제외해야 할 대상은?

주식 시장에서 실패하지 않는 방법이 있다. 가장 기본이고 단순한 것이다. 실패한 투자자들은 기본을 지키지 않은 경우가 많다. 거래하지 말아야 할 종목을 거래하지 않으면 된다. 기본만 지켜도 실패 확률이 낮아질 것이다. 자신의 투자 원칙을 세워야 한다. 거래하지 말아야 할 종목 외에도 좋은 종목들은 매일 넘쳐난다. 매일같이 쏟아지는데도 꼭 위험한 종목을 거래해서 위기를 자처하는 사람들이 있다. 관심종목에서 제외해야 할 종목은 무엇이 있는지 알아보자.

관리종목을 제외하라

관리종목은 증권거래소가 유가증권 상장 규정에 의해 상장폐지 기준에 해당하는 종목 가운데서 특별히 지정한 종목을 말한다. 관리종목 지정 사유가 반복되면 상장 폐지될 수 있다.

관리종목 지정 사유는 사업보고서를 제출하지 않았거나, 매출액이 미달 또는 자본잠식 등이 있다.

HTS에서 관리종목을 알아보는 방법

관리종목은 어떻게 알아보는 것일까? HTS상의 정보를 통해서 쉽게 알아볼 수 있다. HTS상의 관리종목 창을 보면 관리종목을 볼 수 있다. 여기에 등록된 종목은 투자할 때 제외하는 것이 좋다.

관리 | 시장경고 | 거래정지 | 단기과열 | 불성실 | 상장폐지예정 | 초저유동성

시장 전 체 ▾ 연속 조회

종목명	현재가		전일대비(%)		매도호가	매수호가	고가	저가	거래량
삼.	16,750	▲	350	2.13	16,750	16,700	16,850	16,000	157,642
동.	9,740	▲	250	2.63	9,760	9,740	9,780	9,340	19,538
동.	18,100	▲	100	0.56	18,100	17,850	18,300	17,600	3,274
한	1,520		0	0.00					0
현	8,590	▼	300	3.37	8,600	8,590	9,040	8,440	3,895,098
현	867		0	0.00					0
핫	842	▲	22	2.68	843	842	950	819	4,823,154
동.	16,150	▼	350	2.12	16,150	16,050	16,800	15,900	8,670
동.	33,000	▲	800	2.48	33,000	32,800	34,000	31,700	607
제	2,600		0	0.00	2,600	2,580	2,640	2,525	275,121
동'	5,520	▼	50	0.90	5,600	5,520	5,680	5,310	71,668
세	1,835	▼	30	1.61	1,860	1,835	1,880	1,835	25,673
코	779	▼	19	2.38	781	779	801	770	1,077,977
에	4,195	▲	45	1.08	4,155	4,135	4,265	4,040	14,404
에.	1,345		0	0.00					0
리	876	▲	8	0.92	876	873	883	854	289,463
스.	4,520	▲	100	2.26	4,520	4,420	4,710	4,280	451,858
코	3,715	▼	20	0.54	3,715	3,705	3,760	3,635	604,278

[10130] 조회 완료

그림 2-1 관리종목 창

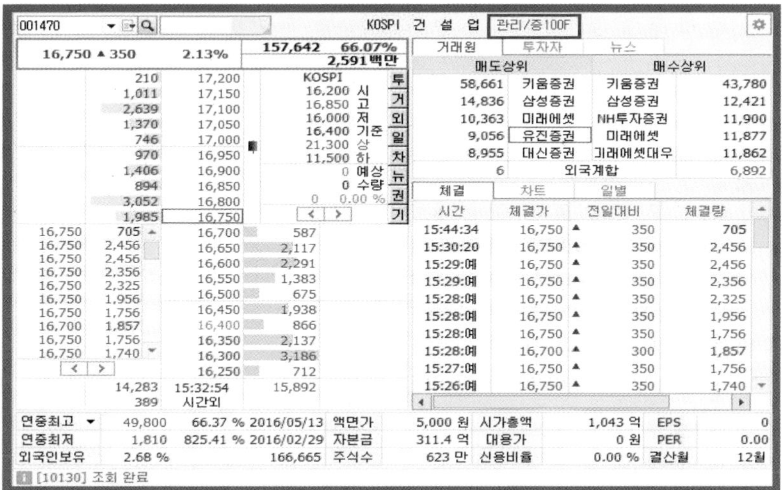

그림 2-2 현재가 창에서도 확인하는 방법

그림 설명

- 현재가 창의 표시를 통해서도 관리종목 여부를 확인할 수 있다.

투자주의/투자경고/투자위험 종목을 제외하라.

투자주의 종목이란 투기적이거나 불공정거래의 개연성이 있는 종목을 말한다. 투자자들의 뇌동매매를 방지하고 불공정 거래를 억제하기 위해서 지정한다.

투자경고 종목이란 특정종목의 주가가 비정상적으로 급등한 경우에 투자자에게 주의를 환기시키고 불공정거래를 사전에 방지하기 위해 지정한 종목을 말한다. 주가 급등을 진정시키고 시장 안정화를 위한 조치다. 주가가 추가적으로 급등하게 되면 매매거래 정지되거나 투자위험 종목으로 지정될 수 있다.

투자위험 종목은 투자경고 종목 지정에도 불구하고 수요 및 뇌동매매가 진정되지 않고 주가가 지속적으로 상승할 때 지정한다. 가장 높은 단계의 시장경보 조치다.

HTS 에서 투자주의/투자경고/투자위험 종목을 알아보는 방법

HTS상의 시장경고 창을 보면 투자주의/투자경고/투자위험 종목을 볼 수 있다. 여기에 등록된 종목은 투자할 때 제외하는 것이 좋다.

관리 | **시장경고** | 거래정지 | 단기과열 | 불성실 | 상장폐지예정 | 초저유동성

시장 전체 ▾ 구분 전체 ▾ 연속 조회

종목명	현재가	전일대비(%)			거래량	경고구분	경고지정일
자	10,850	▼	350	3.12	2,549,915	투자주의	2016/09/09
코	25,700	▲	200	0.78	165,995	투자경고	2016/08/24
파	7,760	▲	90	1.17	3,435	투자주의환기	2016/03/29
에	8,780	▼	120	1.35	915,189	투자경고	2016/09/08
엔	2,520	▼	40	1.56	1,036,625	투자주의환기	2016/03/23
수	7,030	▼	390	5.26	193,821	투자주의	2016/09/09
비	3,195	▼	5	0.16	21,301	투자주의환기	2016/03/23
세	1,205		0	0.00	0	투자주의환기	2016/03/23
삼	1,060	▲	25	2.42	74,446	투자주의환기	2016/03/23
와	1,535		0	0.00	0	투자주의환기	2016/05/02
큐	3,170		0	0.00	239,959	투자주의환기	2014/05/02
한	2,315	▼	95	3.94	469,749	투자주의환기	2016/05/02
퍼	1,260		0	0.00	0	투자주의환기	2014/05/02
제	2,845	▲	50	1.79	77,315	투자주의환기	2015/03/24
아	1,020	▲	125	13.97	2,960,343	투자주의환기	2015/05/04
에	2,840	▲	60	2.16	70,222	투자주의환기	2016/05/02
엔	1,355	▼	45	3.21	255,958	투자주의환기	2015/04/01
아	2,265	▲	675	42.45	1,960,485	투자주의환기	2015/03/24

[10141] 해당 자료의 끝입니다

그림 2-3 시장경고 창

234920 KOSDAQ 일반전기전자 투자주의/증100F

10,850 ▼ 350	3.12%	2,549,915 91.97%
		28,660백만

	잔량	호가	대비/정보
	7,967	11,350	KOSDAQ
	7,989	11,300	11,300 시
	12,487	11,250	11,700 고
	2,976	11,200	10,700 저
	7,562	11,150	11,200 기준
	4,302	11,100	14,550 상
	3,740	11,050	7,850 하
	9,921	11,000	0 예상
	2,115	10,950	0 수량
	5,643	10,900	0 0.00 %
10,900	3,900	10,850	5,339
10,950	3,765	10,800	26,805
10,850	2	10,750	30,688
10,850	21	10,700	12,182
10,850	50	10,650	14,515
10,850	1	10,600	10,795
10,850	170	10,550	29,538
10,850	2	10,500	8,701
10,850	8	10,450	2,049
10,850	200	10,400	5,120
	64,702	15:56:44	145,732
		시간외	54,270 +1,000

투 거 외 일 차 뉴 권 기

거래원 투자자 뉴스

매도상위		매수상위	
871,838	키움증권	키움증권	865,472
445,384	미래에셋	미래에셋	318,729
125,947	삼성증권	NH투자증권	192,903
125,751	한국증권	한국증권	132,078
121,845	NH투자증권	현대증권	115,361
0	외국계합		0

체결 차트 일별

시간	체결가	전일대비	체결량
16:20:단	10,900	▲ 50	3,900
16:10:단	10,950	▲ 100	3,765
15:50:08	10,850	▼ 350	2
15:47:25	10,850	▼ 350	21
15:46:32	10,850	▼ 350	50
15:45:32	10,850	▼ 350	1
15:42:54	10,850	▼ 350	170
15:42:44	10,850	▼ 350	2
15:42:35	10,850	▼ 350	8
15:42:11	10,850	▼ 350	200

연중최고	14,200	23.59 % 2016/09/06	액면가	500 원	시가총액	1,468 억	EPS	2,025
연중최저	10,700	1.40 % 2016/09/09	자본금	67.7 억	대용가	7,840 원	PER	5.36
외국인보유	0.54 %	73,724	주식수	1,353 만	신용비율	0.00 %	결산월	12월

[10130] 조회 완료

그림 2-4 현재가 창에 나타나는 투자주의 여부

그림 설명

- 현재가 창의 표시를 통해서도 투자주의/투자경고/투자위험 종목 여부를 확인할 수 있다.

이외에도 불성실 공시기업, 단기 과열 종목 등을 제외하는 것이 좋다. 이런 종목만 피해서 매매해도 투자의 실패 확률은 급격히 낮아진다.

m • e • m • o

9%
8%
6%
5%

6 PART

시나리오 매매 기법

Chapter 1 기러기 돌파 매매 기법

Chapter 2 생명선 돌파 매매 기법

Chapter 3 전고점 돌파 매매 기법

Chapter 4 신세계 양봉 매매 기법

Chapter 5 인생역전 양봉 매매 기법

Chapter 6 밀집 패턴 양봉 매매 기법

01
CHAPTER

기러기 돌파 매매 기법

주식 투자는 마인드 컨트롤이 중요하다. 개인 투자자는 마음이 흔들리기 쉬운 환경에 있다. 자신만의 원칙과 기준을 세워야 한다. 일정한 시나리오를 세워놓고 기계적으로 매매하는 것이 좋다. 매수 기준에 부합한 종목이 나오면 기계적으로 매수해야 한다. 손절 기준에 부합한 종목이 나오면 기계적으로 대응해야 한다. 수익 실현에 부합한 종목이 나오면 기계적으로 매도해야 한다. 승률 데이터를 확보해 기계적으로 반복하면 꾸준한 수익을 거둘 수 있다. 이것이 주식 시장에서 실패하지 않고 살아남을 수 있는 비결이다.

필자의 주식 투자 시나리오를 설명하고자 한다. 이것이 모두에게 맞는 것은 아닐 수도 있다. 자신에게 맞는 단 한가지 기법을 찾는 것이 중요하다. 단 한가지의 기법을 찾는 것이 자신의 평생 직업을 찾는 것이다.

■ 종목선정의 기준과 매매 방법

기러기 돌파 매매 기법 종목선정의 기준

주가가 하락하던 중 저점이 높아진 기러기 모양의 이중바닥이 나타난다면 관심을 가져야 한다. 저점이 높아진 기러기 모양의 이중바닥을 형성한 이후에 5일 이동평균선을 강하게 돌파하는 양봉 이 발생한다면 매수 급소가 된다. 일명 쌍바닥 기법이라고도 한다. 매매의 원칙은 단순하다. 이것이 하나의 시나리오가 되는 것이다. 이 단순함을 기계적으로 매매할 수만 있다면 큰 수익을 낼 수 있다. 이중바닥은 형성하지만 저점이 높아지지 않았다면 시나리오에서 벗어난 것이다. 종목선정의 기준에서 벗어난 것이다. 차트가 본인이 세운 이동평균선시나리오대로 흘러가지 않았기 때문이다. 저점은 높아졌지만 5일 이동평균선을 강하게 돌파하지 않았다면 그 또한 시나리오에서 벗어난 것이다. 시나리오대로 흘러가지 않았다면 매수하지 않아야 한다.

이중 바닥을 형성할 때 저점이 높아진 종목을 선정한다.

저점이 높아졌다는 것은 매도보다 매수 세력이 강하다는 것을 의미한다. 지지를 받는다는 것으로, 그만큼 위험이 줄어든다.

5일 이동평균선을 거래량을 동반하며 강하게 돌파하는 종목을 선정한다.

5일 이동평균선에 저항을 받는 종목은 선정하지 않는 것이 좋다. 1~2% 정도의 양봉을 나타내는 종목도 5일 이동평균선을 강하게 돌파했다고 보기는 어렵다. 최소 3% 이상의 강한 양봉인 종목을 선정해야 한다.

매수방법

① 장마감 1시간 전에 저점이 높아진 이중바닥 종목 중 5일 이동평균선을 강하게 돌파한 종목을 관심종목에 등록한다. 관심종목은 10종목 내외가 좋다.

② 여러 종목 중 거래량과 거래대금이 풍부한 탄력이 좋은 종목 3~4가지로 압축한다.

③ 최종 종목을 선정한 이후에 장마감 30분 전부터 동시호가 전까지 비중 50%를 분할 매수한다. 매집을 잘 했다면 장마감 때 이미 1% 이상의 수익이 발생한 경우가 많이 있다. 그렇게 될 수 있도록 훈련해야 한다.

④ 나머지 비중 50%를 종가에 매수한다.

매도 방법

① 익일 아침 3% 이상 수익 발생 시 비중 50%를 기계적으로 수익 실현한다. 거래가 활발한 오전 10시 이전에 수익 실현하는 것이 좋다. 수급이 긍정적일 때는 종가에 추가 매수한다. 경우에 따라 1차 목표가에서 전량매도한 이후에 더 강한 종목으로 교체 매매하는 것도 좋다.

② 수익이 발생한 이후 고점 대비 -3%일 때 전량 매도한다.

③ 수익이 발생한 이후 5일 이동평균선을 이탈할 때 전량 매도한다.

④ 매수가를 이탈했을 때는 반등 시 비중 50%를 분할 매도한다.

⑤ 손절은 -3%로 한다. -3% 이탈했을 때 바로 매도하기보다는 반등 시마다 분할 매도한다.

주의 사항

① 종목은 최대 네 가지로 한다. 그 이상은 매매하지 않는다.

② 관리종목과 투자주의, 투자경고, 투자위험 종목은 거래하지 않는다.

③ 주가 범위가 1,000원 이하인 종목은 거래하지 않는다.

④ 주가 등락률이 2% 이하인 종목은 거래하지 않는다.

⑤ 주가 등락률이 10% 이상인 종목은 거래하지 않는다.

⑥ 일 거래량이 50,000주 이하인 종목은 거래하지 않는다.

⑦ 일 거래대금이 5억 원 이하인 종목은 거래하지 않는다.

■ 실전 매매 방법

기러기 돌파 매매 기법 실전 사례 1

매수 방법

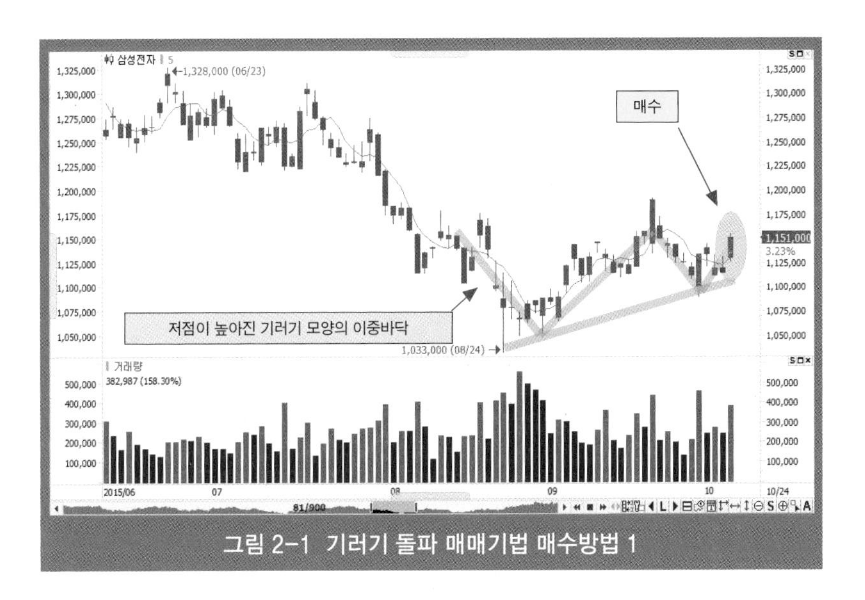

그림 2-1 기러기 돌파 매매기법 매수방법 1

그림 설명

- 하락을 이어가던 주가가 저점을 형성한 이후 기러기 모양을 나타내고 있다.
- 5일 이동평균선을 강하게 돌파한 자리가 매수 급소가 된다.
- 3% 이상의 양봉이 발생한다면 더 신뢰할 수 있다.

매도 방법

그림 2-2 기러기 돌파 매매 기법 매도 방법 1

그림 설명

- 익일 아침 3% 이상 수익 발생 시 비중 50%를 기계적으로 수익 실현한다.
- 상승하던 주가가 고점 대비 -3%일 때 전량 매도한다.
- 상승하던 주가가 5일 이동평균선을 이탈했을 때 전량 매도한다.

기러기 돌파 매매 기법 실전 사례 2

매수 방법

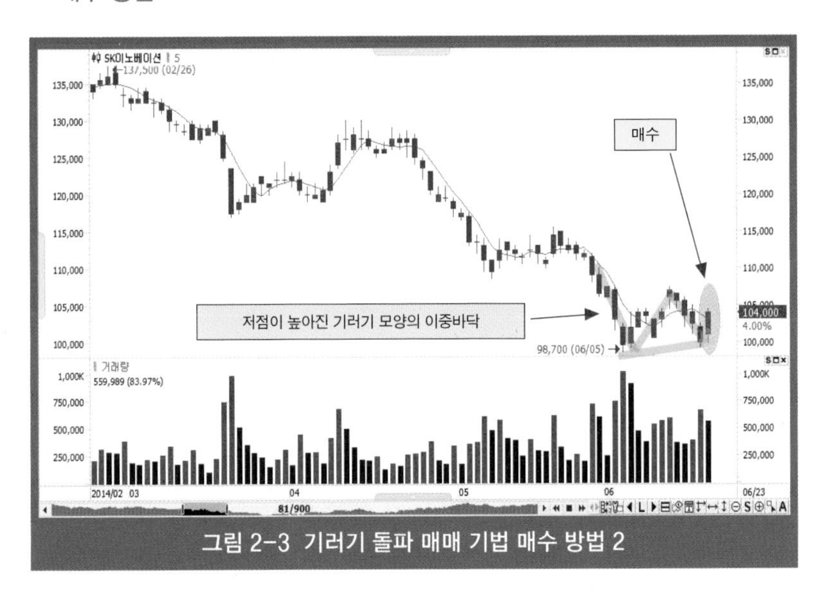

그림 2-3 기러기 돌파 매매 기법 매수 방법 2

그림 설명

- 지속적인 하락 이후 기러기 모양의 이중바닥을 형성하면 관심을 가지고 차트 를 본다.
- 거래량을 동반하며 5일 이동평균선을 강하게 돌파한다면 매수 급소가 된다.
- 장마감 30분 전부터 동기호가 전까지 비중 50%를 분할 매수한다.
- 나머지 비중 50%를 종가에 매수한다.

매도 방법

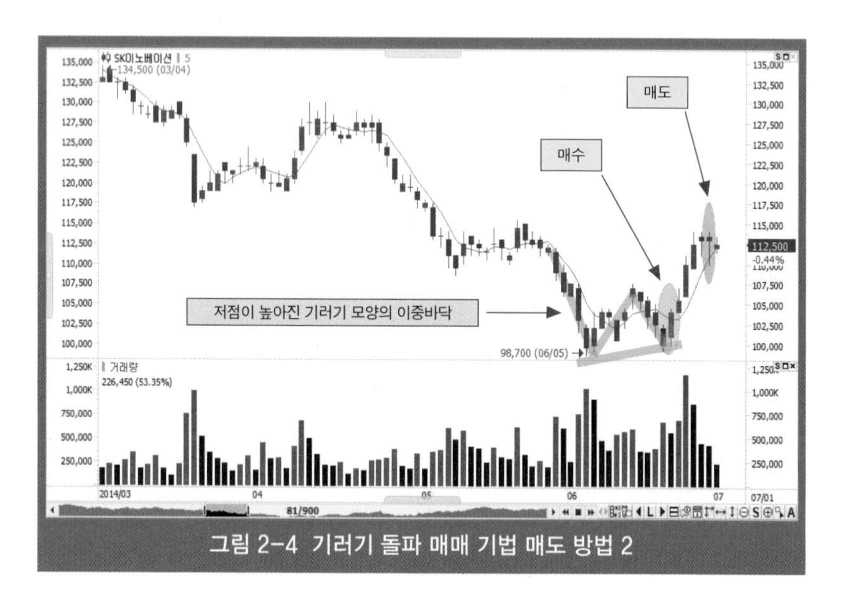

그림 2-4 기러기 돌파 매매 기법 매도 방법 2

그림 설명

- 익일 아침 3% 이상 수익 발생 시 비중 50%를 기계적으로 수익 실현한다.
- 상승하던 주가가 고점 대비 (-)3%일 때 전량 매도한다.
- 상승하던 주가가 5일 이동평균선을 이탈했을 때 전량 매도한다.

기러기 돌파 매매기법 실전 사례 3

매수 방법

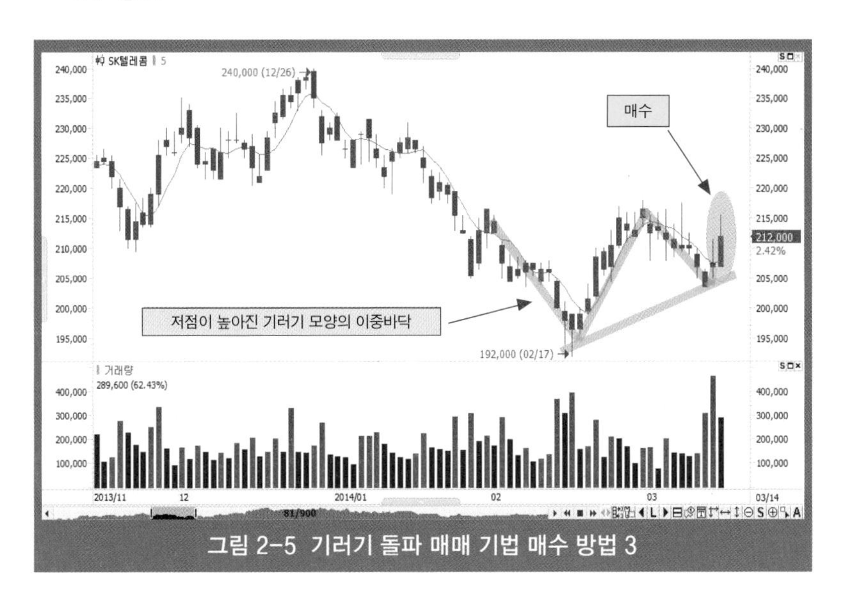

그림 2-5 기러기 돌파 매매 기법 매수 방법 3

그림 설명

- 지속적인 하락 이후 기러기 모양의 이중바닥을 형성하면 관심을 가지고 차트를 본다.
- 거래량을 동반하며 5일 이동평균선을 강하게 돌파한다면 매수 급소가 된다.
- 장마감 30분 전부터 동기호가 전까지 비중 50%를 분할 매수한다.
- 나머지 비중 50%를 종가에 매수한다.
- 3% 이상의 강한 양봉이 아니기 때문에 상대적으로 약한 모습을 보일 수 있다.

매도 방법

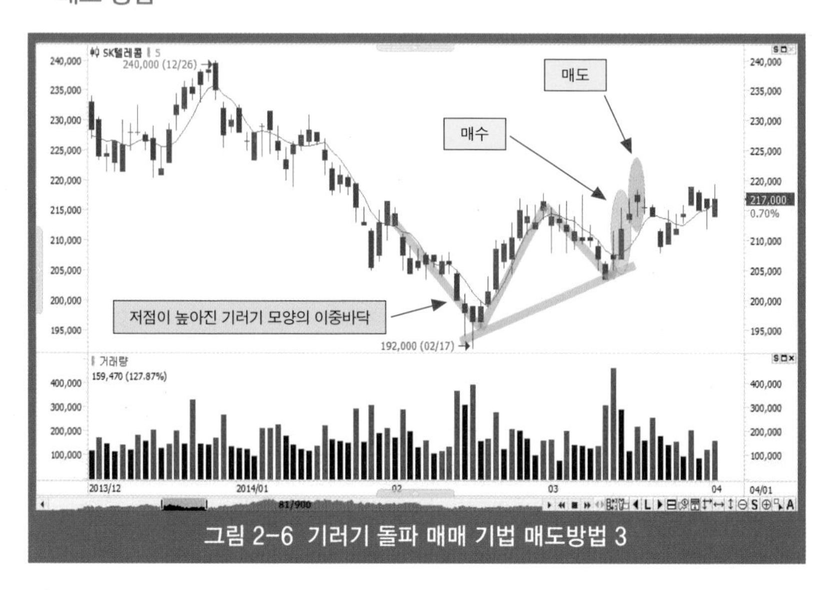

그림 2-6 기러기 돌파 매매 기법 매도방법 3

그림 설명

- 익일 아침 3% 이상 수익 발생 시 비중 50%를 기계적으로 수익 실현한다.
- 상승하던 주가가 고점 대비 -3%일 때 전량 매도한다.
- 상승하던 주가가 5일 이동평균선을 이탈했을 때 전량 매도한다.
- 다른 사례에 비해 약한 흐름을 보이고 있다. 이런 경우는 호흡을 짧게 가져가는 것이 좋으므로, 1차 목표가에서 전량 매도하는 것이 좋다.

■ 주의 사례

기러기 돌파 매매 기법 주의 사례 1

속임수 양봉

그림 3-1 기러기 돌파 매매 기법 주의 사례 1

그림 설명

- 지속적인 하락 이후 이중바닥을 만들었지만 전 저점보다 낮아졌다.
- 5일 이동평균선을 강하게 돌파했더라도 매물 저항으로 추가 하락을 할 수 있는 모습이다.
- 이중바닥을 형성하되 저점이 높아지는 것이 신뢰도가 높다.
- 저점이 계속 낮아진다는 것은 추가적으로 하락할 수 있다는 의미다.
- 시나리오 매매 기법에서 벗어났기 때문에 매수하지 않아야 한다.

매도 방법

그림 3-2 기러기 돌파 매매 기법 주의 사례 결과 1

그림 설명

- 매수가를 이탈했을 때는 반등 시 비중 50%를 분할 매도한다.
- 손절은 −3%로 한다.
- −3% 이탈했을 때 바로 매도하기보다는 반등 시마다 분할 매도 한다.

기러기 돌파 매매 기법 주의 사례 2

속임수 양봉

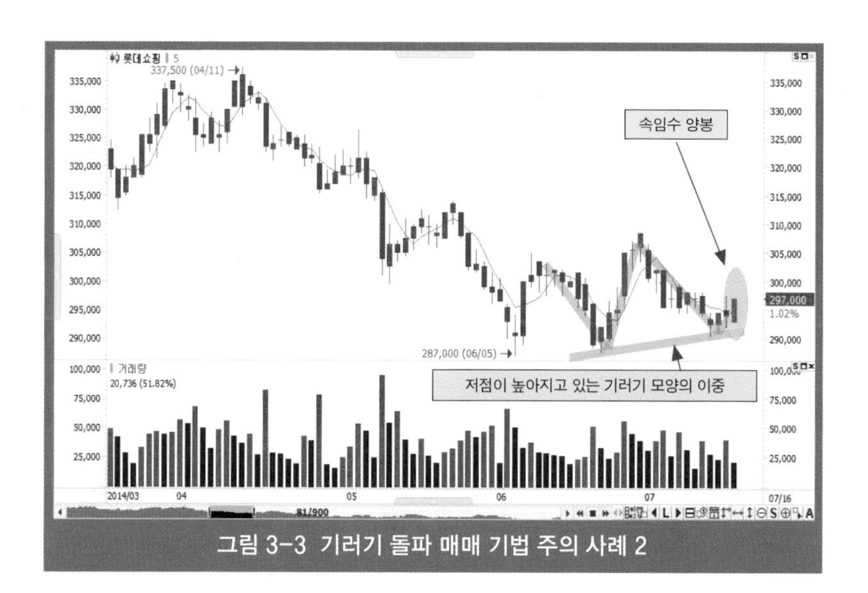

그림 3-3 기러기 돌파 매매 기법 주의 사례 2

그림 설명

- 지속적인 하락 이후 이중바닥을 형성했다.
- 저점이 높아지기는 했지만 5일 이동평균선을 돌파할 때 강하게 돌파하지 않았다.
- 1% 대의 양봉을 보여주고 있다.
- 거래량도 특별히 많은 편이 아니다.
- 차트를 상승으로 돌려세우기 위해서는 거래량을 동반한 최소 3% 이상의 강한 양봉이 필요하다.
- 5일 이동평균선을 강하게 돌파한 캔들이 아니기 때문에 추가 하락으로 이어질 수 있다.
- 시나리오 매매 기법에서 벗어났기 때문에 매수하지 않아야 한다.

매도 방법

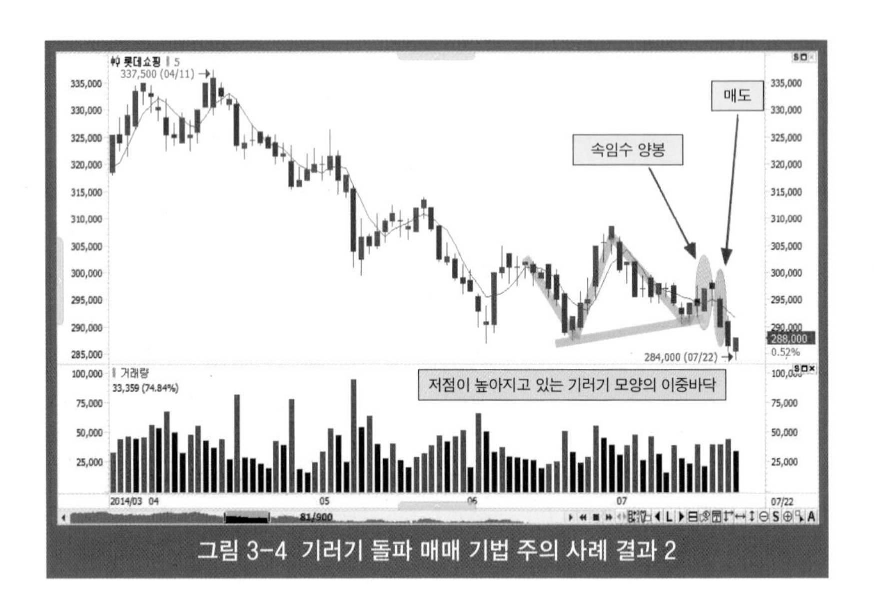

그림 3-4 기러기 돌파 매매 기법 주의 사례 결과 2

그림 설명

- 매수가를 이탈했을 때는 반등 시 비중 50%를 분할 매도한다.
- 손절은 -3%로 한다.
- -3% 이탈했을 때 바로 매도하기보다는 반등 시마다 분할 매도한다.

02
CHAPTER

생명선 돌파 매매 기법

주식 투자를 하면서 대박 종목을 찾는 사람이 많이 있다. 운이 좋아 대박 종목을 한두 번은 찾을 수 있지만, 그것은 실력이 아니다. 꾸준한 수익을 가져다줄 수도 없다. 대박 종목만을 찾아다니다가 큰 어려움을 당한 경우가 많이 있다. 수익을 내는 자신만의 기법을 찾아내는 것이 중요하다. 자신만의 시나리오가 있어야 한다. 그 시나리오대로 기계적인 매매를 한다면 꾸준한 수익을 거둘 수 있을 것이다.

생명선 돌파 매매 기법은 기러기 돌파 매매 기법과 비슷하다. 거래량을 동반하며 생명선인 20일 이동평균선을 강하게 돌파한 종목이 나타나면 관심종목에 등록해야 한다. 거래량이 전일 대비 최소 50% 이상이면 신뢰도가 높아진다. 최소 3% 이상의 양봉이라면 신뢰도는 더 높아진다. 생명선인 20일 이동평균선을 돌파는 했지만 거래량이 동반되지 않았거나 2% 이하의 양봉이라면 매수를 보류해야 한다.

■ 종목선정의 기준과 매매 방법

생명선 돌파 매매 기법 종목선정의 기준

생명선인 20일 이동평균선을 거래량을 동반하며, 강하게 돌파하는 종목을 선정한다.

거래량이 전일 대비 최소 50% 이상이면 신뢰도가 높다.

전 5일 평균 대비 50% 이상이면 더 좋다.

생명선인 20일 이동평균선을 최소 3% 이상의 강한 양봉으로 돌파한 종목을 선정한다.

매수 방법

① 장마감 1시간 전에 거래량을 동반하며 20일 이동평균선을 강하게 돌파한 종목을 관심종목에 등록한다. 관심종목은 10종목 내외가 좋다.

② 여러 종목 중 거래량과 거래대금이 풍부한 탄력이 좋은 종목

3~4 가지로 압축한다.

③ 최종종목을 선정한 이후에 장마감 30분 전부터 동시호가 전까지 비중 50%를 분할 매수한다. 매집을 잘 했다면 장마감 때 이미 1% 이상의 수익이 발생한 경우가 많이 있다. 그렇게 될 수 있도록 훈련해야 한다.

④ 나머지 비중 50%를 종가에 매수한다.

매도 방법

① 익일 아침 3% 이상 수익 발생 시 비중 50%를 기계적으로 수익 실현한다. 거래가 활발한 오전 10시 이전에 수익 실현하는 것이 좋다. 수급이 긍정적일 때는 종가에 추가 매수한다.

경우에 따라 1차 목표가에서 전량 매도한 이후에 더 강한 종목으로 교체 매매하는 것도 좋다.

② 수익이 발생한 이후에 고점 대비 -3%일 때 전량 매도한다.

③ 수익이 발생한 이후 20일이동평균선을 이탈할 때 전량 매도한다.

④ 매수가를 이탈했을 때는 반등 시 비중 50%를 분할 매도한다.

⑤ 손절은 -3%로 한다. -3% 이탈했을 때 바로 매도하기보다는 반등 시마다 분할 매도한다.

주의 사항

① 종목은 최대 4종목까지만 한다. 그 이상은 매매하지 않는다.

② 관리종목과 투자주의, 투자경고, 투자위험 종목은 거래하지 않는다.

③ 주가 범위가 1,000원 이하인 종목은 거래하지 않는다.

④ 주가 등락률이 2% 이하인 종목은 거래하지 않는다.

⑤ 주가 등락률이 10% 이상인 종목은 거래하지 않는다.

⑥ 일 거래량이 50,000주 이하인 종목은 거래하지 않는다.

⑦ 일 거래대금이 5억원 이하인 종목은 거래하지 않는다.

■ 실전 매매 방법

생명선 돌파 매매 기법 실전 사례 1

매수 방법

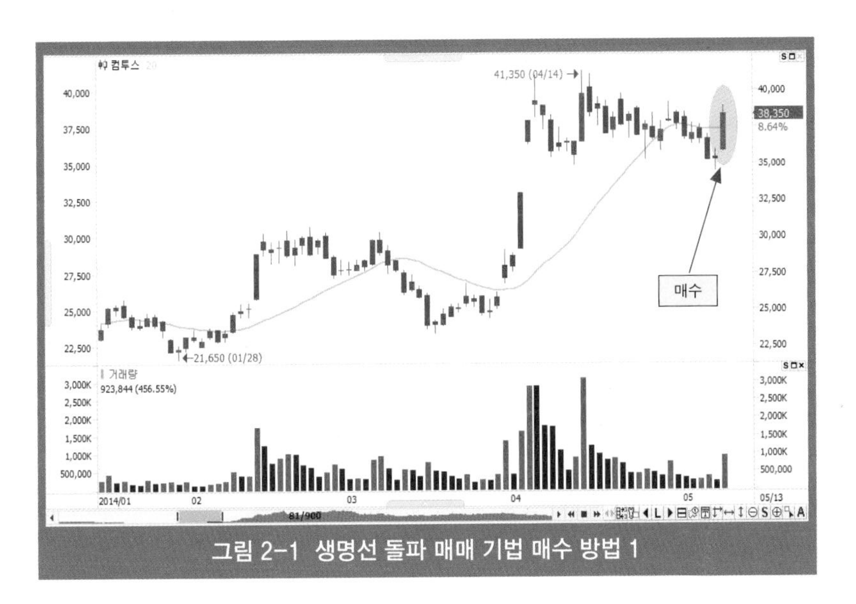

그림 2-1 생명선 돌파 매매 기법 매수 방법 1

그림 설명

- 주가가 시세를 분출한 이후에 거래량이 감소하면서 횡보하고 있다.
- 세력의 이탈 흔적이 보이지 않고 있다.
- 이런 횡보 국면에서 생명선인 20일 이동평균선을 강하게 돌파한다면 매수 급소가 된다.

매도 방법

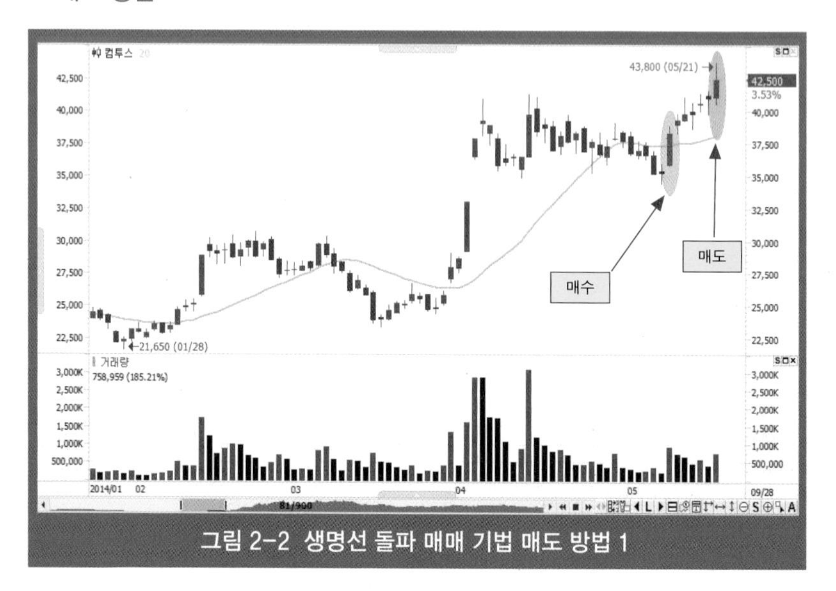

그림 2-2 생명선 돌파 매매 기법 매도 방법 1

그림 설명

- 익일 아침 3% 이상 수익 발생 시 비중 50%를 기계적으로 수익 실현한다.
- 상승하던 주가가 고점 대비 −3%일 때 전량 매도한다.
- 상승하던 주가가 5일이동평균선을 이탈했을 때 전량 매도한다.

생명선 돌파 매매 기법 실전 사례 2

매수 방법

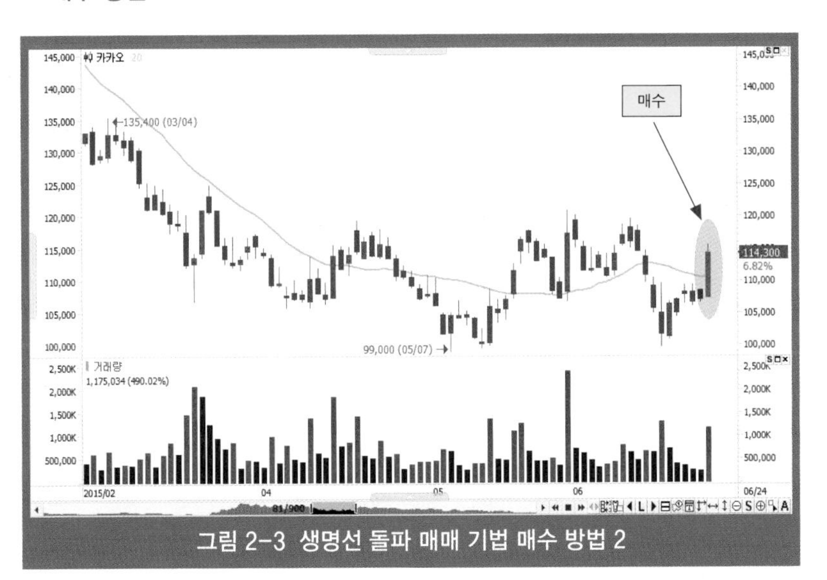

그림 2-3 생명선 돌파 매매 기법 매수 방법 2

그림 설명

- 생명선인 20일 이동평균선이 하락 추세에서 상승 추세로 전환하는 모습이다.
- 이때 20일 이동평균선을 강하게 돌파하는 일봉이 나타난다면 매수 급소가 된다.
- 거래량을 동반하고 있기 때문에 신뢰도는 더 높아진다.
- 생명선인 20일 이동평균선이 하락 추세에 있다면 일봉이 20일 이동평균선을 돌파하더라도 주의해야 한다. 매물 저항이 있을 수 있기 때문이다.
- 장마감 30분 전부터 동기호가 전까지 비중 50%를 분할 매수한다.
- 나머지 비중 50%를 종가에 매수한다.

매도 방법

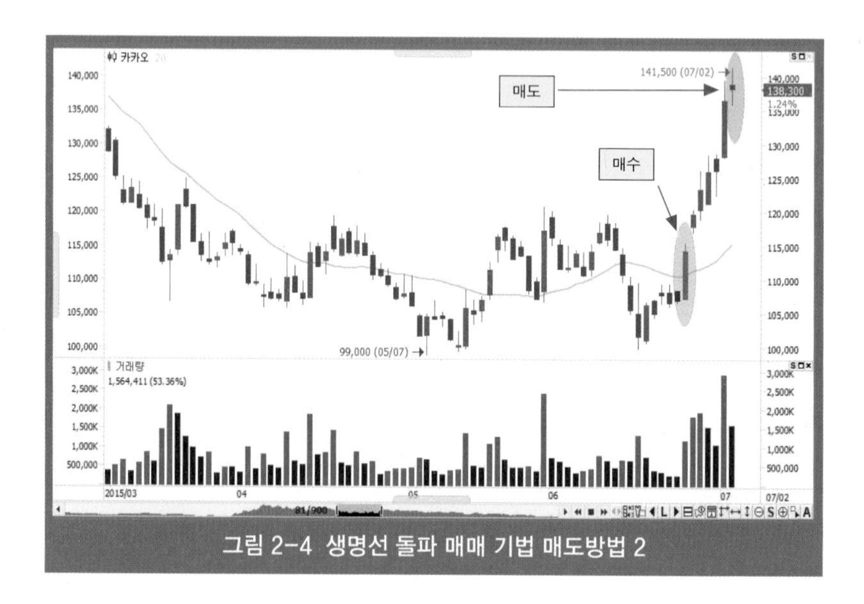

그림 2-4 생명선 돌파 매매 기법 매도방법 2

그림 설명

- 익일 아침 3% 이상 수익 발생 시 비중 50%를 기계적으로 수익 실현한다.
- 상승하던 주가가 고점 대비 −3%일 때 전량 매도한다.
- 상승하던 주가가 5일 이동평균선을 이탈했을 때 전량 매도한다.

생명선 돌파 매매 기법 실전 사례 3

매수 방법

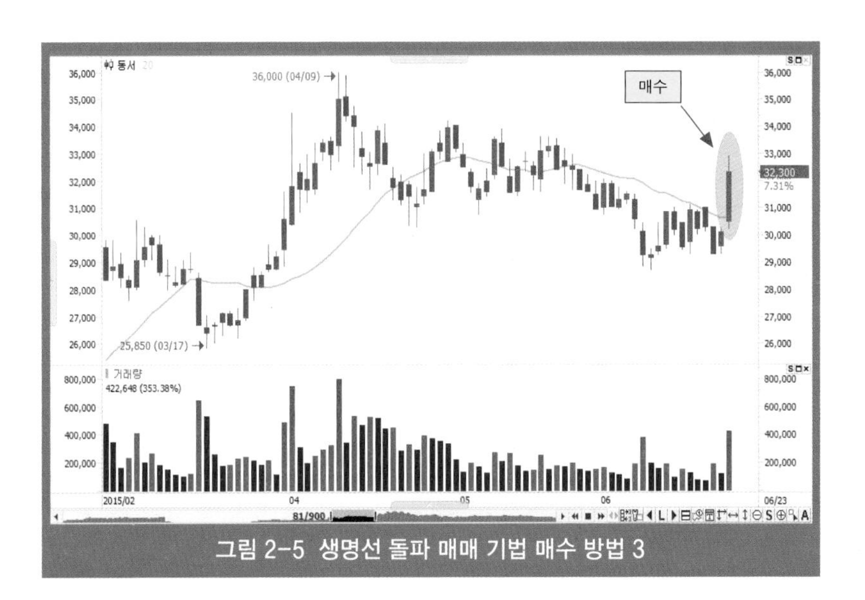

그림 2-5 생명선 돌파 매매 기법 매수 방법 3

그림 설명

- 특별한 방향성 없이 등락을 거듭하던 주가가 20일 이동평균선을 강하게 돌파하고 있다.
- 생명선인 20일 이동평균선을 강하게 돌파한 자리가 매수 급소가 된다.
- 이때 3% 이상의 양봉이 나타난다면 신뢰도가 높아진다.
- 장마감 30분 전부터 동기호가 전까지 비중 50%를 분할 매수한다.
- 나머지 비중 50%를 종가에 매수한다.

매도 방법

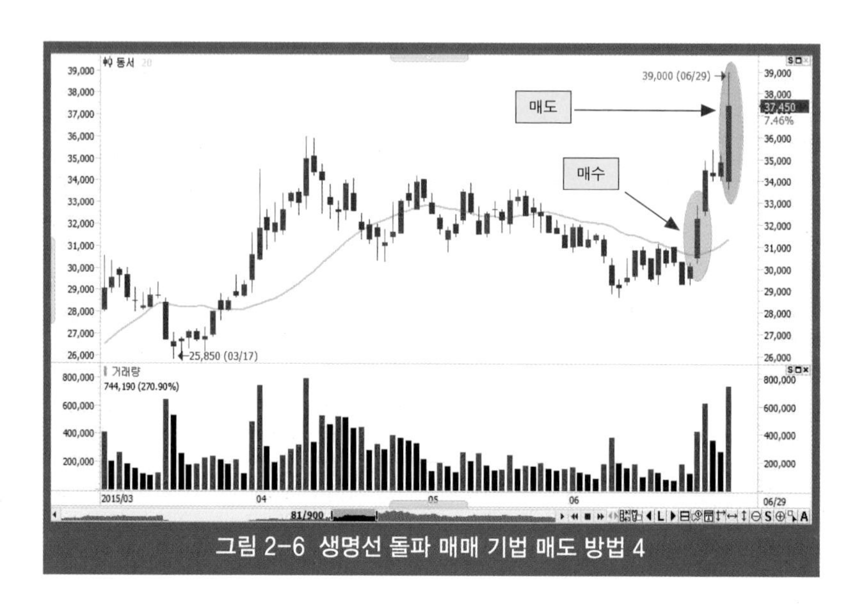

그림 2-6 생명선 돌파 매매 기법 매도 방법 4

그림 설명

- 익일 아침 3% 이상 수익 발생 시 비중 50%를 기계적으로 수익 실현한다.
- 상승하던 주가가 고점 대비 -3%일 때 전량 매도한다.
- 상승하던 주가가 5일 이동평균선을 이탈했을 때 전량 매도한다.

■ 주의 사례

생명선 돌파 매매 기법 주의 사례 1

속임수 양봉

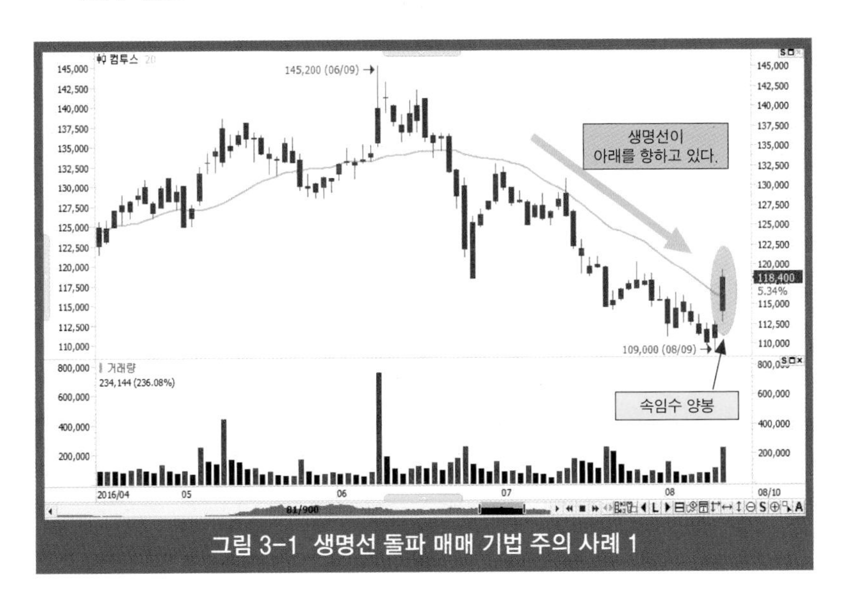

그림 3-1 생명선 돌파 매매 기법 주의 사례 1

그림 설명

- 생명선인 20일 이동평균선을 거래량을 동반하며 강하게 돌파하기는 했지만 20일 이동평균선이 급격하게 아래를 향하고 있다.
- 매물 부담이 크고 추가적으로 하락할 수 있다.
- 생명선인 20일 이동평균선이 급격하게 아래를 향하고 있다면 매수를 자제해야 한다.
- 시나리오 매매 기법에서 벗어났기 때문에 매수하지 않아야 한다.

매도 방법

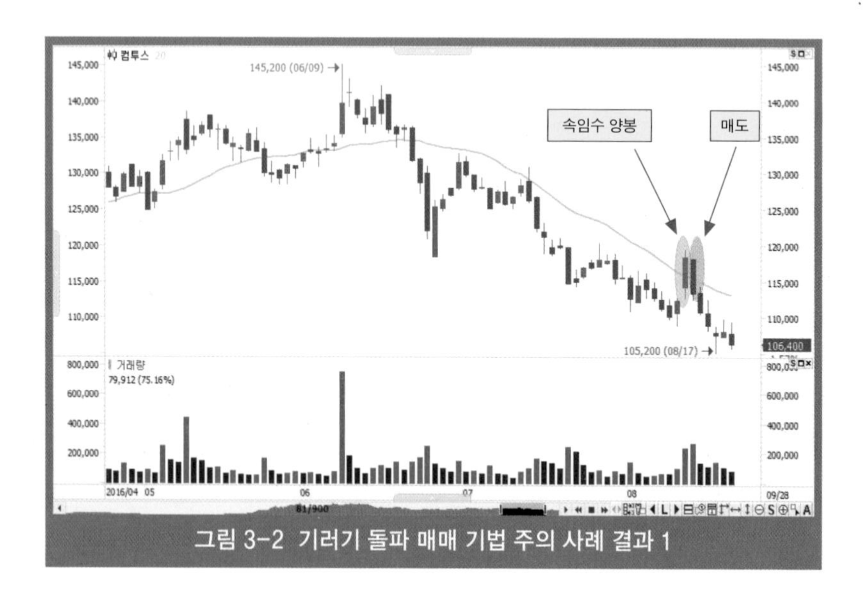

그림 3-2 기러기 돌파 매매 기법 주의 사례 결과 1

그림 설명

- 매수가를 이탈했을 때는 반등 시 비중 50%를 분할 매도한다.
- 손절은 −3%로 한다.
- −3% 이탈했을 때 바로 매도하기보다는 반등 시마다 분할 매도한다.

생명선 돌파 매매 기법 주의 사례 2

속임수 양봉

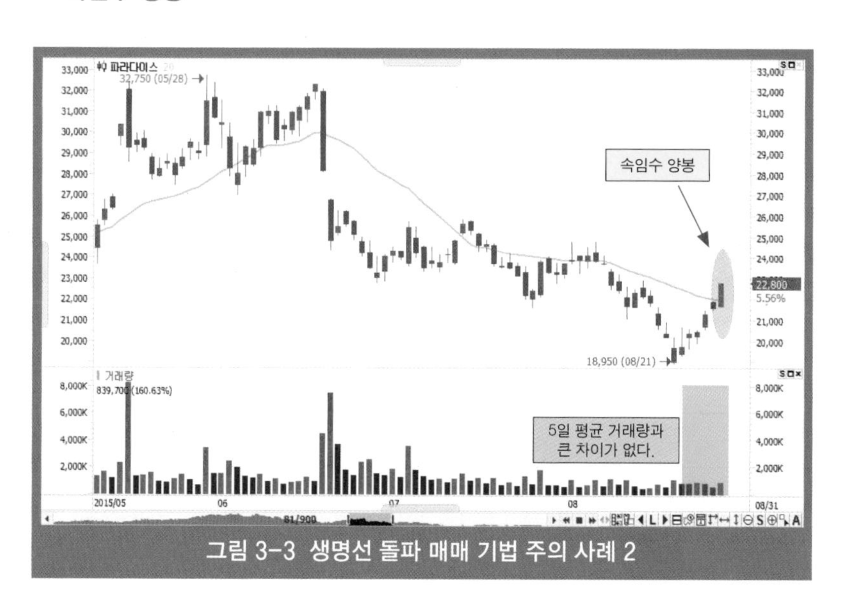

그림 3-3 생명선 돌파 매매 기법 주의 사례 2

그림 설명

- 생명선인 20일 이동평균선을 돌파는 했지만, 강하게 돌파한 모습은 아니다.
- 5일 평균 거래량과 특별히 큰 차이가 없다. 신뢰도가 그만큼 낮아지는 것이다.
- 생명선인 20일 이동평균선도 아래를 향하고 있다.
- 생명선을 돌파한 이후 추가 상승하기에는 무리가 있다.
- 시나리오 매매 기법에서 벗어났기 때문에 매수하지 않아야 한다.

매도 방법

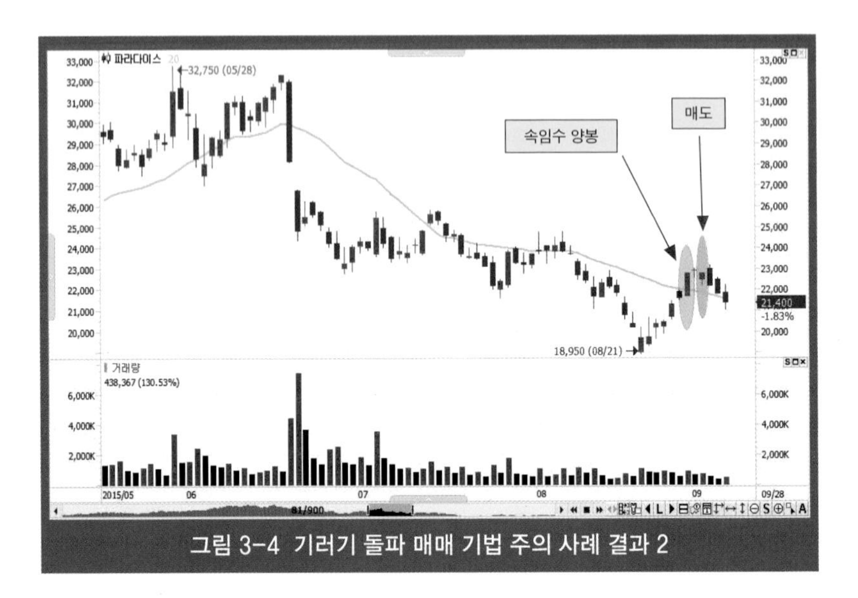

그림 3-4 기러기 돌파 매매 기법 주의 사례 결과 2

그림 설명

- 매수가를 이탈했을 때는 반등 시 비중 50%를 분할 매도한다.
- 손절은 −3%로 한다.
- −3% 이탈했을 때 바로 매도하기보다는 반등 시마다 분할 매도한다.

전고점 돌파 매매 기법

전고점 돌파는 강력한 힘이 필요하다. 그 힘은 개인이 만들 수 있는 것이 아니다. 전고점을 돌파하는 장대 양봉은 세력이 만든 것이라고 보아야 한다. 그곳이 바로 매수 급소가 된다. 전고점 돌파는 세력이 매집을 오랫동안 한 이후에 출발하겠다는 신호다. 시세를 한번 분출해보겠다는 의미다. 그 길목에 서서 잠시 탑승할 필요가 있다.

■ 종목선정의 기준과 매매 방법

전고점 돌파 매매 기법 종목선정의 기준

거래량을 동반하며 전고점을 강하게 돌파하는 종목을 선정한다.

거래량이 전일 대비 최소 50% 이상이면 신뢰도가 높아진다.

전 5일 평균 대비 50% 이상이면 더 좋다.

전고점을 최소 3% 이상의 강한 양봉으로 돌파한 종목을 선정한다.

매수방법

① 장마감 1시간 전에 거래량을 동반하며 전고점을 강하게 돌파한 종목을 관심종목에 등록한다. 관심종목은 10종목 내외가 좋다.

② 여러 종목 중 거래량과 거래대금이 풍부한 탄력이 좋은 종목 3~4가지로 압축한다.

③ 최종 종목을 선정한 이후에 장마감 30분 전부터 동시호가 전까지 비중 50%를 분할 매수한다. 매집을 잘 했다면 장마감 때 이미 1% 이상의 수익이 발생한 경우가 많이 있다. 그렇게 될 수 있도록 훈련해야 한다.

④ 나머지 비중 50%를 종가에 매수한다.

매도 방법

① 익일 아침 3% 이상 수익 발생 시 비중 50%를 기계적으로 수익 실현한다. 거래가 활발한 오전 10시 이전에 수익 실현하는 것이 좋다. 수급이 긍적적일 때는 종가에 추가 매수한다. 경우에 따라 1차 목표가에서 전량 매도한 이후에 더 강한 종목으로 교체매매하는 것도 좋다.

② 수익이 발생한 이후에 고점 대비 -3%일 때 전량 매도한다.

③ 수익이 발생한 이후 20일 이동평균선을 이탈할 때 전량 매도한다.

④ 매수가를 이탈했을 때는 반등 시 비중 50%를 분할 매도한다.

⑤ 손절은 -3%로 한다. -3% 이탈했을 때 바로 매도하기보다는 반등 시마다 분할 매도한다.

주의 사항

① 관심종목은 10종목 내외로 한다.

② 매수는 장마감 30분 전에 하고 매도는 장시작 1시간 이내에 하는 것이 좋다. 나머지 시간에는 매매를 하지 않는 것이 좋다. 하루에

2시간 거래하면 충분하다.

③ 관리종목과 투자주의, 투자경고, 투자위험 종목은 거래하지 않는 것을 철칙으로 한다.

매일같이 좋은 종목은 쏟아진다. 위험한 종목을 거래할 이유가 없는 것이다. 위험한 종목을 거래해서 어려움을 당할 이유가 없다.

■ 실전 매매 방법

전고점 돌파 매매 기법 실전 사례 1

매수 방법

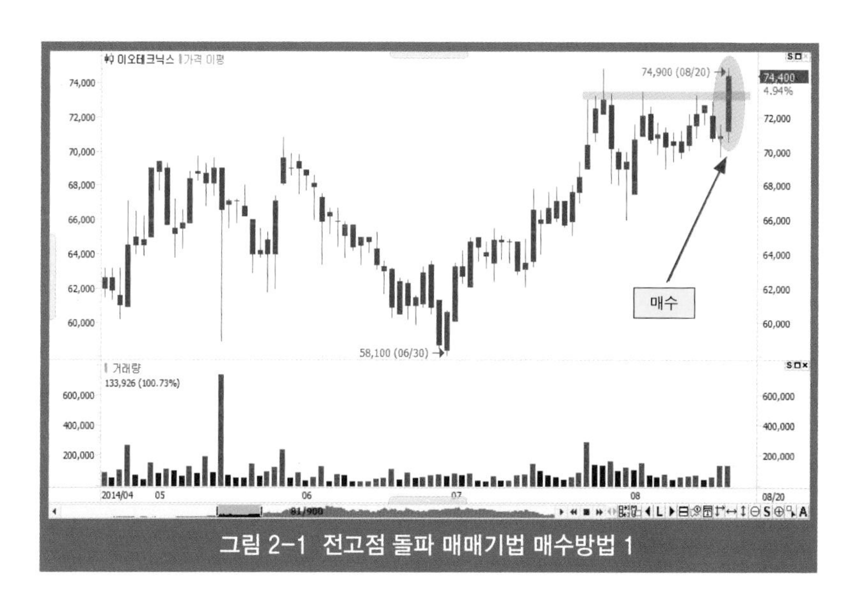

그림 2-1 전고점 돌파 매매기법 매수방법 1

그림 설명

- 거래량이 줄어들면서 횡보하던 주가가 전고점을 강하게 돌파하고 있다.
- 시세를 분출하겠다는 세력의 의지를 읽을 수 있다.
- 전고점을 돌파하는 그 자리가 강력한 매수 급소가 된다.
- 이때 3% 이상의 양봉이 나타난다면 신뢰도가 높아진다.

매도 방법

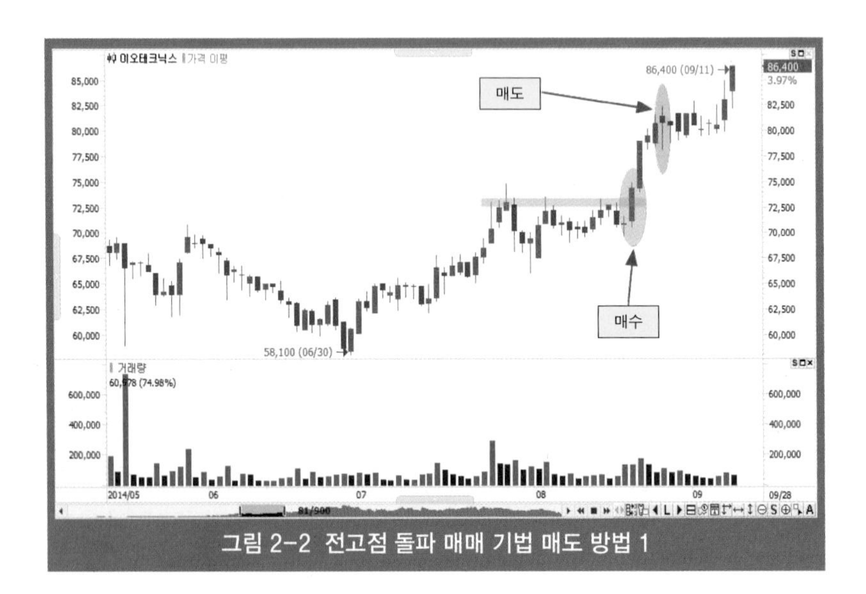

그림 2-2 전고점 돌파 매매 기법 매도 방법 1

그림 설명

- 익일 아침 3% 이상 수익 발생 시 비중 50%를 기계적으로 수익 실현한다.
- 상승하던 주가가 고점 대비 -3%일 때 전량 매도한다.
- 상승하던 주가가 5일 이동평균선을 이탈했을 때 전량 매도한다.

전고점 돌파 매매 기법 실전 사례 2

매수 방법

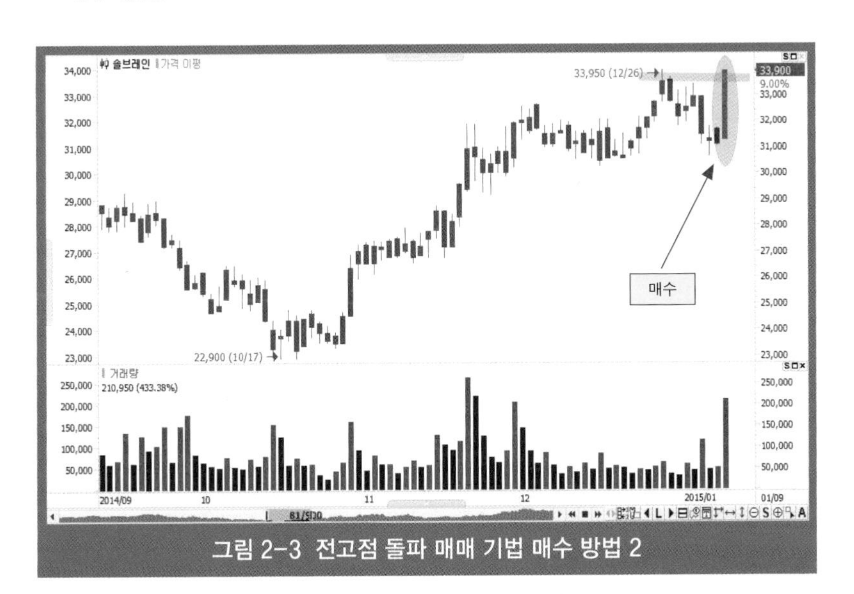

그림 2-3 전고점 돌파 매매 기법 매수 방법 2

그림 설명

- 주가가 상승으로 전환한 이후에 거래량이 줄면서 횡보하고 있다.
- 다시 한번 거래량이 폭증하면서 전고점을 돌파하는 장대 양봉이 발생했다.
- 그곳이 매수 급소가 된다.
- 전고점 돌파는 힘이 강하기 때문에 시세를 분출할 수 있다.
- 전략적으로 5일 이동평균선 이탈 전까지 가져가는 것도 좋다.
- 장마감 30분 전부터 동기호가 전까지 비중 50%를 분할 매수한다.
- 나머지 비중 50%를 종가에 매수한다.

매도 방법

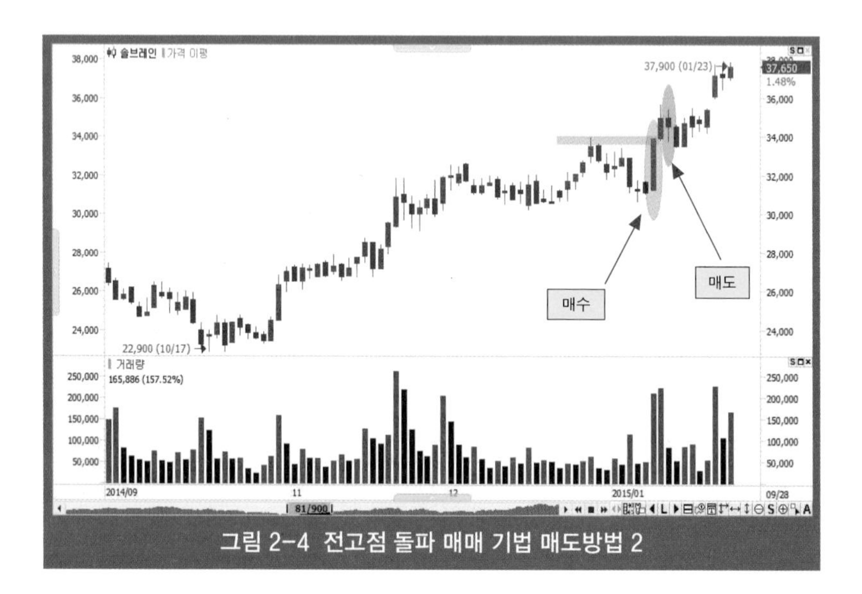

그림 2-4 전고점 돌파 매매 기법 매도방법 2

그림 설명

- 익일 아침 3% 이상 수익 발생 시 비중 50%를 기계적으로 수익 실현한다.
- 상승하던 주가가 고점 대비 –3%일 때 전량 매도한다.
- 상승하던 주가가 5일 이동평균선을 이탈했을 때 전량 매도한다.

전고점 돌파 매매 기법 실전 사례 3

매수 방법

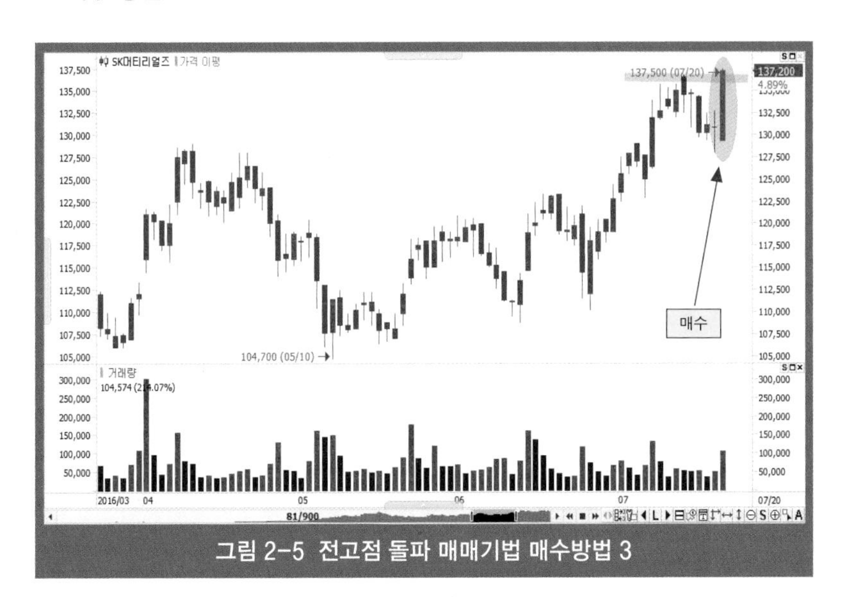

그림 2-5 전고점 돌파 매매기법 매수방법 3

그림 설명

- 거래량이 폭증하면서 전고점을 돌파하는 장대 양봉이 발생했다.
- 그곳이 매수 급소가 된다.
- 전고점 돌파는 힘이 강하기 때문에 시세를 분출할 수 있다.
- 전략적으로 5일 이동평균선 이탈 전까지 가져가는 것도 좋다.
- 장마감 30분 전부터 동기호가 전까지 비중 50%를 분할 매수한다.
- 나머지 비중 50%를 종가에 매수한다.

매도 방법

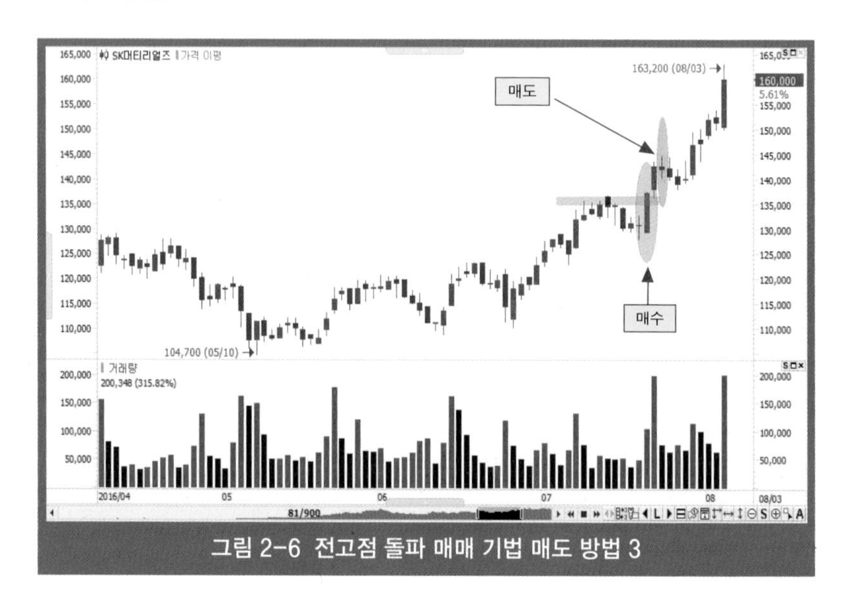

그림 2-6 전고점 돌파 매매 기법 매도 방법 3

그림 설명

- 익일 아침 3% 이상 수익 발생 시 비중 50%를 기계적으로 수익 실현한다.
- 상승하던 주가가 고점 대비 −3%일 때 전량 매도한다.
- 상승하던 주가가 5일 이동평균선을 이탈했을 때 전량 매도한다.

■ 주의 사례

전고점 돌파 매매 기법 주의 사례 1

속임수 양봉

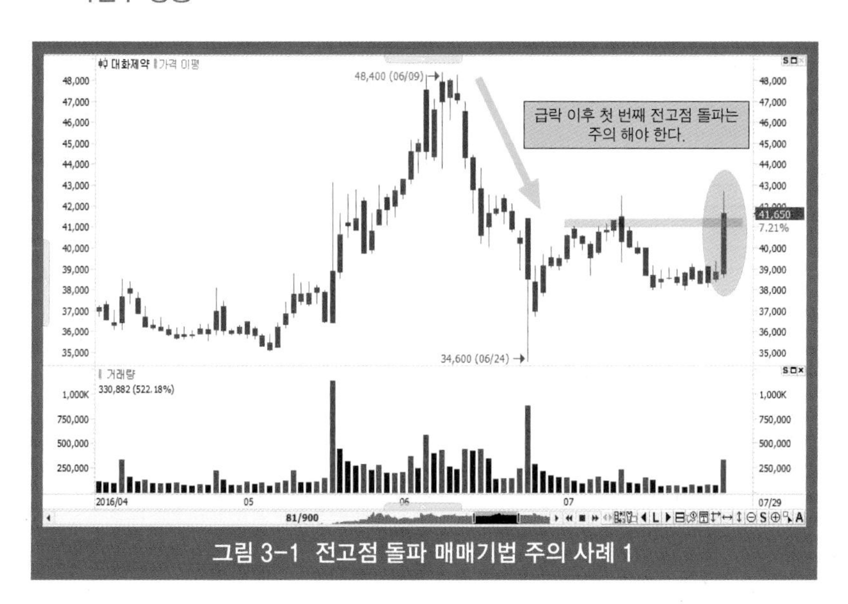

그림 3-1 전고점 돌파 매매기법 주의 사례 1

그림 설명

- 전고점을 거래량을 동반해 강하게 돌파했지만 직전 고점에 매물 부담이 있다.
- 충분히 매물을 소화했다고 보기 어렵기 때문에 주의해야 한다.
- 매물을 충분히 소화한 이후에 전고점을 돌파하는 양봉이 발생한다면 관심종목으로 등록해야 한다.
- 시나리오 매매 기법에서 벗어났기 때문에 매수하지 않아야 한다.

매도 방법

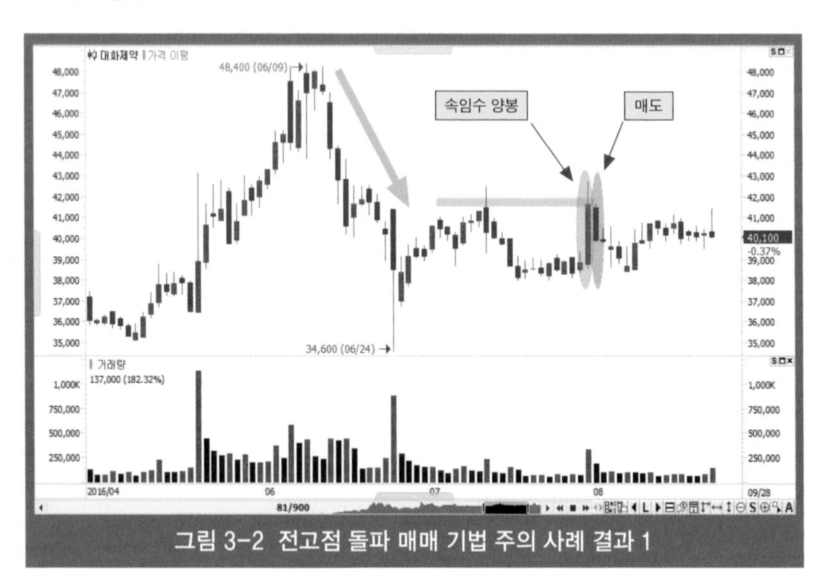

그림 3-2 전고점 돌파 매매 기법 주의 사례 결과 1

그림 설명

- 매수가를 이탈했을 때는 반등 시 비중 50%를 분할 매도한다.
- 손절은 −3%로 한다.
- −3% 이탈했을 때 바로 매도하기보다는 반등 시마다 분할 매도한다.

전고점 돌파 매매 기법 주의 사례 2

속임수 양봉

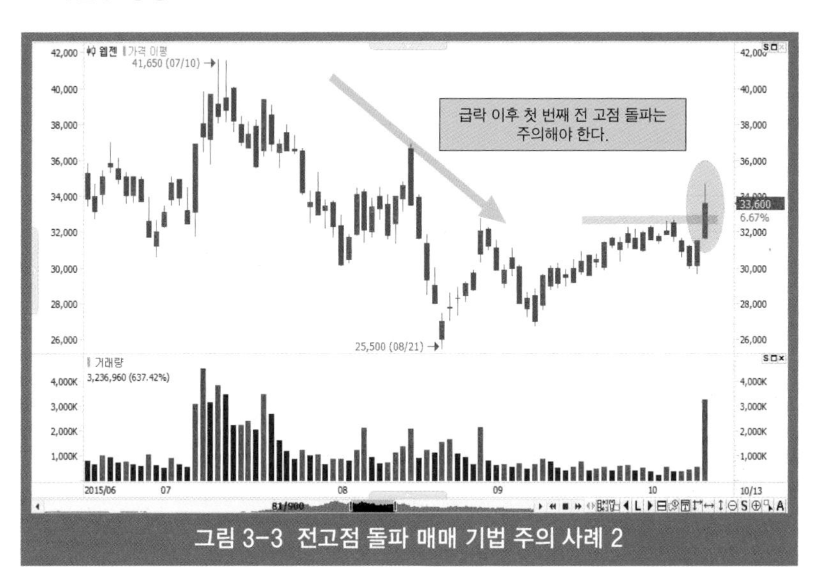

그림 3-3 전고점 돌파 매매 기법 주의 사례 2

그림 설명

- 앞의 사례와 마찬가지로 매물 부담이 큰 자리다.
- 거래량을 동반하며 전고점을 돌파하기는 했지만 이격이 큰 편이다.
- 전고점 부근에서 종료되는 것이 좋다.
- 전고점과 이격이 너무 크면 다음 날 쉬어가는 경우도 있고 때로는 이격이 큰 만큼 하락하는 경우도 있다.
- 이격이 큰 상태에서 매수를 하는 것이 아니라 이격이 커지기 직전에 매수하는 전략이 좋다.
- 시나리오 매매 기법에서 벗어났기 때문에 매수하지 않아야 한다.

매도 방법

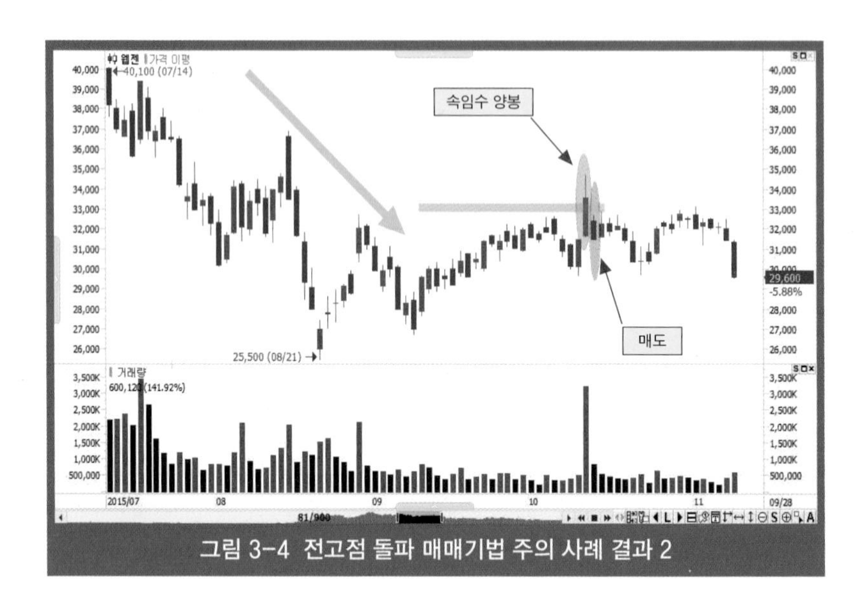

그림 3-4 전고점 돌파 매매기법 주의 사례 결과 2

그림 설명

- 매수가를 이탈했을 때는 반등 시 비중 50%를 분할 매도한다.
- 손절은 −3%로 한다.
- −3% 이탈했을 때 바로 매도하기보다는 반등 시마다 분할 매도한다.

04 CHAPTER

신세계 양봉 매매 기법

특별한 이슈 없이 장대 양봉이 나오는 것에 관심을 가져야 한다. 장대 양봉 속에 담긴 세력의 뜻을 알아낼 수 있어야 한다. 아무런 계획 없이 장대 양봉이 나오지 않는다. 장대 양봉은 꼭 나와야 할 자리에서 나온다. 해석 가능한 장대 양봉에서 매수를 하고 수익을 극대화해야 한다.

신세계 양봉 매매 기법은 박스권을 강하게 상승돌파하는 양봉에서 매수하는 기법이다. 박스권을 강하게 상승돌파하는 신세계 양봉의 출현은 시세의 분출을 의미한다. 시세가 분출하는 출발점에서 잠시 탑승하는 것이다. 세력이 언제 어디까지 시세를 끌어갈지 알 수 없기 때문에 잠시 탑승하는 것이다. 확실한 것은 시세가 분출하는 시점은 알아낼 수 있다는 것이다. 그것이 거래량을 동반한 신세계 장대 양봉이다. 의미없는 자리의 양봉이 아닌 세력의 뜻이 있는 양봉을 말한다. 그 자리가 길목이고 매수 급소다.

■ 종목선정의 기준과 매매 방법

신세계 양봉 매매 기법 종목선정의 기준

거래량을 동반하며 박스권을 강하게 돌파하는 종목을 선정한다.

거래량이 전일 대비 최소 50% 이상이면 신뢰도가 높아진다.

전 5일 평균 대비 50% 이상이면 더 좋다.

박스권을 최소 3% 이상의 강한 양봉으로 돌파한 종목을 선정한다.

매수방법

① 장마감 1시간 전에 거래량을 동반하며 박스권을 강하게 돌파한 종목을 관심종목에 등록한다. 관심종목은 10종목 내외가 좋다.

② 여러 종목 중 거래량과 거래대금이 풍부한 탄력이 좋은 종목 3~4가지로 압축한다.

③ 최종종목을 선정한 이후에 장마감 30분 전부터 동시호가 전까지 비중 50%를 분할 매수한다. 매집을 잘 했다면 장마감 때 이미 1%

이상의 수익이 발생한 경우가 많이 있다. 그렇게 될 수 있도록 훈련해야 한다.

④ 나머지 비중 50%를 종가에 매수한다.

매도 방법

① 익일 아침 3% 이상 수익 발생 시 비중 50%를 기계적으로 수익 실현한다. 거래가 활발한 오전 10시 이전에 수익 실현하는 것이 좋다. 수급이 긍적적일 때는 종가에 추가 매수한다. 경우에 따라 1차 목표가에서 전량 매도한 이후에 더 강한 종목으로 교체 매매하는 것도 좋다.

② 수익이 발생한 이후에 고점 대비 -3%일 때 전량 매도한다.

③ 매수가를 이탈했을 때는 반등 시 비중 50%를 분할 매도한다.

④ 손절은 -3%로 한다. -3% 이탈했을 때 바로 매도하기보다는 반등 시마다 분할 매도한다.

주의 사항

① 관심종목은 10종목 내외로 한다.

② 거래종목은 최대 4종목까지만 한다. 그 이상은 매매하지 않는다.

③ 관리종목과 투자주의, 투자경고, 투자위험 종목은 거래하지 않는다.

④ 박스권 돌파 시 거래량을 동반하지 않는 종목은 거래하지 않는다.

⑤ 박스권 돌파 시 양봉이 2% 이하인 종목은 거래하지 않는다.

■ 실전 매매 방법

신세계 양봉 매매 기법 실전 사례 1

매수 방법

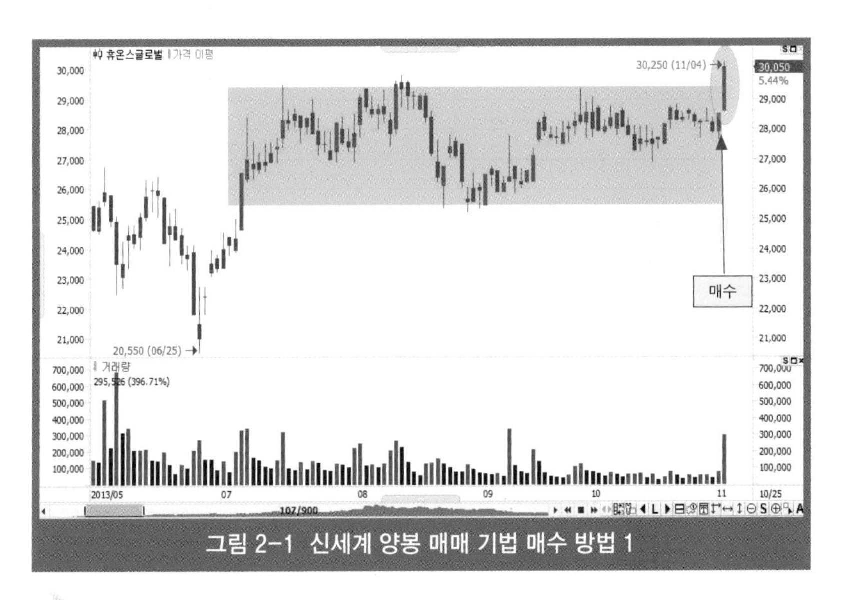

그림 2-1 신세계 양봉 매매 기법 매수 방법 1

그림 설명

- 특별한 방향성 없이 횡보하던 주가가 박스권을 강하게 돌파하고 있다.
- 시세를 분출하겠다는 세력의 의지를 읽을 수 있다.
- 박스권을 돌파하는 장대 양봉이 신세계 양봉의 출현이다.
- 그 자리가 강력한 매수 급소가 된다.
- 3% 이상의 양봉이 나타난다면 신뢰도가 높아진다.

매도 방법

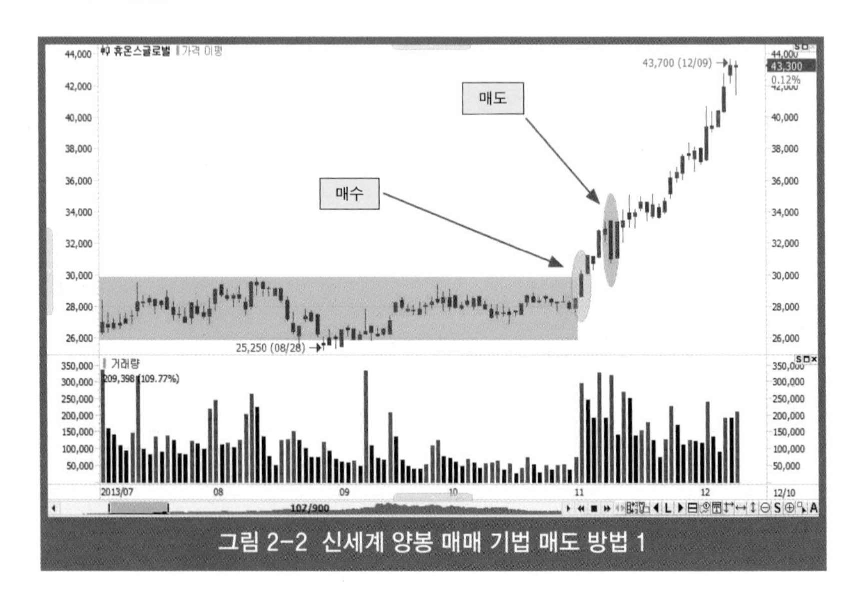

그림 2-2 신세계 양봉 매매 기법 매도 방법 1

그림 설명

- 익일 아침 3% 이상 수익 발생 시 비중 50%를 기계적으로 수익 실현한다.
- 상승하던 주가가 고점 대비 −3%일 때 전량 매도한다.
- 상승하던 주가가 5일 이동평균선을 이탈했을 때 전량 매도한다.

신세계 양봉 매매 기법 실전 사례 2

매수 방법

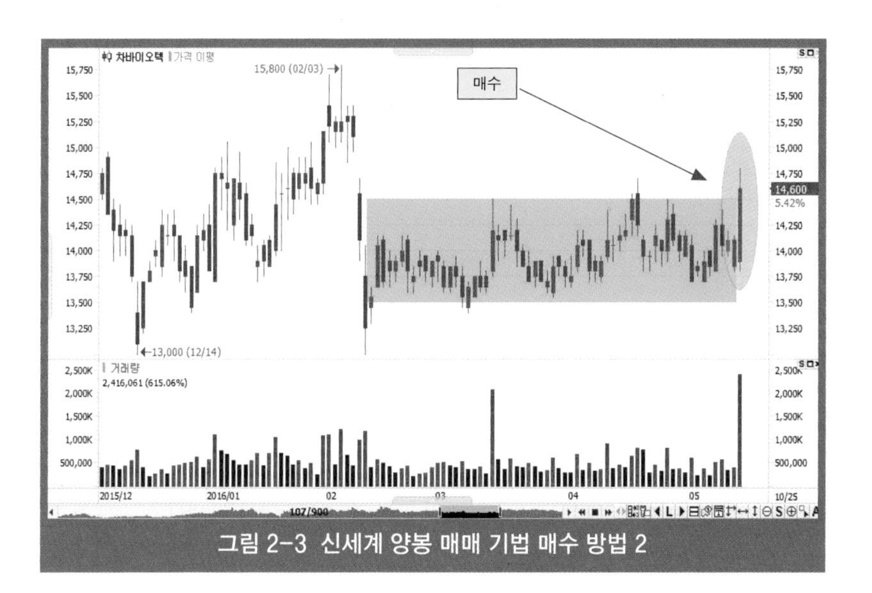

그림 2-3 신세계 양봉 매매 기법 매수 방법 2

그림 설명

- 일정 기간 동안 박스권을 유지하다가 거래량을 동반하며 강하게 박스권을 돌파하는 신세계 양봉이 출현했다.
- 신세계 양봉이 매수 급소다.
- 거래량이 전일 대비 무려 500% 이상의 폭등을 보이고 있다.
- 신세계로 출발하겠다는 신호다.
- 장마감 30분 전부터 동기호가 전까지 비중 50%를 분할 매수한다.
- 나머지 비중 50%를 종가에 매수한다.

매도 방법

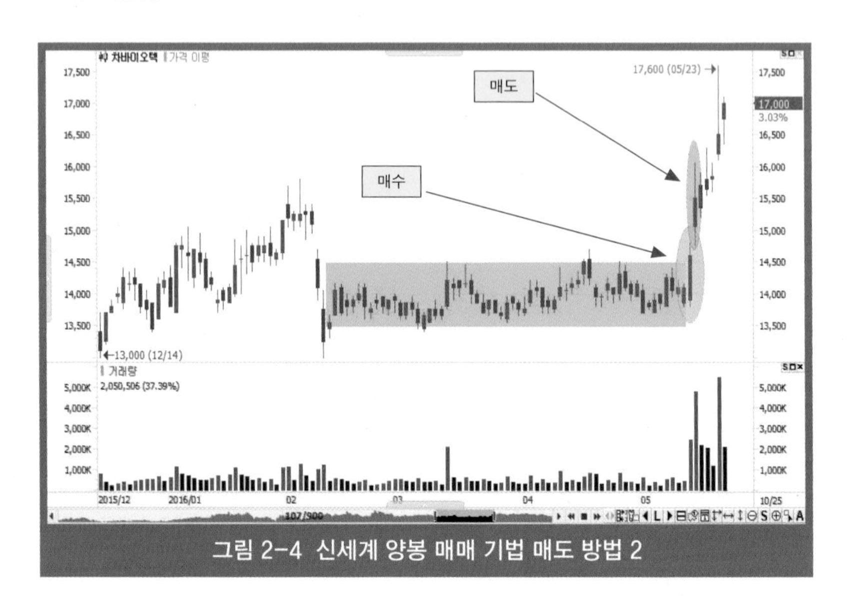

그림 2-4 신세계 양봉 매매 기법 매도 방법 2

그림 설명

- 익일 아침 3% 이상 수익 발생 시 비중 50%를 기계적으로 수익 실현한다.
- 상승하던 주가가 고점 대비 -3%일 때 전량 매도한다.
- 상승하던 주가가 5일 이동평균선을 이탈했을 때 전량 매도한다.

신세계 양봉 매매 기법 실전 사례 3

매수 방법

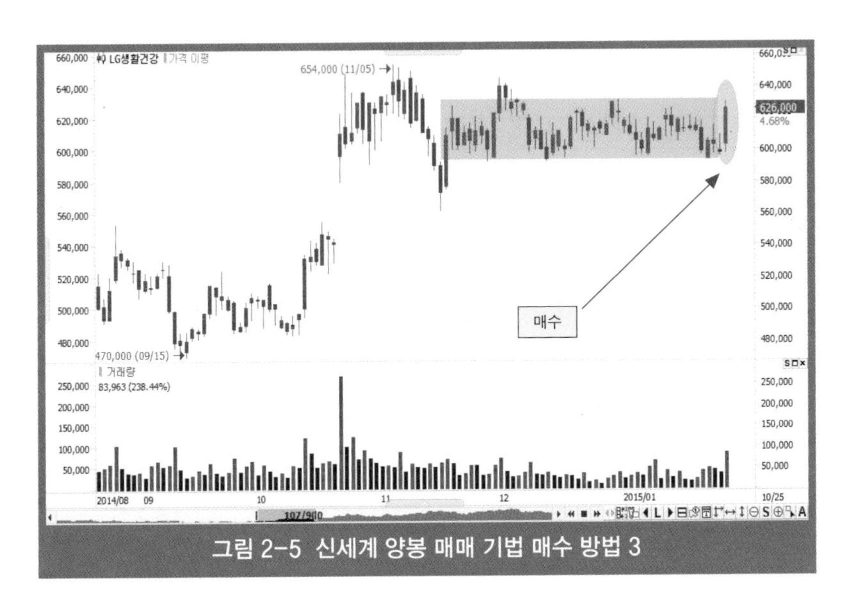

그림 2-5 신세계 양봉 매매 기법 매수 방법 3

그림 설명

- 거래량을 동반하며 강하게 박스권을 돌파하는 신세계 양봉이 출현했다.
- 신세계 양봉이 매수 급소다.
- 거래량이 전일 대비 200% 이상의 폭등을 보이고 있다.
- 신세계로 출발하겠다는 신호다.
- 장마감 30분 전부터 동기호가 전까지 비중 50%를 분할 매수한다.
- 나머지 비중 50%를 종가에 매수한다.

매도 방법

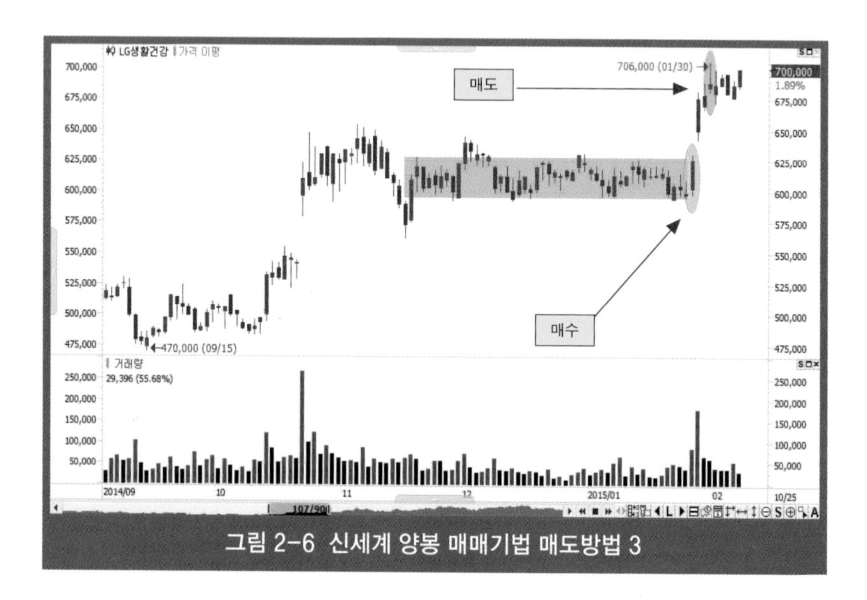

그림 2-6 신세계 양봉 매매기법 매도방법 3

그림 설명

- 익일 아침 3% 이상 수익 발생 시 비중 50%를 기계적으로 수익 실현한다.
- 상승하던 주가가 고점 대비 -3%일 때 전량 매도한다.
- 상승하던 주가가 5일 이동평균선을 이탈했을 때 전량 매도한다.

■ 주의 사례

신세계 양봉 매매 기법 주의 사례 1

속임수 양봉

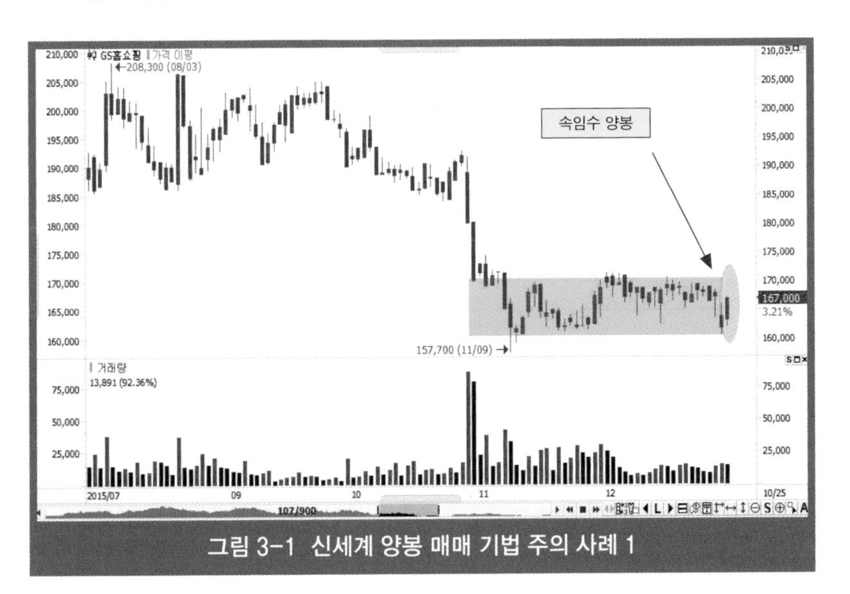

그림 3-1 신세계 양봉 매매 기법 주의 사례 1

그림 설명

- 박스권 돌파를 시도했지만 완벽하게 박스권을 장악하지는 못했다.
- 거래량도 5일 평균 대비 크게 증가하지 않았다.
- 신세계 양봉이라고 보기는 어렵다. 오히려 매물 부담이 있는 자리다.
- 거래량을 동반하며 박스권을 완벽하게 장악한 장대 양봉이 나온다면 관심종목에 등록해야 한다.
- 시나리오 매매 기법에서 벗어났기 때문에 매수하지 않아야 한다.

매도 방법

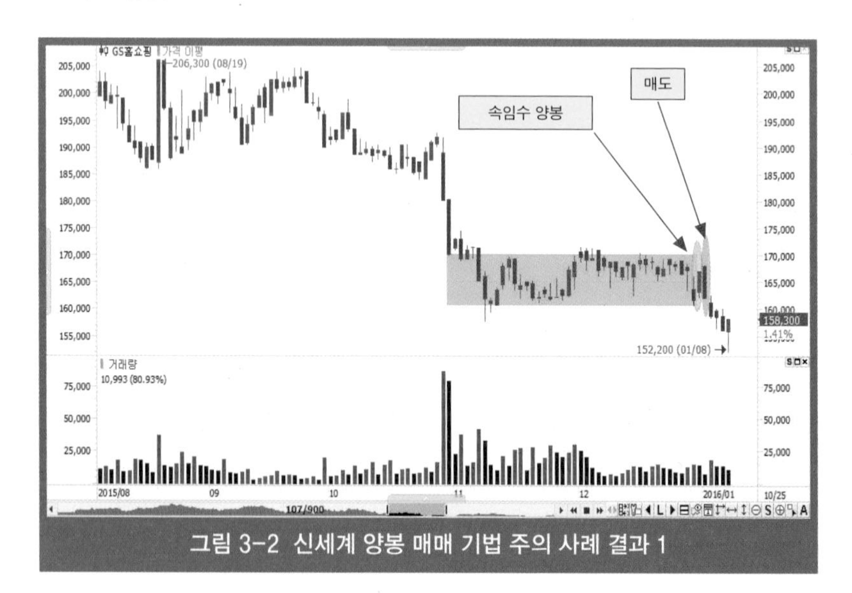

그림 3-2 신세계 양봉 매매 기법 주의 사례 결과 1

그림 설명

- 매수가를 이탈했을 때는 반등 시 비중 50%를 분할 매도한다.
- 손절은 −3%로 한다.
- −3% 이탈했을 때 바로 매도하기보다는 반등 시마다 분할 매도한다.

신세계 양봉 매매기법 주의 사례 2

속임수 양봉

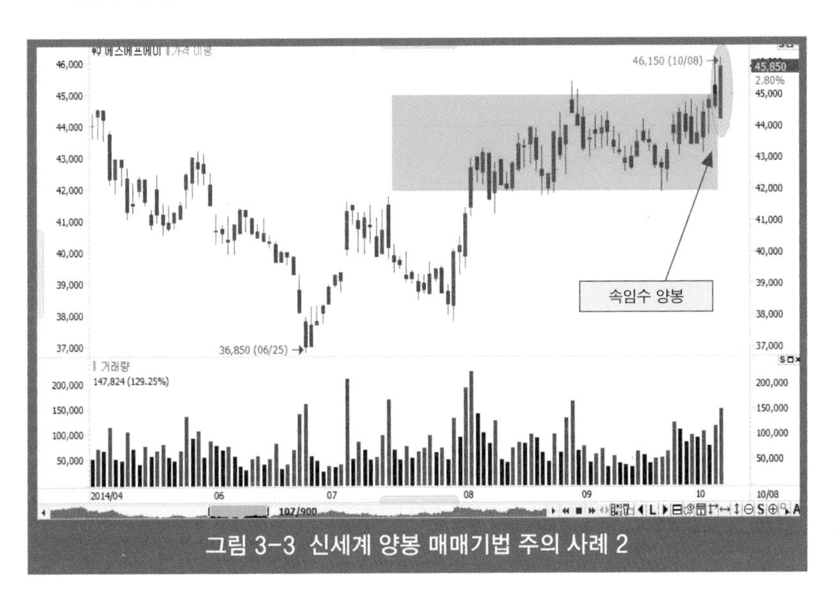

그림 3-3 신세계 양봉 매매기법 주의 사례 2

그림 설명

- 캔들이 박스권을 돌파하기는 했지만 강하게 돌파하지는 못했다.
- 3% 이상의 장대 양봉이 아니기 때문에 신세계 양봉으로 보기 어렵다.
- 양봉의 거래량이 5일 평균 거래량과 큰 차이가 없다.
- 박스권과 이격이 큰 편이다. 다음 날 추가적으로 상승하기에는 부담이 있다.
- 시나리오 매매 기법에서 벗어났기 때문에 매수하지 않아야 한다.

매도 방법

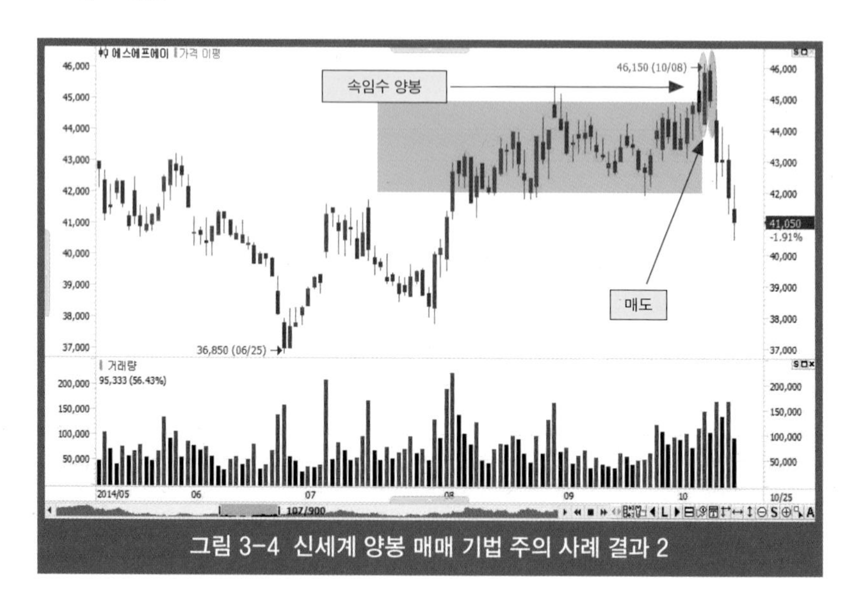

그림 3-4 신세계 양봉 매매 기법 주의 사례 결과 2

그림 설명

- 매수가를 이탈했을 때는 반등 시 비중 50%를 분할 매도한다.
- 손절은 -3%로 한다.
- -3% 이탈했을 때 바로 매도하기보다는 반등 시마다 분할 매도한다.

인생역전 양봉 매매 기법

주가는 대부분 골든크로스 이후에 급등하는 경우가 있다. 골든크로스 이후에 20일 이동평균선 부근에서 발생하는 장대 양봉이 인생역전 양봉이다. 매수 급소가 된다. 세력은 골든크로스 이후에 잠시 쉬어가는 경우가 있다. 추가적으로 매집을 하면서 에너지를 비축하기 위해서다. 모든 준비가 완료되면 인생역전 양봉의 신호와 함께 시세를 분출하게 된다. 그 길목에 서서 잠시 탑승하는 전략이다. 골든크로스 이후에 거래량이 줄면서 20일 이동평균선과 이격을 줄여간다면 우리에게 기회를 주고 있는 것이다. 그 기회를 놓쳐서는 안 된다.

인생역전 양봉 매매기법 종목선정의 기준

① 60일 이동평균선을 20일 이동평균선이 상승돌파하는 골든크로스 이후에 거래량이 줄면서 20일 이동평균선과 이격을 좁히고 있는 종목을 관심 있게 지켜본다.

② 20일 이동평균선과 이격이 좁아진 상태에서 거래량을 동반한 강한 장대 양봉이 발생한 종목을 선정한다.

③ 거래량이 전일 대비 최소 50% 이상인 종목을 선정한다.

④ 최소 3% 이상의 강한 양봉이 나타난 종목을 선정한다.

매수 방법

① 장마감 1시간 전에 골든크로스 이후에 20일 이동평균선과 이격이 좁아진 상태에서 3% 이상의 강한 장대 양봉이 발생한 종목을 관심종목에 등록한다. 관심종목은 10종목 내외가 좋다.

② 여러 종목 중 거래량과 거래대금이 풍부한 탄력이 좋은 종목 3~4가지로 압축한다.

③ 최종종목을 선정한 이후에 장마감 30분 전부터 동시호가 전까지 비중 50%를 분할 매수한다. 매집을 잘 했다면 장마감 때 이미 1% 이상의 수익이 발생한 경우가 많이 있다. 그렇게 될 수 있도록 훈련을 해야 한다.

④ 나머지 비중 50%를 종가에 매수한다.

매도 방법

① 익일 아침 3% 이상 수익 발생 시 비중 50%를 기계적으로 수익 실현한다. 거래가 활발한 오전 10시 이전에 수익 실현하는 것이 좋다. 수급이 긍적적일 때는 종가에 추가 매수한다. 경우에 따라 1차 목표가에서 전량 매도한 이후에 더 강한 종목으로 교체매매하는 것도 좋다.

② 수익이 발생한 이후에 고점대비 -3%일 때 전량 매도한다.

③ 매수가를 이탈했을 때는 반등 시 비중 50%를 분할 매도한다.

④ 손절은 -3%로 한다. -3% 이탈했을 때 바로 매도하기보다는 반등 시마다 분할 매도한다.

주의 사항

① 관심종목은 10종목 내외로 한다.

② 거래종목은 최대 4종목까지만 한다. 그 이상은 매매하지 않는다.

③ 관리종목과 투자주의, 투자경고, 투자위험 종목은 거래하지 않는다.

④ 장대 양봉 발생 시 거래량을 동반하지 않는 종목은 거래하지 않는다.

⑤ 양봉이 2% 이하인 종목은 거래하지 않는다.

■ 실전 매매 방법

인생역전 양봉 매매 기법 실전 사례 1

매수 방법

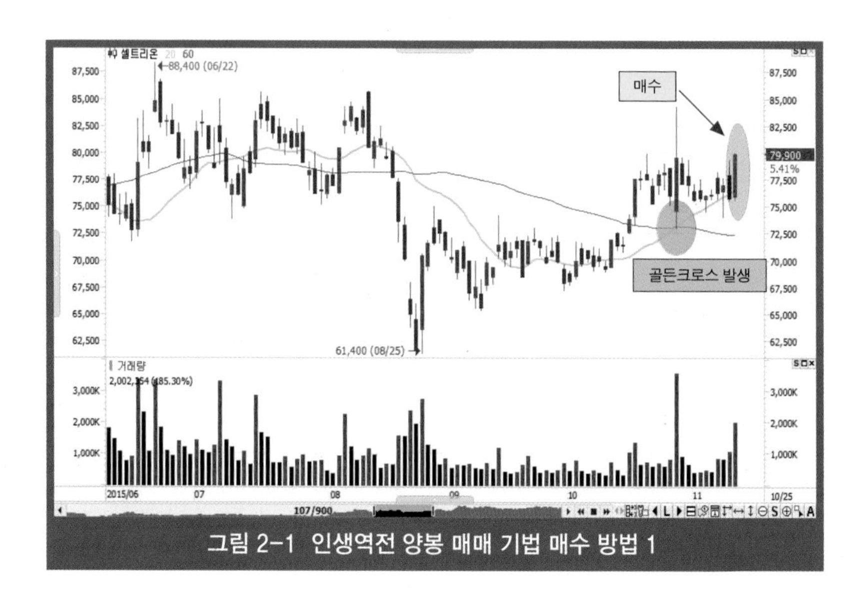

그림 2-1 인생역전 양봉 매매 기법 매수 방법 1

그림 설명

- 골든크로스가 발생한 이후에 20일 이동평균선과 이격을 좁히고 있다.
- 이격이 좁아진 이후에 거래량과 함께 인생역전 양봉을 연출하고 있다.
- 이때 거래량이 5일 평균 대비 50% 이상이면 신뢰도가 높아진다.
- 양봉이 3% 이상이라면 신뢰도는 더 높아진다.

매도 방법

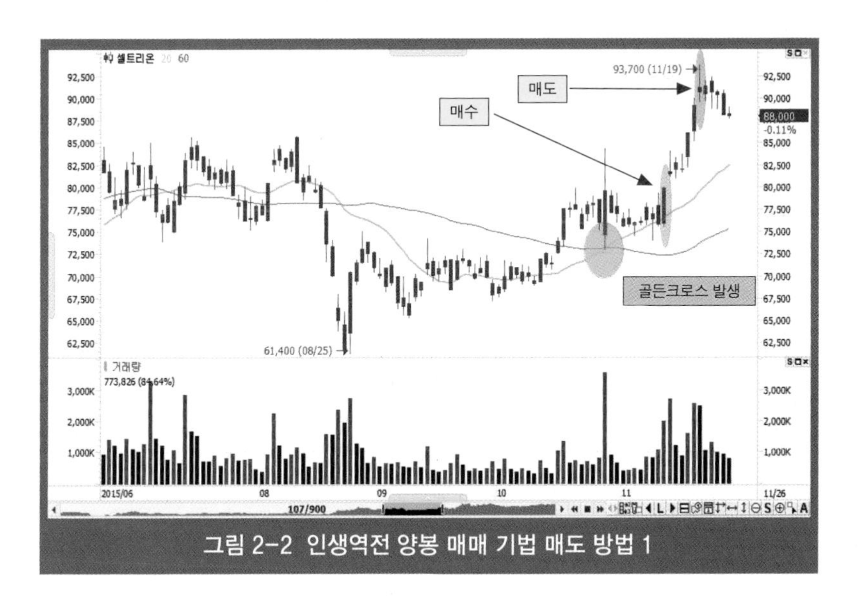

그림 2-2 인생역전 양봉 매매 기법 매도 방법 1

그림 설명

- 익일 아침 3% 이상 수익 발생 시 비중 50%를 기계적으로 수익 실현한다.
- 상승하던 주가가 고점 대비 –3%일 때 전량 매도한다.
- 상승하던 주가가 5일 이동평균선을 이탈했을 때 전량 매도한다.

인생역전 양봉 매매 기법 실전 사례 2

매수 방법

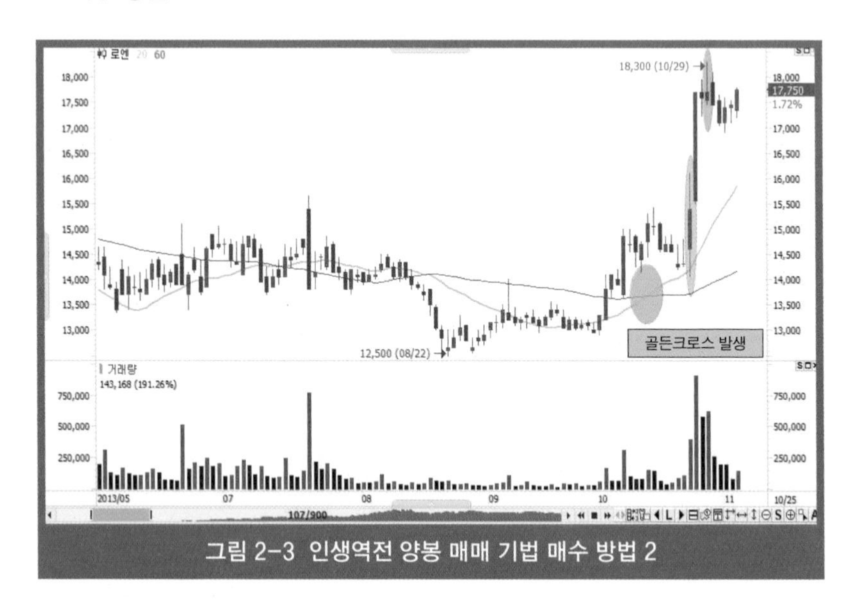

그림 2-3 인생역전 양봉 매매 기법 매수 방법 2

그림 설명

- 골든크로스가 발생한 이후에 거래량이 줄면서 20일 이동평균선과 이격을 좁혀가는 모습을 보이고 있다. 이런 종목은 항상 관심을 가지고 지켜보아야 한다.
- 골든크로스 이후에 인생역전 양봉이 발생하면 시세를 분출하는 경우가 많이 있다.
- 인생역전 양봉은 대량의 거래량이 동반된다.
- 이때 거래량이 5일 평균 대비 50% 이상이면 신뢰도가 높아진다.
- 장마감 30분 전부터 동기호가 전까지 비중 50%를 분할 매수한다.
- 나머지 비중 50%를 종가에 매수한다.

매도 방법

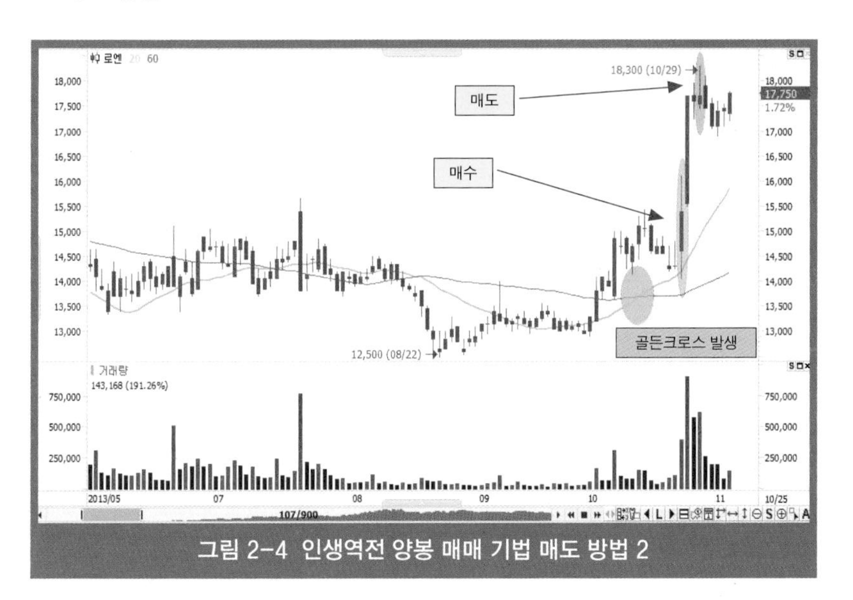

그림 2-4 인생역전 양봉 매매 기법 매도 방법 2

그림 설명

- 익일 아침 3% 이상 수익 발생 시 비중 50%를 기계적으로 수익 실현한다.
- 상승하던 주가가 고점 대비 -3%일 때 전량 매도한다.
- 상승하던 주가가 5일 이동평균선을 이탈했을 때 전량 매도한다.

인생역전 양봉 매매 기법 실전 사례 3

매수 방법

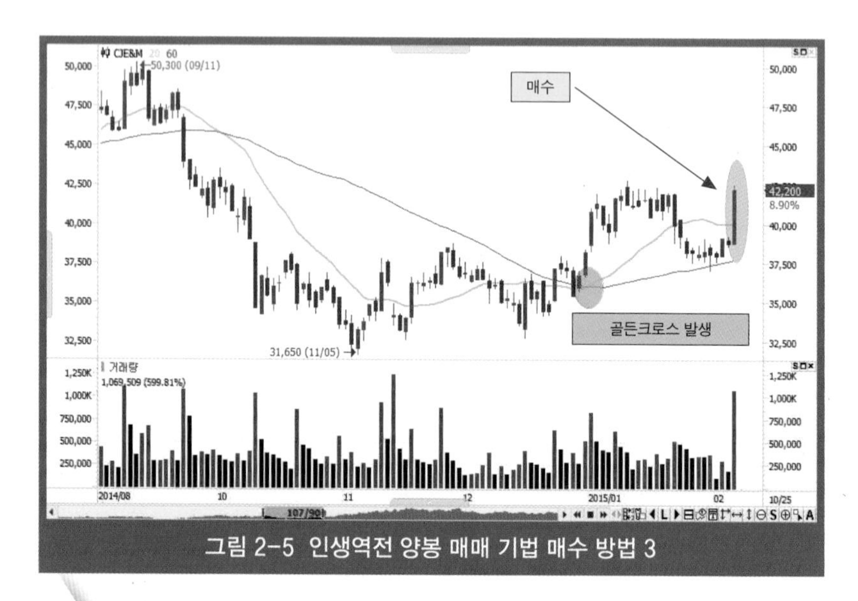

그림 2-5 인생역전 양봉 매매 기법 매수 방법 3

그림 설명

- 골든크로스가 발생한 이후에 거래량이 줄면서 20일 이동평균선과 이격을 좁혀가는 모습을 보이고 있다. 이런 종목은 항상 관심을 가지고 지켜보아야 한다.
- 골든크로스 이후에 인생역전 양봉이 발생하면 시세를 분출하는 경우가 많이 있다.
- 인생역전 양봉은 대량의 거래량이 동반된다.
- 이때 거래량이 5일 평균 대비 50% 이상이면 신뢰도가 높아진다.
- 장마감 30분 전부터 동기호가 전까지 비중 50%를 분할 매수한다.
- 나머지 비중 50%를 종가에 매수한다.

매도 방법

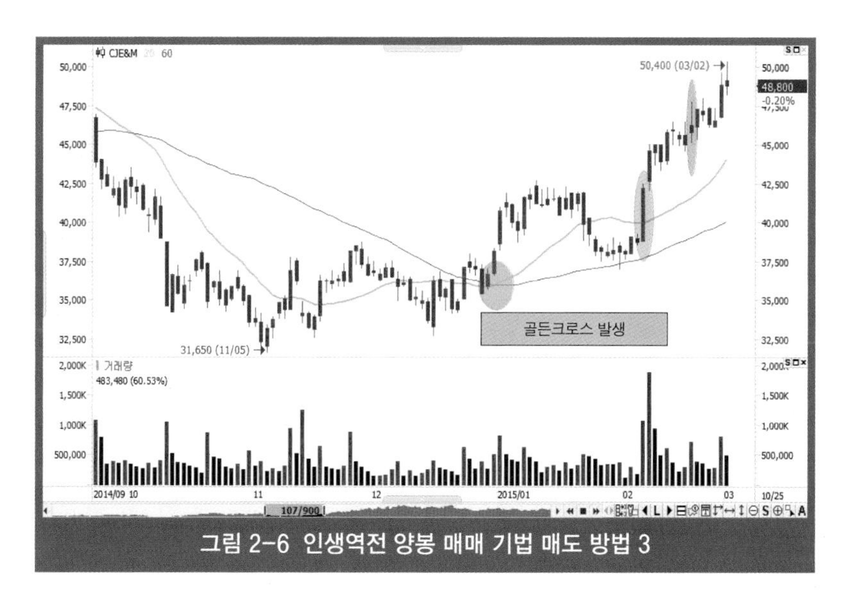

그림 2-6 인생역전 양봉 매매 기법 매도 방법 3

그림 설명

- 익일 아침 3% 이상 수익 발생 시 비중 50%를 기계적으로 수익 실현한다.
- 상승하던 주가가 고점 대비 −3%일 때 전량 매도한다.
- 상승하던 주가가 5일 이동평균선을 이탈했을 때 전량 매도한다.

■ 주의 사례

인생역전 양봉 매매 기법 주의 사례 1

속임수 양봉

그림 3-1 인생역전 양봉 매매 기법 주의 사례 1

그림 설명

- 골든크로스 이후에 20일 이동평균선과 이격을 줄이고 있다.
- 20일 이동평균선 부근에서 양봉이 발생했다. 매수 급소라고 생각할 수 있겠지만 그렇지 않다.
- 3% 이상의 양봉이 발생하지 않았다.
- 시나리오 매매 기법에서 벗어났기 때문에 매수하지 않아야 한다.

매도 방법

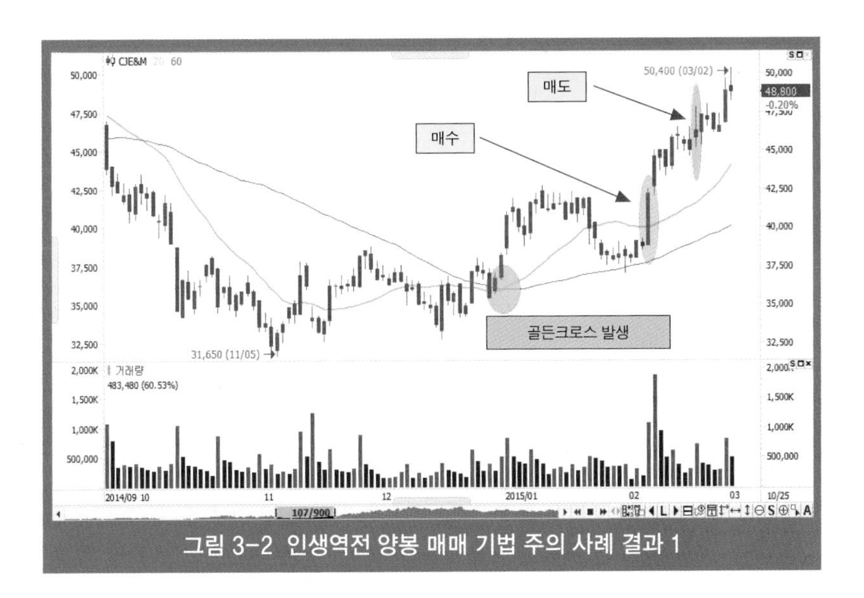

그림 3-2 인생역전 양봉 매매 기법 주의 사례 결과 1

그림 설명

- 매수가를 이탈했을 때는 반등 시 비중 50%를 분할 매도한다.
- 손절은 -3%로 한다.
- -3% 이탈했을 때 바로 매도하기보다는 반등 시마다 분할 매도한다.

인생역전 양봉 매매 기법 주의 사례 2

속임수 양봉

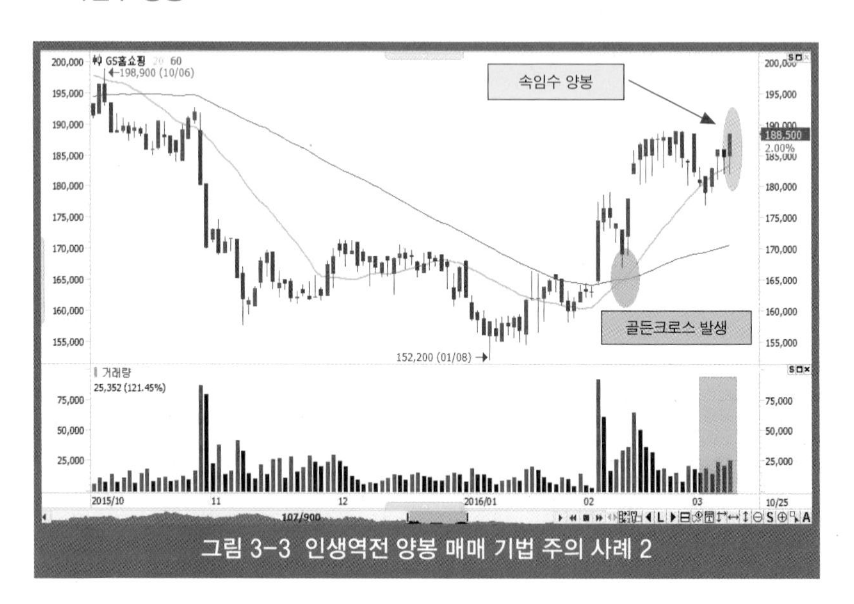

그림 3-3 인생역전 양봉 매매 기법 주의 사례 2

그림 설명

- 골든크로스 이후 20일 이동평균선 부근에서 양봉이 발생했다.
- 하지만 인생역전 양봉은 아니다.
- 인생역전 양봉이 되기 위해서는 반드시 거래량을 동반한 강력한 양봉이어야 한다.
- 차트를 보면 양봉이 발생할 때 거래량의 차이가 크게 없었다. 5일 평균 대비 50% 이상의 증가를 보여주고 있지 않다.
- 양봉도 3% 이상 상승하지 않았다.
- 시나리오 매매 기법에서 벗어났기 때문에 매수하지 않아야 한다.

매도 방법

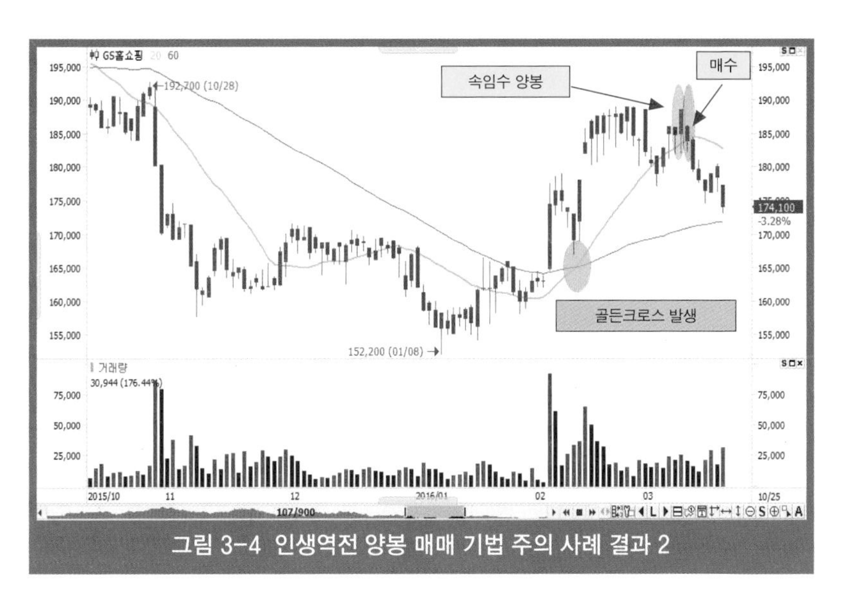

그림 3-4 인생역전 양봉 매매 기법 주의 사례 결과 2

그림 설명

- 매수가를 이탈했을 때는 반등 시 비중 50%를 분할 매도한다.
- 손절은 −3%로 한다.
- −3% 이탈했을 때 바로 매도하기보다는 반등 시마다 분할 매도한다.

06
CHAPTER

밀집 패턴 양봉 매매 기법

단기 급등이 나타난 이후에 추가 급등 없이 쉬어가는 경우가 있다. 세력이 추가적으로 물량을 확보하는 시간이라고 해석할 수 있다. 추가적이 매집이 마무리되면 또 한 번 급등할 수 있다. 세력이 주가를 관리하면서 특정 가격대를 유지하는 경우가 있는데, 이런 캔들이 지지캔들 형태로 나타난다. 일정 가격 이하로는 내려가지 않는 상태다. 이러한 패턴을 밀집 패턴이라고 한다. 밀집 패턴 이후에 거래 량을 동반한 강한 양봉이 발생한다면 그곳이 매수 급소가 된다.

■ 종목선정의 기준과 매매 방법

밀집 패턴 양봉 매매 기법 종목선정의 기준

① 연속되는 지지 캔들이 발생하면 관심 있게 지켜본다.

② 이후에 거래량을 동반한 강한 양봉이 발생한 종목을 관심종목에 등록한다.

③ 거래량이 전일 대비 최소 50% 이상인 종목을 선정한다.

④ 최소 3% 이상의 강한 양봉이 나타난 종목을 선정한다.

매수 방법

① 장마감 1시간 전에 연속되는 지지 캔들 이후에 거래량을 동반한 강한 양봉이 출현한 종목을 관심종목에 등록한다.

② 여러 종목 중 거래량과 거래대금이 풍부한 탄력이 좋은 종목 3~4가지로 압축한다.

③ 최종종목을 선정한 이후에 장마감 30분 전부터 동시호가 전까지 비중 50%를 분할 매수한다. 매집을 잘 했다면 장마감 때 이미 1% 이상의 수익이 발생한 경우가 많이 있다. 그렇게 될 수 있도록 훈련해야 한다.

④ 나머지 비중 50%를 종가에 매수한다.

매도 방법

① 익일 아침 3% 이상 수익 발생 시 비중 50%를 기계적으로 수익 실현한다. 거래가 활발한 오전 10시 이전에 수익 실현하는 것이 좋다. 수급이 긍적적일 때는 종가에 추가 매수한다. 경우에 따라 1차 목표가에서 전량 매도한 이후에 더 강한 종목으로 교체 매매하는 것도 좋다.

② 수익이 발생한 이후에 고점 대비 -3%일 때 전량 매도한다.

③ 매수가를 이탈했을 때는 반등시 비중 50%를 분할 매도한다.

④ 손절은 -3%로 한다. -3% 이탈했을 때 바로 매도하기보다는 반등 시마다 분할 매도한다.

주의 사항

① 관심종목은 10종목 내외로 한다.

② 거래종목은 최대 4종목까지만 한다. 그 이상은 매매하지 않는다.

③ 관리종목과 투자주의, 투자경고, 투자위험 종목은 거래하지 않는다.

④ 장대 양봉 발생 시 거래량을 동반하지 않는 종목은 거래하지 않는다.

⑤ 양봉이 2% 이하인 종목은 거래하지 않는다.

■ 실전 매매 방법

밀집 패턴 양봉 매매 기법 실전 사례 1

매수 방법

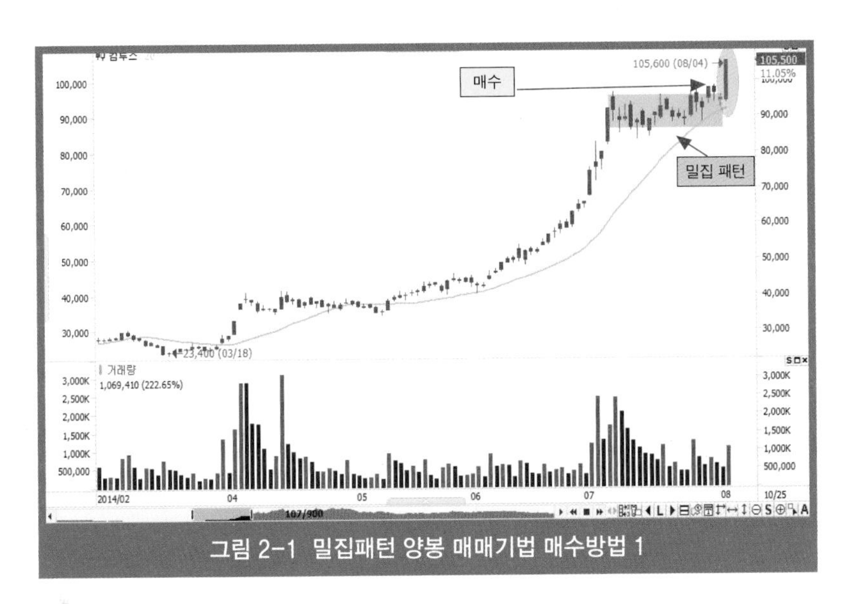

그림 2-1 밀집패턴 양봉 매매기법 매수방법 1

그림 설명

- 시세를 한 번 분출한 이후에 거래량이 줄면서 횡보를 하고 있다.
- 특징 중 하나는 일정한 가격 이하로 내려가지 않고 있다는 것이다.
- 시세 분출 이후에 20일 이동평균선 부근에서 밀집 패턴이 발생한다면 관심을 가져야 한다.
- 20일 이동평균선에 수렴되었을 때 다시 한번 거래량을 동반한 강력한 양봉이 발생했다.

매도 방법

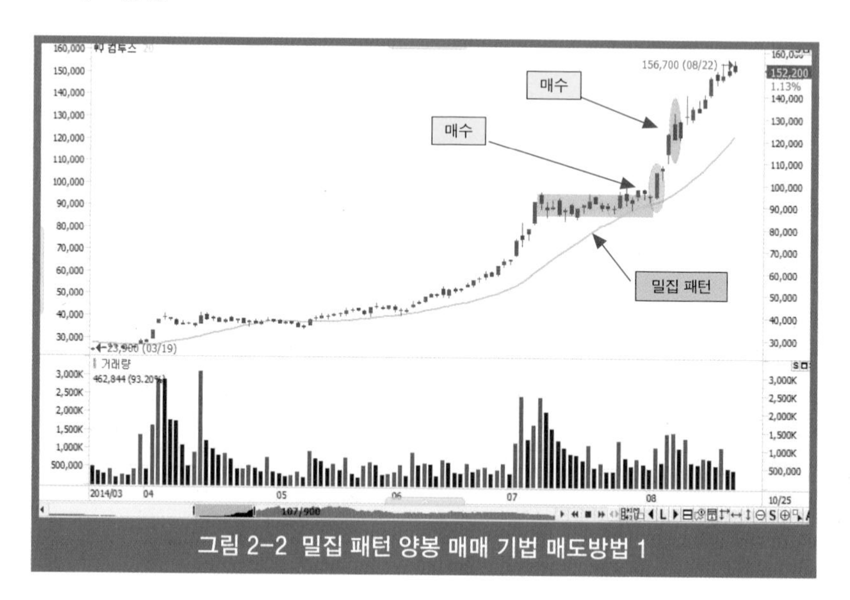

그림 2-2 밀집 패턴 양봉 매매 기법 매도방법 1

그림 설명

- 익일 아침 3% 이상 수익 발생 시 비중 50%를 기계적으로 수익 실현 한다.
- 상승하던 주가가 고점 대비 -3%일 때 전량 매도한다.
- 상승하던 주가가 5일 이동평균선을 이탈했을 때 전량 매도한다.

밀집 패턴 양봉 매매기법 실전 사례 2

매수 방법

그림 2-3 밀집 패턴 양봉 매매 기법 매수 방법 2

그림 설명

- 주가가 상승한 이후에 밀집 패턴이 발생하고 있다.
- 밀집 패턴의 저점이 점점 높아진다면 더 긍정적으로 바라봐도 된다. 상승 압력이 그만큼 강하다는 것을 의미한다.
- 밀집 패턴이 발생할때는 거래량이 감소하는 것이 좋다.
- 밀집 패턴이 발생하고 20일 이동평균선에 수렴되었을 때 거래량을 동반한 강한 양봉이 발생했기 때문에 매수 급소가 된다.
- 장마감 30분 전부터 동기호가 전까지 비중 50%를 분할 매수한다.
- 나머지 비중 50%를 종가에 매수한다.

매도 방법

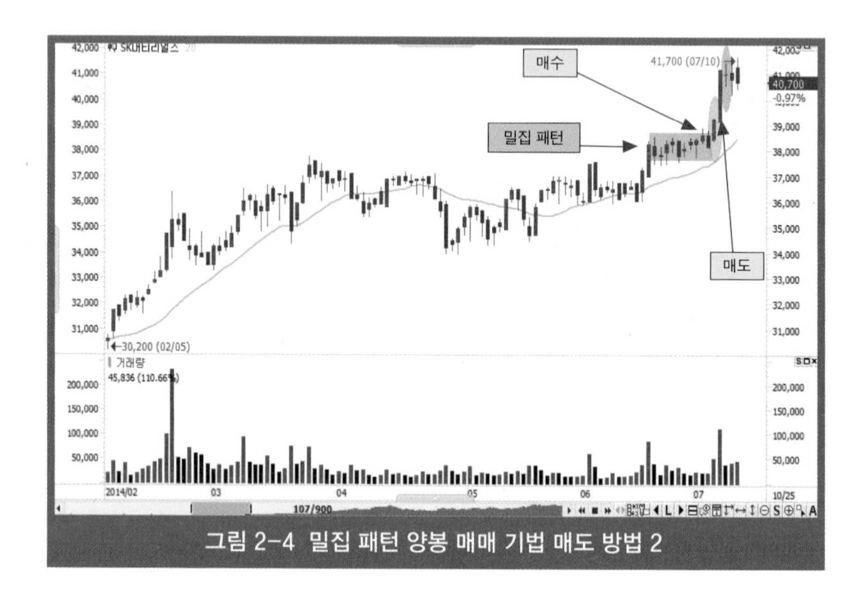

그림 2-4 밀집 패턴 양봉 매매 기법 매도 방법 2

그림 설명

- 익일 아침 3% 이상 수익 발생 시 비중 50%를 기계적으로 수익실현 한다.
- 상승하던 주가가 고점 대비 -3%일 때 전량 매도한다.
- 상승하던 주가가 5일 이동평균선을 이탈했을 때 전량 매도한다.

밀집 패턴 양봉 매매 기법 실전 사례 3

매수 방법

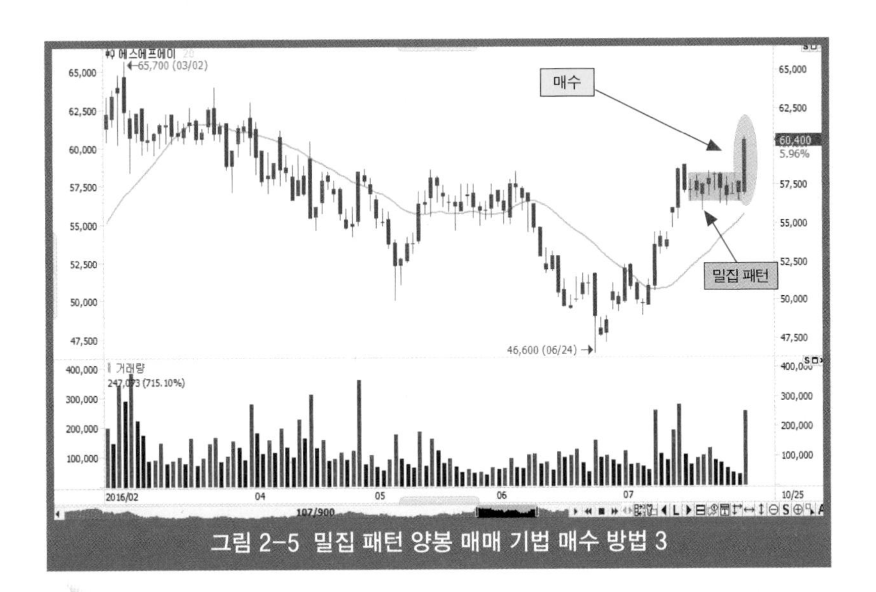

그림 2-5 밀집 패턴 양봉 매매 기법 매수 방법 3

그림 설명

- 주가가 상승한 이후에 밀집 패턴이 발생했다.
- 일정한 가격대 이하로 하락하지 않고 지지를 받고 있다.
- 20일 이동평균선에 수렴된 이후 강한 양봉이 발생했다. 그곳이 매 수 급소다.
- 3% 이상의 양봉이 발생했기 때문에 신뢰도가 높다.
- 거래량이 5일 평균 대비 50% 이상 발생했기 때문에 신뢰도가 더 높다.
- 장마감 30분 전부터 동기호가 전까지 비중 50%를 분할 매수한다.
- 나머지 비중 50%를 종가에 매수한다.

매도 방법

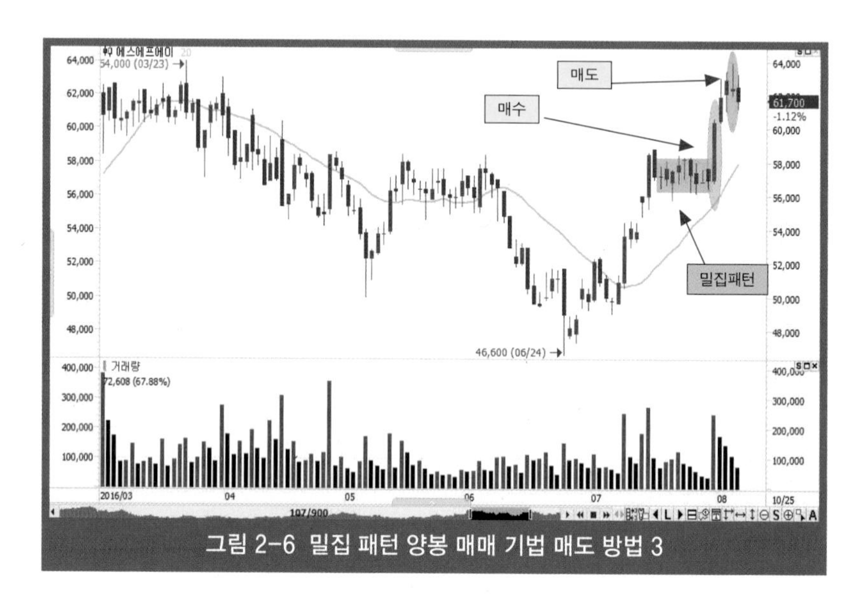

그림 2-6 밀집 패턴 양봉 매매 기법 매도 방법 3

그림 설명

- 익일 아침 3% 이상 수익 발생 시 비중 50%를 기계적으로 수익 실현한다.
- 상승하던 주가가 고점 대비 -3%일 때 전량 매도한다.
- 상승하던 주가가 5일 이동평균선을 이탈했을 때 전량 매도한다.

■ 주의 사례

인생역전 양봉 매매 기법 주의 사례 1

속임수 양봉

그림 3-1 밀집 패턴 양봉 매매 기법 주의 사례 1

그림 설명

- 주가가 상승을 한 이후에 밀집 패턴이 발생했다.
- 20일 이동평균선 부근에서 양봉이 발생했지만 강한 양봉으로 보기에는 무리가 있다.
- 거래량이 충분히 발생하지 않았다.
- 확실한 매수 급소가 되기 위해서는 충분한 거래량이 동반되어야 한다.
- 시나리오 매매 기법에서 벗어났기 때문에 매수하지 않아야 한다.

매도 방법

그림 3-2 밀집패턴 양봉 매매 기법 주의 사례 결과 1

그림 설명

- 매수가를 이탈했을 때는 반등 시 비중 50%를 분할 매도한다.
- 손절은 −3%로 한다.
- −3% 이탈했을 때 바로 매도하기보다는 반등 시마다 분할 매도한다.

인생역전 양봉 매매 기법 주의 사례 2

속임수 양봉

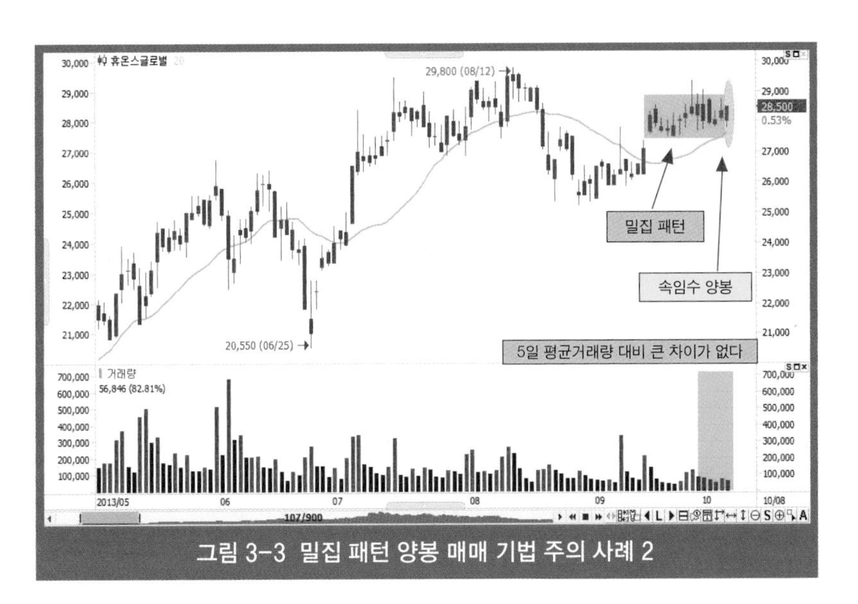

그림 3-3 밀집 패턴 양봉 매매 기법 주의 사례 2

그림 설명

- 특정 가격 이하로는 하락하지 않는 밀집 패턴이 발생했다.
- 20일 이동평균선에 수렴되었을때 양봉이 발생을 했다. 매수 급소처럼 보이지만 그렇지 않다.
- 거래량이 5일 평균 대비로 크게 증가하지 않았다.
- 양봉이 밀집 패턴을 완전히 장악하지 못하고 있다.
- 최소 3% 이상의 양봉이 발생했어야 하는데 그렇지 못했다.
- 매수 급소가 되기 위해서는 3% 이상의 양봉과 최소 50% 이상의 거래량 증가가 동반되어야 한다.
- 시나리오 매매 기법에서 벗어났기 때문에 매수하지 않아야 한다.

매도 방법

그림 3-4 밀집 패턴 양봉 매매 기법 주의 사례 결과 2

그림 설명

- 매수가를 이탈했을 때는 반등 시 비중 50%를 분할 매도한다.
- 손절은 –3%로 한다.
- –3% 이탈했을 때 바로 매도하기보다는 반등 시마다 분할 매도한다.

에 / 필 / 로 / 그

지금까지 여러 매매 기법들을 소개했다. 하지만 이 모든 기법들을 다 소화할 필요는 없다. 소개해드린 여러 기법 중 자신에게 가장 잘 맞는 기법이 있을 것이다. 그 기법을 찾아내는 것이 중요하다. 자신에게 맞는 기법을 하루이틀 만에 찾아내는 것은 어렵다. 최소 3개월 이상 반복해보고 훈련해보아야 맞는지를 확인할 수 있다. 어떤 기법이 가장 마음을 편안하게 해주는가를 생각하면 된다. 마음이 불안하고 심리가 흔들린다면 좋은 것이 아니다. 자신이 강한 부분이 있을 것이다. 자신만의 기법 단 한 가지를 찾아내기를 바란다.

필자가 처음 주식을 시작할 때 스승으로부터 기법들을 배웠다. 수많은 기법 중 한 가지를 자신과 맞는지 확인하는 시간이 최소 6개월은 걸린다고 했다. 헛웃음이 나왔다. 당장 내일부터 수익이 나야 할 처지인데 6개월 동안 기법이 맞는지 확인을 해야 한다고 하니 황당할 뿐이었다. 지나고 보니 스승님의 가르침이 옳았다. 기법에 대한 어떤 근거도 없이 매매를 시작했는데 길지 않은 시간에 원금을 다 잃었다. 투자금액이 적지도 않았다. 증권정보회사에서 일했다는 자신감과 나름 인정받았다는 자만심으로 한순간에 큰 빚쟁이가 되었다. 지금은 가벼운 마음으로 이야기할 수 있지만 그때의 심정과 상황은 표현하기 어려울 정도로 힘들었다. 감당할 수 없고 일어설 수 없는 상황이었다. 그래서 누구보다 개인 투자자들의 심리를 너무나 잘 알고 있다. 주식 투자에 있어서 3개월의 시간이 얼마나 긴지 잘 알고 있다. 당장 내일 수익이 발생해야 한다는 것도 잘 알고 있다. 하지만 그런 우격다짐으로는 수익이 발생하지 않는다. 앞에서도 말했지만, 하나의 전문 직업을 갖기 위해서도 몇 달에서 몇 년의 시간을 공부하고, 심지어 유학을 다녀오기도 하는 등, 적게는 수백만 원에서 많게는 수억 원의 비용을 들여서 공부하고 배운다. 하지만 그럼에도 주식은 공부하지 않는다. 공부하지 않고 노력하지 않고 배움에 투자하지 않고 그냥 수익을 거두려고 한다.

주식은 투기가 아닌 투자다. 개인은 항상 이용만 당한다고 하지만, 꼭 그렇지만은 않다. 주식은 과학적인 시스템이다. 세력들이 개인의 심리를 이용하듯이 개인도 세력의 심리를 이용하면 된다. 세력의 마음을 이해하면 된다. 아무리 힘센 세력이라도 개인 몇 명 털어내기 위해서 자신의 막대한 손실을 감내할 수 있겠는가? 그렇지 않을 것이다. 갈 자리에서는 간다는 것이다. 개인은 그 갈 자리에서 잠시 탑승했다가 욕심 없이 하차하면 되는 것이다. 세력이 어디까지 가든 상관할 필요가 없다. 세력은 자기 갈 길 가면 되는 것이고 개인은 출발하는 자리에서 잠시 탑승하면 된다. 그것을 시나리오화하자는 것이다. 원칙과 기준을 세워서 기계적으로 매매하자는 것이다. 나라에 법과 제도가 있듯이, 매매에도 원칙과 기준이 있어야 한다. 시나리오를 세워서 모든 상황이 발생할 때마다 그에 맞는 대처 방안을 다 구상해놓아야 한다. 어떤 경우에도 근거 없는 매매를 해서는 안 된다. 즉흥적인 매매가 성공하는 경우는 매우 희박하다. 개인의 심리가 그렇게 강하지 않기 때문이다. 개인의 판단력이 그렇게 뛰어나지 않기 때문이다. 기계가 해야 할 일을 내가 대신한다는 마음으로 매매하면 된다. 감정을 배제하고 시나리오를 구체적으로 작성해 매매해야 한다. 자신만의 시나리오 매매 기법을 만들어 꼭 성공 투자하기를 바란다.

주식 투자 비밀의 문

제1판 1쇄 발행 | 2017년 2월 3일
제1판 2쇄 발행 | 2021년 9월 8일

지은이 | 박석진
펴낸이 | 유근석
펴낸곳 | 한국경제신문*i*

기획·편집 | 두드림미디어
주소 | 서울특별시 중구 청파로 463
기획출판팀 | 02-333-3577
E-mail | dodreamedia@naver.com
등록 | 제 2-315(1967. 5. 15)

ISBN 978-89-475-4161-9 03320

책 내용에 관한 궁금증은 표지 앞날개에 있는 저자의 이메일이나
저자의 각종 SNS 연락처로 문의해주시길 바랍니다.